O SABER LOCAL

Dados Internacionais de Catalogação na Publicação (CIP)
(Câmara Brasileira do Livro, SP, Brasil)

Geertz, Clifford
O saber local: novos ensaios em antropologia interpretativa
Clifford Geertz; tradução de Vera Joscelyne. 14. ed. – Petrópolis, RJ:
Vozes, 2014. – (Coleção Antropologia)
Título original: Local Knowledge.

3ª reimpressão, 2018.

ISBN 978-85-326-4457-2

1. Etnologia – Discursos, ensaios e conferências I. Título.

97-1995 CDD-306

Índices para catálogo sistemático:
1. Antropologia interpretativa: Sociologia 306
2. Etnologia: Sociologia 306

Clifford Geertz

O SABER LOCAL

Novos ensaios em antropologia interpretativa

Tradução de Vera Joscelyne

EDITORA VOZES

Petrópolis

Título original em inglês: *Local Knowledge*

Direitos de publicação em língua portuguesa – Brasil:
1998, Editora Vozes Ltda.
Rua Frei Luís, 100
25689-900 Petrópolis, RJ
www.vozes.com.br
Brasil

Diagramação: Alex M. da Silva
Capa: Felipe Souza | Aspectos

ISBN 978-85-326-4457-2 (Brasil)
ISBN 0-465-04158-2 (Reino Unido)

Editado conforme o novo acordo ortográfico.

Este livro foi composto e impresso pela Editora Vozes Ltda.

"Je demande dans quel genre est cette pièce? Dans le genre comique? il n'y a pas le mot pour rire. Dans le genre tragique? la terreur, la commisération et les autres grandes passions n'y sont point excitées. Cependant il y a de l'intérêt; et il y en aura, sans ridicule que fasse rire, sans danger que fasse frémir, dans toute composition dramatique où le sujet sera important, où le poète prendra le ton que nous avons dans les affaires sérieuses, et où l'action s'avancera par le perplexité et par les embarras. Or, il me semble que ces actions étant les plus communes de la vie, le genre que les aura pour objet doit être le plus utile et le plus étendu, J'appellerai ce genre le *genre sérieux*".

Diderot, *Théâtre*

Sumário

Introdução

Há uma década, quando selecionei alguns de meus ensaios e os republiquei sob o título – meio genuflexão, meio talismã – de *A interpretação das culturas*, julguei que o produto desse meu trabalho seria um resumo geral de tudo que havia escrito: ou seja, como mencionei no livro, deixaria bem claro tudo aquilo que eu tinha querido dizer antes. O que fiz, no entanto, foi criar uma nova imposição para mim mesmo. Descobri que, também na antropologia, quem diz A, fica forçado a dizer B. Por esta razão, a partir daquele momento, passei a maior parte do meu tempo tentando dizer B. Os ensaios que se seguem são o resultado dessa tentativa. Acontece, porém, que hoje estou totalmente consciente do fato de que estes ensaios estão muito mais próximos da origem de uma linha de pensamento do que de seu produto final.

Estou também bem mais consciente do que estava naquela época, de que esta linha de pensamento – uma espécie de cruzamento entre a fraqueza que um *connoisseur* tem pelo detalhe e um exegeta pela comparação – tornou-se popular nas ciências sociais. Em parte, isto é simplesmente história. Dez anos atrás, a sugestão de que fenômenos culturais pudessem ser tratados como sistemas significativos, capazes de propor questões expositivas, era muito mais alarmante para os cientistas sociais do que é agora, visto sua tendência a serem alérgicos a qualquer coisa literária ou inexata. Em parte, no entanto, é resultado de um reconhecimento crescente de que a física social de leis e causas – a abordagem tradicional com que esses fenômenos sempre foram tratados – não estava alcançando resultados muito positivos em termos de predições, do controle e da verificabilidade que há muito vinham sendo prometidos em seu nome. Ainda, em parte, é resultado da desprovincianização intelectual. Correntes mais receptivas do pensamento moderno começam a se sobrepor àquilo que era antes e, em algumas áreas, é, até hoje, um empreendimento aconchegante e insular.

Entre estas mudanças, a última parece ser a mais importante. A penetração nas ciências sociais de conceitos de filósofos tais como Heidegger, Wittgenstein, Gadamer ou Ricoeur, e de críticos tais como Burke, Frye, Jameson ou Fish, ou ainda de subversivos para qualquer fim como Foucault, Habermas, Barthes ou Kuhn, torna altamente improvável qualquer tipo de retorno a uma concepção tecnológica destas ciências. É bem verdade que a rejeição desta concepção não é um fato inteiramente novo. O nome de Weber terá sempre que ser invocado neste caso, bem como o de Freud e Collingwood. A novidade é a extensão desta rejeição. Enredada em algumas das originalidades que mais abalaram o século XX, a ciência da sociedade parece estar a ponto de se tornar profundamente irregular.

Sem dúvida alguma, está se tornando mais pluralista. Embora alguns dos que se julgam donos de alguma grande verdade ainda andem por aí, qualquer proposta de uma "teoria geral" a respeito de qualquer coisa social soa cada vez mais vazia, e aquele que professa ter tal teoria é considerado megalomaníaco. Suponho ser discutível se isso acontece porque ainda é muito cedo para se ter esperanças de uma ciência unificada, ou porque é tarde demais para acreditar nela. Nunca, porém, esta ciência única pareceu mais distante, mais difícil de imaginar, ou menos desejável do que agora. A Sociologia não está prestes a começar como Talcott Parsons anunciou certa vez, meio em tom de zombaria; ela está mesmo é dispersando-se em estruturas.

Como estruturas constituem a própria matéria de que é feita a antropologia cultural, cuja ocupação principal é determinar a razão pela qual este ou aquele povo faz aquilo que faz, todas estas mudanças lhe são bastante simpáticas. Mesmo nos seus ímpetos mais universalistas – evolucionária, difusionista, funcionalista, e, mais recentemente, estruturalista ou sociobiológica – a antropologia sempre teve um sentido muito aguçado de que aquilo que se vê depende do lugar em que foi visto, e das outras coisas que foram vistas ao mesmo tempo. Para um etnógrafo, remexendo na maquinaria de ideias passadas, as formas do saber são sempre e inevitavelmente locais, inseparáveis de seus instrumentos e de seus invólucros. Pode-se, é claro, obscurecer esta realidade com o véu de uma retórica ecumênica, ou embaçá-la, *ad infinitum*, com teoria. Mas não podemos fazer com que simplesmente desapareça.

Tendo sido sempre uma das disciplinas mais artesanais, hostil a qualquer coisa que se assemelhe vagamente a pretensão intelectual, e exageradamente orgulhosa de sua imagem de trabalho de campo, no final das contas e para surpresa geral, a antropologia mostrou-se pré-adaptada a algumas das variedades mais avançadas do pensamento moderno.

As tendências contextualistas, antiformalistas e relativistas da maior parte desta visão moderna, e sua nova forma de examinar o mundo através do que dele falam – como é retratado, demarcado, representado – e não através do que ele é intrinsecamente, foram facilmente absorvidas pelos doutos aventureiros já acostumados a lidar com percepções estranhas e estórias mais estranhas ainda. Maravilha das maravilhas, no fundo, esses eruditos já vinham falando a língua de Wittgenstein desde o início. Por outro lado, a antropologia, que antes era lida principalmente como lazer, ou por curiosidade, ou para desenvolvimento ético, ou ainda, em situações coloniais, por conveniência administrativa, transforma-se, agora, na arena principal do debate especulativo. Desde Evans-Pritchard com seus inefáveis oráculos de galinhas, e Lévi-Strauss com seus sábios *bricoleurs*, algumas das questões centrais daquilo que chamarei a seguir de "a maneira como se pensa hoje em dia", se fundiram com materiais antropológicos, métodos antropológicos e ideias antropológicas.

Meu próprio trabalho, enquanto algo mais que arquivismo (uma função bastante desprezada da antropologia), representa um esforço para abrir caminho na direção de alguns dos ângulos desta discussão. Os ensaios que se seguem são reflexões etnograficamente informadas (ou, só Deus sabe, talvez desinformadas) sobre tópicos gerais: o tipo de problemática que é tratada a partir de premissas mais conjeturais por filósofos; mais textuais, por críticos; e mais indutivas, por historiadores. A natureza figurativa da teoria social, o jogo moral entre mentalidades que se contrastam, as dificuldades práticas de ver as coisas como os outros as veem, o *status* epistemológico do senso comum, o poder revelador da arte, a construção simbólica da autoridade, a versatilidade espalhafatosa da vida intelectual moderna, e a relação entre aquilo que as pessoas consideram fato e o que definem como justiça, são tratados aqui, um após outro, na tentativa de entender, de alguma forma, como "entendemos entendimentos" diferentes do nosso.

A esta tarefa, "o entendimento do entendimento" dá-se hoje o nome de hermenêutica, e, em certo sentido, e principalmente se lhe adicionarmos a palavra "cultural", tal rubrica pode ser utilizada para definir o que faço nestes ensaios. No que se segue, no entanto, não encontraremos muita coisa que possa ser considerada "a teoria e a metodologia da interpretação" (para citar a definição de hermenêutica do dicionário), pois não creio que o que falta à "hermenêutica" seja ser reificada em uma paraciência, como aconteceu com a epistemologia. Já existem suficientes princípios gerais no mundo. O que, sim, encontraremos, é uma série de interpretações reais de alguma coisa, transformando em antropologia formulações sobre aquilo que considero as implicações mais gerais destas interpretações; e um ciclo recorrente de termos – símbolo, significado, concepção, forma, texto... cultura – cujo objetivo é sugerir que existe um sistema na persistência, que todas estas perguntas, com objetivos tão diversos, são inspiradas por uma visão estabelecida de como devemos proceder para construir um relato da estrutura imaginativa de uma sociedade.

Se a visão é estabelecida, a maneira como ela é traduzida em realidade prática, para que possa funcionar, não o é. A qualidade experimental não só de meus esforços pessoais nesse sentido, mas também da própria ciência social interpretativa em geral (como aqueles que preferem afirmações exatas sugerem com bastante frequência) não é consequência de um desejo de mascarar a ambiguidade para transformá-la em algum novo tipo de profundidade, nem de uma negação das exigências da razão. Ela surge porque, em uma tarefa tão incerta, não sabemos exatamente por onde começar, e, quando começamos, em que direção continuar. O argumento torna-se oblíquo, e a linguagem também, porque quanto mais organizado e simples nos parece um certo caminho, mais temos a impressão de que estamos errados.

Abandonar a tentativa de explicar fenômenos sociais através de uma metodologia que os tece em redes gigantescas de causas e efeitos, e, em vez disso, tentar explicá-los colocando-os em estruturas locais de saber, é trocar uma série de dificuldades bem mapeadas, por outra de dificuldades quase desconhecidas. Imparcialidade, abrangência e fundamentação empírica – e também o poder da lógica – são sinais inequívocos de qualquer ciência que se preze. Os que usam uma abordagem determinativa buscam essas virtudes elusivas estabelecendo uma diferença radical entre descrição e avaliação e, a seguir, limitando-se a utilizar a parte descritiva; os que, por outro lado, usam a hermenêutica, ao negar que a diferença é radical, ou encontrando-se mais ou menos montados nela, estão impedidos de utilizar uma estratégia assim tão veloz. Se, como eu fiz, obtemos relatos sobre a maneira como algum grupo qualquer – poetas marroquinos, políticos da época elisabetana, camponeses de Bali ou advogados americanos – interpreta suas experiências, e depois utilizamos os relatos daquelas interpretações para tirar algumas conclusões sobre expressão, poder, identidade, ou justiça, sentimo-nos, a cada passo, bem distantes de estilos-padrão de demonstração. Utilizamos desvios, entramos por ruas paralelas, ou, nas palavras de Wittgenstein, que cito a seguir, vemos uma estrada reta diante de nós, "mas, é claro, [...] não podemos usá-la, porque está permanentemente fechada".

Para utilizar desvios, ou enveredar por ruas paralelas, nada é mais conveniente do que o ensaio. Pode-se iniciar um ensaio indo em qualquer direção, seguros de que, se aquela não der certo, poderemos voltar e começar tudo uma vez mais, em outra direção, sem grandes custos em termos de tempo ou de desapontos. Correções a meio caminho são relativamente fáceis, pois não temos uma centena de páginas de argumentação prévia para defender, como acontece com uma monografia ou um tratado. Passeios por ruas paralelas ainda mais estreitas, ou desvios mais amplos, também não causam muito dano, pois não esperamos encontrar progresso ao fim de uma estrada reta, onde se anda incansavelmente para frente, e sim através de caminhos sinuosos e improvisados, onde o resultado aparece onde tem que aparecer. E, quando não se tem mais nada a dizer sobre o assunto, seja por enquanto ou para sempre, pode-se simplesmente deixá-lo de lado. Como diz Valéry: "Não se terminam trabalhos, eles são abandonados".

Outra vantagem do ensaio é que ele é extremamente adaptável a eventos. Ser capaz de manter uma linha de pensamento coerente em uma enxurrada de convites os mais variados possíveis, uma palestra aqui, uma contribuição acolá, uma homenagem à memória de alguém ou à carreira de outro, um apoio à causa dessa publicação ou daquela organização, ou simplesmente para pagar favores semelhantes que devemos a outras pessoas, é, embora raramente mencionado, uma das condições para permanecer na vida escolástica contemporânea. Podemos até lutar contra isto, e se quisermos evitar medir nossas vidas com colherzinhas de café, devemos, até certo ponto, lutar contra isso. Se não quisermos, no entanto, transformar-nos em acrobatas de estantes, que repetem constantemente o mesmo número antropológico ("a cultura é adquirida"; "os costumes variam"; "o mundo é composto por uma variedade de tipos humanos"), precisamos saber tirar proveito disso e ir construindo, com as respostas individuais a cada um desses convites, um sistema progressivo de análise. Os ensaios que se seguem são todos respostas individuais a convites como esses, convites que não tinham muita conexão entre si e, por coincidência, eram externos ao mundo acadêmico. Todos são, também, passos em um esforço perseverante para levar um programa geral adiante, ou, se não adiante, pelo menos em uma direção qualquer. Seja o que for que esses vários públicos – advogados, críticos literários, filósofos, sociólogos, ou os sábios mais variados da Academia Americana de Artes e Ciências (a quem dois destes ensaios foram dirigidos) – esperaram, o que receberam foi "antropologia interpretativa" a minha moda.

O primeiro ensaio, "A mistura de gêneros", foi apresentado pela primeira vez em uma conferência para o Conselho de Humanidades do Estado de Nevada, em Reno – o que considerei bastante pertinente. O que me haviam pedido era que dissesse alguma coisa mais ou menos coerente sobre a relação entre "humanidades" e as "ciências sociais". Assunto sobre o qual a opinião dos antropólogos é muito requisitada, já que estes são considerados meio anfíbios nas duas áreas. Seguindo a máxima que se usa na hora de exames escolares, "se não sabe a resposta, discuta a pergunta", respondi ao pedido tentando, inicialmente, criar dúvidas sobre a própria validade da distinção. Rubricas abrangentes como "Ciência Natural", "Ciência Biológica", "Ciência Social" e "As Humanidades" têm lá sua utilidade para organizar currículos, ou para separar doutos em grupos exclusivos ou comunidades profissionais, e para distinguir amplas tradições de estilo intelectual. É bem verdade que o tipo de produção que surge em cada uma dessas áreas apresenta algumas semelhanças gerais e algumas diferenças reais entre si. Mas, pelo menos até agora, não existe nenhuma historiografia do movimento; e inércia, em romances, quer dizer outra coisa. Quando essas rubricas, no entanto, passam a ser consideradas mapas da vida intelectual moderna, com limites e territórios, ou, pior ainda, algo assim como um catálogo Linnaean, no qual são classificadas as espécies escolásticas, acabam escondendo o que realmente acontece lá fora, onde homens e mulheres têm suas ideias e escrevem o que pensaram.

Com relação às ciências sociais, qualquer tentativa de utilizar definições do tipo "a essência e o acidental", ou "a forma natural das coisas", ou de colocá-las em alguma latitude e longitude específicas do espaço acadêmico, está destinada ao fracasso assim que passamos das etiquetas para os casos reais. Ninguém pode colocar o que Lévi-Strauss faz, e aquilo que B.F. Skinner faz, sob a mesma categoria, a não ser que essa categoria seja totalmente inexpressiva. Em "A mistura de gêneros" argumentei, em primeiro lugar, que esta situação aparentemente anômala tornou-se a condição natural das coisas, e, em segundo lugar, que está provocando realinhamentos significativos nas afinidades escolásticas – ou seja, redefinindo quem pede emprestado o quê e a quem. Para ser mais exato, esta situação fez com que um número cada vez maior de pessoas que desejam explicar o porquê de insurreições, ou hospitais, ou por que razão algumas piadas tornam-se favoritas, começassem a buscar respostas na linguística, na estética, na história cultural, no direito, ou na crítica literária, em vez de buscá-las onde o faziam antes, na mecânica ou na fisiologia. Se tudo isso está tornando as ciências sociais menos científicas, ou as ciências humanas mais científicas (ou, como creio, mudando nossa opinião, que nunca foi mesmo muito estável, sobre o que é, ou não, ciência) não está muito claro, e talvez nem seja lá muito importante. O que é evidente, e importante, é que esta situação está modificando as características de ambas as ciências – e, sobretudo, está criando inquietações.

Cria inquietações não só porque ninguém sabe exatamente onde tudo isso vai parar, mas também porque à medida que a linguagem de explicação social, com suas inflexões e suas imagens, se modifica, modificam-se também nosso entendimento do que constitui essa explicação, a razão pela qual a queremos, e como ela se relaciona com uma série de outras coisas que valorizamos. Não é só a teoria, ou a metodologia, ou a problemática que se alteram, mas o próprio objetivo do empreendimento.

O segundo ensaio, "Descoberto na tradução", que foi apresentado originalmente em um seminário para o Lionel Trilling Memorial, na Universidade de Columbia, busca tornar a proposição acima um pouco mais concreta, através de uma comparação entre o que faz um etnógrafo como eu, com o que faz um crítico como Trilling, concluindo que as duas atividades não são assim tão diferentes. Colocar representações balinesas sobre a posição das coisas no mundo, numa situação de tensão interpretativa, lado a lado com nossas próprias representações, como uma estratégia para comentar estas últimas; ou avaliar o significado que descrições literárias sobre a vida – sejam estas escritas por Austen, Hardy, ou Faulkner – têm para o comportamento prático cotidiano, não são atividades meramente cognatas. São a mesma atividade, realizada de formas diferentes.

A esta atividade dei o nome de "história social da imaginação moral", com objetivos um tanto ou quanto mais abrangentes que os relacionados diretamente com o ensaio. O que quis expressar com este título foi o delineamento da maneira pela qual nossa compreensão de nós mesmos e de outros – nós mesmos entre outros – é influenciada não só pelo intercâmbio com nossas próprias formas culturais, mas também, e de maneira bastante significativa, pela caracterização que antropólogos, críticos, historiadores e outros fazem das formas culturais que nos são alheias, transformando-as, depois de retrabalhadas e redirecionadas, em secundariamente nossas. Principalmente neste mundo moderno, onde a maior parte das coisas distantes, passadas ou esotéricas, sobre as quais alguém descobriu alguma coisa, são logo descritas, e onde vivemos imersos em metacomentários (o que Trilling pensa sobre o que Geertz pensa sobre o que os balineses pensam, e o que Geertz pensa disso), nossa consciência é moldada, em doses iguais, pela impressão que outros – em qualquer outra parte do mundo – têm das coisas, e pela maneira como estas coisas se nos apresentam aqui e agora, onde estamos. A instabilidade que tudo isso introduz em nossas vidas morais (para não dizer o que faz com nossa autoconfiança epistemológica) explica, a meu ver, grande parte dessa sensação que nos persegue de estar acreditando em coisas demais ao mesmo tempo. Explica também essa nossa preocupação intensa em saber se sequer estamos em uma situação adequada, ou se podemos de alguma forma nos posicionar em uma situação adequada, para julgar outros modos de vida. E é a pretensão de ser capaz de ajudar-nos neste processo, que une – apesar das diferenças em pontos de vista ou metodologias – aqueles, como Trilling, em seus esforços para encontrar uma forma de falar a seus contemporâneos sobre Jane Austen e aqueles como eu, em minhas tentativas de descobrir como lhes falar sobre construções imaginativas – viúvas queimadas ou coisas semelhantes – das quais nossos contemporâneos estão ainda mais distantes, em premissas e em sensibilidade, do que estão de Jane Austen.

Chamei de "tradução" este algo que todos os tipos de "explicadores de cultura" dizem que podem fazer por nós. Um tropo bastante comum na minha área de trabalho, pelo menos desde Evans-Pritchard. Além disso, invocando um argumento de James Merrill, afirmei que, embora nesta "tradução" muito se perca, muito também é descoberto, mesmo que ambíguo ou inquietante. Neste segundo ensaio, no entanto, não examinei o que envolve o processo de "tradução" nem como é executado na prática. No ensaio que se segue, "Do ponto de vista dos nativos" – trabalho que originalmente provocou a reação de Trilling – examinei este processo em detalhe, ou pelo menos no tipo de detalhe que é considerado suficiente pela antropologia.

Ou, digamos, considerado suficiente pela minha própria antropologia. A ocasião, dessa feita, foi uma conferência para a Academia Americana de Artes e Ciências, pois, já que estavam dando um prêmio por meu trabalho, achei que pelo menos devia tentar explicar-lhes que tipo de trabalho era esse. A publicação de *A diary in the strict sense of the term* de Malinowski, alguns anos atrás, tinha mais ou menos detonado a ideia de que antropólogos obtêm resultados graças a algum tipo de talento especial, geralmente chamado de "empatia", ou de "penetração sob a pele" dos selvagens. Não sabemos exatamente a extensão dessa crença ("Quanto mais os antropólogos escrevem sobre os Estados Unidos", grunhiu Bernard DeVoto quando saiu *And keep your powder dry* de Mead, "menos acreditamos no que dizem sobre Samoa"); mas, com o diário de Malinowski, e sua revelação de um homem tão absorto em si mesmo a ponto de fazer-nos imaginar que teria empregado melhor o seu tempo se tivesse sido um poeta romântico, esta questão de como antropólogos obtinham seus resultados (e é óbvio que Malinowski os obteve, bem assim como Mead, apesar das críticas de DeVoto) precisava ser discutida em termos menos subjetivos.

Os povos entre os quais trabalhei – vários tipos de marroquinos e indonésios; muçulmanos, hindus, e, às vezes, um disfarçado do outro – muito dificilmente poderiam ser chamados de selvagens seja quem for que os defina. Na visão que têm do mundo, no entanto, diferem entre si o suficiente para permitir um enfoque global da questão. Para demonstrá-lo, primeiramente descrevi, de forma quase telegráfica, os conceitos de personalidade que encontrei no interior de Java, no sul de Bali, e na zona montanhosa de Marrocos; ainda mais telegraficamente, descrevi as estruturas mais amplas de pensamento e de ação, nas quais aqueles conceitos desabrocham. A seguir argumentei que o que o antropólogo necessita fazer para resgatar estas informações é bordejar entre os dois tipos de descrições – entre observações cada vez mais detalhadas (como, por exemplo, os javaneses distinguem os sentimentos, ou os balineses dão nomes às crianças, ou quem os marroquinos consideram como conhecidos) e caracterizações cada vez mais sinópticas ("quietismo", "dramatismo", "contextualismo") – de tal forma que, quando esses dois tipos de informação se conectam na mente, formam um retrato vívido e verossímil de um tipo de vida humana. "Tradução", neste caso, não significa simplesmente remoldar a forma que outras pessoas têm de se expressar em termos das nossas formas de expressão (este é o tipo de exercício em que as coisas se perdem), mas sim mostrar a lógica das formas de expressão deles, com nossa fraseologia. Uma metodologia que se aproxima mais daquilo que um crítico faz para tornar claro um poema, do que o que faz um astrônomo quando justifica a existência de uma estrela.

Seja qual for este processo – esta captura de "seus" pontos de vista em "nosso" vocabulário –, é mais ou menos como andar de bicicleta: é mais fácil fazer do que descrever. Nos dois ensaios que se seguem, tento *fazer* um pouquinho, de uma forma um tanto mais organizada, utilizando aquilo que, segundo algumas descrições, embora não a minha, seria definido como os extremos antipodianos da cultura: o senso comum e a arte.

Pois para muitos, e especialmente para seus grandes defensores, o senso comum não tem nada a ver com cultura. É a mera verdade de coisas que se aprende naturalmente; simples fatos reconhecidos por homens simples. Comecei, portanto, "O senso comum como um sistema cultural" – que foi apresentado pela primeira vez como uma palestra no Antioch College em meio a uma manifestação dos anos de 1960 – demonstrando que, ao contrário do que propõe essa concepção (ela mesma tão imbuída de senso comum), o senso comum é um sistema cultural; um corpo de crenças e juízos, com conexões vagas, porém mais fortes que uma simples relação de pensamentos inevitavelmente iguais para todos os membros de um grupo que vive em comunidade. Talvez até existam certos tipos de pensamentos que pessoas vivendo em comunidade não podem deixar de compartilhar: afirmações como "as rochas são duras", por exemplo, ou "a morte é inevitável". Certamente existem alguns dos quais ninguém duvida, tais como "rochas são inanimadas" ou "a morte é desagradável" – mesmo que Wordsworth tenha atribuído uma vida moral às pedras e que assassinos fascistas tenham gritado *viva la muerte* a Unamuno. O senso comum, no entanto, relaciona-se mais com a forma como se lida com um mundo onde determinadas coisas acontecem do que com o mero reconhecimento de que elas acontecem. O senso comum não é uma faculdade auspiciosa, algo assim como ter bom ouvido para a música; é uma disposição de espírito semelhante à devoção ou ao legalismo. E, assim como devoção ou legalismo (ou ética, ou cosmologia), esta disposição difere de um lugar para outro, adotando, no entanto, uma forma local característica.

O restante do ensaio busca, portanto, ilustrar o que acabo de dizer. A princípio, através de exemplos colhidos na bibliografia antropológica (Evans-Pritchard sobre bruxaria, Edgerton sobre hermafroditismo) para dar uma visão da variedade existente; e, a seguir, para demonstrar a forma, utilizando algumas características que não são consideradas senso comum por nenhuma área escolástica (desconfiança da sutileza, exaltação do prático, e assim por diante.) Assim, a análise desenvolve-se graças à oscilação entre um exame detalhado de pontos de vista individuais e uma exposição global da atitude que permeia estes pontos de vista. Este ensaio, porém, inclui uma tentativa de direcionar o argumento para problemáticas mais amplas: a construção de categorias antropológicas, a amplitude de sua referência e as condições em que são usadas.

Quando nos voltamos para a arte, essas questões tornam-se ainda mais oportunas, porque, mesmo se comparado a debates em torno de temas como "religião", "ciência", "ideologia" ou "direitos", a discussão sobre se a arte é ou não uma categoria adequada em contextos "não ocidentais" ou "pré-modernos" vem sendo peculiarmente inflexível. E tem sido também peculiarmente improdutiva. Seja qual for o nome que se queira dar a uma parede de caverna coberta de imagens sobrepostas de animais transfixados, a uma torre de um templo que termina na forma de um falo, a um escudo de penas, a um pergaminho caligráfico, ou a um rosto tatuado, afinal, o que temos é um fenômeno a ser considerado, e talvez também uma sensação de que, se acrescentarmos à lista o sistema de intercâmbio kula, ou o Livro do Juízo Final* , a série já não estaria correta. Não se trata de saber se a arte (ou qualquer outra coisa) é ou não universal, e sim se podemos falar sobre escultura africana ocidental, pintura em folhas de palmeira da Nova Guiné, quadros do Quatrocentos, ou versos marroquinos, de uma forma tal que a descrição de cada um destes fenômenos possa contribuir para tornar os outros mais claros.

O ensaio em que tentei fazer exatamente este tipo de análise, "Arte como um sistema cultural", foi apresentado na Universidade Johns Hopkins, como parte de um simpósio altamente multidisciplinar – Maurice Mandlebaum, Paul de Man, e desde Alan Dundes até Umberto Eco, Thomas Sebeok e Roman Jakobson – sobre

---

* *Domesday Book* – o cadastro das terras inglesas, organizado por ordem de Guilherme, o Conquistador, em 1086 [N.T.].

"semiótica" (o evento era uma homenagem a Charles Peirce, que a universidade tinha despedido, por alguma razão, em alguma época passada). Com tudo isso, minha preocupação em *não* falar certas coisas era tão grande quanto a que eu tinha em desenvolver minha própria teoria. Parecia-me, sobretudo, importante resistir à tentação de comparar a semiótica, em seu sentido mais amplo de ciência dos signos, com o estruturalismo. (Aliás, de um modo geral, acho sempre importante resistir ao estruturalismo quando se transforma em um tipo de racionalismo *high-tech*.) Portanto, usei meus casos: a análise do desenho ioruba de Robert Faris Thompson, a da cor Abelam de Anthony Forge, a da composição do Renascimento de Michael Baxandall, e minha própria análise da retórica marroquina – para sugerir que a contextualização social de tais "indicadores" é uma forma mais útil de compreender a maneira pela qual "indicam", e o que significam, do que forçá-los em paradigmas esquemáticos ou despi-los, transformando-os em sistemas abstratos de regulamentos, que, de alguma maneira, os "geraram". O que nos permite falar desses indicadores em uma linguagem comum e de uma forma útil, e o fato de que todos registram uma sensibilidade comunitária, ou seja, que representam, para todos que participam daquela comunidade, uma disposição de espírito comum.

Da mesma maneira que o senso comum, a religião, o direito, ou até mesmo a ciência – embora, esta última, dado nosso favoritismo, seja um tema um pouco mais sensível –, a arte não é nem um fenômeno transcendente que adota disfarces diferentes nas distintas culturas, nem um conceito tão arraigado na cultura que não possa ser útil fora da Europa. Não só a Lei de Sweeney ("I gotta use words when I talk to ya"*), como também o simples fato de que examinar a relação existente entre o teatro e a ópera Noh, ou Shalako e *L'Oiseau de feu*, parece uma tarefa mais produtiva do que examinar cada um deles à luz da construção de canoas ou do *Code Civil* (embora, se nos recordarmos de Zen e a manutenção de motocicletas, essa proposição já não nos parecerá tão óbvia), sugerem que o culturalismo radical não nos levará a lugar algum. E a impossibilidade de classificar coisas tão diferentes entre si, a não ser em categorias totalmente abstratas e sem qualquer significado – "objetos de beleza", "presenças afetivas", "formas de expressão" – sugere que a etiqueta universalista também não é muito promissora. Na antropologia, "tradução" significa, principalmente, a reformulação de categorias (nossas e alheias – pense, por exemplo, em "tabu"), para que estas possam ultrapassar os limites dos contextos originais onde surgiram e onde adquiriram seu significado, com o objetivo de estabelecer afinidades e demarcar diferenças. E basta, aqui, lembrar o que a "tradução" fez com conceitos tais como "família", "casta", "mercado" ou "estado" para entender que ela é parte significante da antropologia.

O seguinte ensaio, "Centros, reis e carisma", escrito para uma coletânea em homenagem ao sociólogo teorético Edward Shils, focaliza o carisma – uma dessas categorias que, como "alienação", "ego", "anomia" e, é claro, "cultura" (esta última uma das categorias mais úteis e uma das mais torturadas em todas as ciências sociais), vem sendo torturada com algum resultado positivo. A palavra carisma era,

* Tenho que usar palavras quando falo com você [N.T.].

originalmente, um termo teológico cristão, relacionado com a capacidade de fazer milagres, concedida por Deus aos homens; mais tarde, foi adaptada por Max Weber para denominar o tipo de liderança "Eu Sou o Homem" que se tornou tão comum século XX. Mais recentemente, no entanto, o uso excessivo obscureceu sua genealogia, e removeu totalmente seu conteúdo político, transformando-a em um sinônimo muito em moda para celebridade, popularidade, *glamour*, ou até atrativo sexual. Em "Centros", tento restaurar-lhe a genealogia e o conteúdo político, através de uma comparação entre o progresso da monarquia em épocas situadas mais ou menos na Inglaterra protestante dos últimos Tudor, na Java hindu dos últimos Majapahites, e no Marrocos muçulmano dos últimos Alawites.

A justaposição das viagens de Elizabeth pelo seu reinado como uma representação alegórica de castidade, paz ou segurança no mar, das paradas de Hayam Wuruk por seus territórios como a incarnação do sol e da lua brilhando sobre o círculo terrestre, e das expedições de Mulay Hasan através de seus domínios, como a expressão material do desejo divino, busca, da mesma maneira que as justaposições igualmente excêntricas de ensaios anteriores o fizeram, obter a maior abrangência possível, através de uma orquestração de contrastes e não de uma busca de regularidades ou de uma abstração de tipos. É a analogia que informa, ou pelo menos tenta informar, este tipo de antropologização, e seu valor depende da capacidade que tenham os conceitos teóricos para estabelecer analogias efetivas. E é este tipo de analogia, neste caso, entre o culto da Virgem Maria, um Rei-Deus, e um Comandante de Fiéis, que o conceito de carisma, direcionando nossa atenção para a feitiçaria do poder, nos permite construir.

Tudo isto talvez seja bastante aceitável no caso de monarquias tradicionais, onde os simbolismos de dominação são tão elaborados e egrégios; mais difícil é saber se uma comparação mais ampla, que inclua os estados modernos, como fiz em uma conclusão um tanto ou quanto apressada e anedótica, forçaria a analogia além de seus limites razoáveis. Podemos duvidar que a alta política tenha sido completamente desmistificada nesses estados, ou até que venha a sê-lo um dia. Ainda assim, a questão central que surge quando se utiliza um cenário comparativo tão panorâmico permanece: em que medida um modelo de análise cujo objetivo era ser aplicada ao passado distante, ou a regiões longínquas, pode aplicar-se a nossas sociedades. O problema de DeVoto é muito real: além de impressionismo e autoparódia, que outra coisa poderá advir de debates antropológicos sobre cultura moderna?

Nos dois últimos ensaios – ou, para ser mais exato, um ensaio e um minitratado em três partes – volto-me para esta problemática. "Como pensamos hoje" foi apresentado pela primeira vez como uma das palestras em um evento em comemoração ao bicentenário da Academia Americana de Artes e Ciências, sob o tema mais geral de "Unidade e diversidade: a vida da mente", como uma espécie de contraponto dialético à palestra dada por Herbert Simon, especialista em inteligência artificial. Desta feita, levando a sério o que me haviam pedido, e imaginando o que Simon provavelmente iria dizer, fiz uma distinção entre dois tipos de abordagem ao estudo do "pensamento" humano, abordagens estas que são relativamente diferentes entre si e muito em moda no momento: *a unificada*, que concebe o pensamento humano como um processo psicológico, ligado à pessoa e governado por leis, e a *pluralista*, que o concebe como um produto coletivo, codificado culturalmente e historicamente construído. Ou seja, para um, "o pensamento está na cabeça"; para o outro, "está no mundo". Ao invés de decidir por uma ou por outra (nas suas formas radicais – Chomsky e Whorf – nenhuma delas parece particularmente plausível), reconstituí a tensão entre elas, durante seu desenvolvimento na antropologia – "pensamento primitivo", "relativismo conceptual" e outras coisas semelhantes –, tensão esta que se transformou em uma força propulsora, e, com bastante frequência, em uma força desvirtuadora, na teoria etnológica. Na continuação, voltando-me uma vez mais para os conceitos de interpretação, tradução, espécies desordenadas e comparação analógica, procurei demonstrar que, se queremos entender seja o que for sobre a vida da mente, devemos primeiramente reconhecer a enorme diversidade do pensamento moderno na realidade que nos circunda, em todas as suas formas, da poesia às equações matemáticas; e estar certos de que este reconhecimento pode ser realizado sem prejuízo para a concepção de que o pensamento humano tem limitações e uniformidades próprias.

Para poder executar esta tarefa, ou seja, para elaborar uma descrição do pensamento moderno que possa explicar que empreendimentos tão variados como a herpetologia, a teoria do parentesco, a literatura, a psicanálise, a topologia diferencial, a dinâmica fluida, a iconologia e a econometria podem ser por nós classificados sob uma única categoria, é necessário entendê-los como atividades sociais em um mundo social. As várias disciplinas e quase disciplinas que compõem as artes e as ciências são muito mais que um conjunto de tarefas técnicas e obrigações vocacionais para aqueles que com elas se envolvem; são marcos culturais cujos termos delimitam a formação de atitudes e a maneira como vidas são conduzidas. Física e aruspicação, escultura e escarificação têm pelo menos uma coisa em comum: para aqueles que as praticam elas estabelecem tipos específicos de compromissos com a vida, e para os outros elas ilustram estes compromissos. A diferença entre elas é que, embora já saibamos alguma coisa sobre os tipos de compromisso que a aruspicação e a escarificação normalmente apoiam, a física e a escultura, e todos os outros departamentos importantes da *vida da mente*, são, em sua grande maioria, etnograficamente opacos, nada mais que maneiras conhecidas de se fazer coisas conhecidas.

O restante do ensaio, portanto, está constituído por um conjunto de reflexões sobre os espectros ("subjetivismo", "idealismo", "relativismo" e outros semelhantes) que os acadêmicos evocam para, amedrontando-nos, afastar-nos de uma abordagem etnográfica de sua produção intelectual; contém também alguns métodos de abordagem etnográfica já utilizados na antropologia, que, ajudando-nos a ver estes espectros como as tramas que realmente são, podem ser usados na prática; discute, também, a utilidade desta abordagem, quando praticada, para a construção de um modelo de educação liberal mais realista que o modelo do cavalheiro ateniano, que, embora camuflado em ambas as Cambridges, ainda prevalece. É somente nos três últimos ensaios, no entanto, dedicados a uma disciplina específica da *vida da mente*, ou seja, ao direito, e a uma problemática também específica dessa disciplina, ou seja, a relação entre a apuração de fatos e o uso dos procedimentos em processos adjudicativos, que o programa, ao considerar pensamentos como *choses sociales*, é finalmente posto em prática.

Esses ensaios, agrupados sob o título "O saber local: fato e leis em perspectiva comparativa", foram apresentados nas Conferências Storrs de 1981, na Faculdade de Direito da Universidade de Yale. São os únicos ensaios desta coletânea que não tinham sido publicados anteriormente. Tentando imaginar alguma coisa suficientemente antropológica que pudesse interessar a advogados, aprendizes de advogados, professores de direito, e talvez até a algum juiz, achei melhor discutir um assunto central na jurisprudência e na adjudicação da lei comum anglo-americanas: a distinção entre o *é* e o *deve ser*, entre o que aconteceu e o que era legal; e delinear seus meio-paralelos em outras três tradições legais que encontrei no curso de minhas pesquisas: a islâmica, a índica, e a malaio-indonésia. A ideia era primeiramente examinar a problemática como ela aparece nos Estados Unidos contemporâneo; em segundo lugar, descrever as formas bastante diferentes que ela assume nestas outras tradições – tão diferentes que exigem uma reformulação quase total da questão; em terceiro lugar, falar alguma coisa sobre as consequências destas diferenças para a evolução da adjudicação regular em um mundo onde, não mais confinadas em seus territórios clássicos, tradições legais contrastantes são postas em situações práticas e inequívocas de confrontação.

Com estes propósitos, as palestras descrevem, uma vez mais, um movimento bastante dialético, bordejando entre ver as coisas como os advogados as veem, e vendo-as como as veem os antropólogos; entre as preocupações no Ocidente moderno e as do Oriente Médio e da Ásia clássicos; entre o Direito como uma estrutura de ideias normativas e o Direito como um conjunto de procedimentos para tomar decisões; entre sensibilidades latentes e casos imediatos; entre tradições legais como sistemas autônomos e tradições legais como ideologias rivais; e, finalmente, entre o imaginar limitado do saber local, e o imaginar gigantesco com intenções cosmopolitas. Tudo isto parece quase experimental: uma tentativa de testar a fórmula fato-lei examinando o que resta dela depois que foi espremida da cabeça aos pés, nas mudanças da análise comparativa. Não é surpresa descobrir que sobra alguma coisa, mas que muita coisa se perde; este é o resultado normal de experimentos como este, sem medidas exatas. O que resta, no entanto (uma adaptação de uma linguagem de coerência geral, a uma linguagem de consequências práticas), e o que não resta (uma visão de eco social do processo legal) são, talvez, um pouco mais importantes.

Assim, na última análise, como na primeira, o estudo interpretativo da cultura representa um esforço para aceitar a diversidade entre as várias maneiras que seres humanos têm de construir suas vidas no processo de vivê-las. Nas ciências mais tradicionais, o truque é mover-se entre o que estatísticos chamam de erro tipo um e erro tipo dois – aceitando hipóteses que deveriam ser rejeitadas, e rejeitando outras que seria mais sábio aceitar; no nosso caso, o movimento é entre interpretar demais ou interpretar de menos, lendo mais coisas naquilo que observamos do que a razão recomendaria, ou, ao contrário, menos do que a razão exigiria. Enquanto que o primeiro tipo de erro – contar estórias sobre outras pessoas nas quais só um professor pode acreditar – já foi observado com frequência, e até um pouco exageradamente, o segundo, reduzir pessoas a tipos comuns que, como todos nós, estão atrás de dinheiro, sexo, *status* e poder – sem falar de algumas ideias ainda mais estranhas que não fazem sentido algum quando as coisas se complicam – é menos comum. Mas o segundo é tão maldoso quanto o outro. Não estamos cercados (é verdade, não estamos cercados) nem por marcianos nem por edições humanas menos favorecidas que as nossas; uma proposição que faz sentido seja qual for a "nossa" origem – a de etnógrafos americanos, juízes marroquinos, metafísicos javaneses, ou dançarinos balineses.

Ver-nos como os outros nos veem pode ser bastante esclarecedor. Acreditar que outros possuem a mesma natureza que possuímos é o mínimo que se espera de uma pessoa decente. A largueza de espírito, no entanto, sem a qual a objetividade é nada mais que autocongratulação, e a tolerância apenas hipocrisia, surge através de uma conquista muito mais difícil: a de ver-nos, entre outros, como apenas mais um exemplo da forma que a vida humana adotou em um determinado lugar, um caso entre casos, um mundo entre mundos. Se a antropologia interpretativa tem alguma função geral no mundo, é a de constantemente reensinar esta verdade fugaz.

Parte I

Capítulo 1
Mistura de gêneros: a reconfiguração do pensamento social

I

Existe uma série de fatos que, a meu ver, são verdadeiros. Um deles é que, na vida intelectual destes últimos anos, houve uma grande mixagem de gêneros, e que esta indistinção de espécies continua a passo acelerado. Outra verdade é que muitos dos cientistas sociais trocaram uma explicação ideal, que inclui leis e casos ilustrativos, por um tipo de explicação que envolve casos e interpretações, buscando, hoje, algo capaz de demonstrar a conexão entre crisântemos e espadas, mais do que um método que identifique a relação entre planetas e pêndulos. Uma terceira verdade é que as analogias utilizadas pelas ciências humanas começam a ter um papel mais relevante para o entendimento sociológico do que o papel que as analogias relacionadas com o artesanato e a tecnologia desempenharam para o entendimento físico. A meu ver, estes fatos não só são verdadeiros, como também acontecem simultaneamente; o objetivo deste ensaio é discutir a mudança cultural que permitiu a ocorrência destes fatos: a reconfiguração do pensamento social.

Esta indistinção dos gêneros é mais complexa que o tipo de confusão estilística que transformou Harry Houdini ou Richard Nixon em personagens de romances, ou que faz com que uma orgia de assassinatos no oeste central americano seja descrita como se tivesse sido imaginada por um romancista gótico. Questionamentos filosóficos parecem críticas literárias (basta lembrar Stanley Cavell escrevendo sobre Beckett ou Thoreau; e Sartre sobre Flaubert), debates científicos se assemelham a textos selecionados das *belles lettres* (Lewis Thomas, Loren Eiseley), fantasias barrocas são apresentadas como sérias observações empíricas (Borges, Barthelme), estórias são compostas de equações e tabelas ou parecem testemunhos em juízo (Fogel e Engerman, Le Roi Ladurie), documentários adotam o estilo de verdadeiras confissões (Mailer), parábolas adotam a postura de etnografias (Castenada), tratados teóricos mais parecem conferências ilustradas sobre viagens (Lévi-Strauss), argumentos ideológicos tomam o formato de pesquisas historiográficas (Edward Said), estudos epistemológicos são elaborados como tratados políticos (Paul Feyerabend), e polêmicas metodológicas disfarçam-se em memórias pessoais (James Watson.) O *Fogo pálido*, de Nabokov, um objeto literário composto de poesia e ficção, notas de referência e imagens da clínica, parece ser realmente um produto destes tempos; só nos falta ver a teoria quântica apresentada em versos ou uma biografia em álgebra.

É bem verdade que, até certo ponto, este tipo de confusão estilística sempre existiu. Afinal, Lucrécio, Mandeville e Erasmo Darwin fizeram rimas com suas teorias. A desordem atual dos vários tipos de discurso, no entanto, chegou a tal ponto que se torna difícil qualificar seus autores. (Afinal, o que é Foucault? historiador, filósofo, sociólogo do conhecimento?) ou classificar seus trabalhos (Como classificamos *After Babel* de George Steiner – linguística, crítica literária, história da cultura? e *On being blue* de William Gass, o que é? – um tratado, uma palestra, uma apologia?). Trata-se, portanto, de algo mais sério que a simples prática de um esporte temporário, ou a satisfação de uma curiosidade ocasional; nem podemos justificá-lo pelo fato reconhecido de que coisas inovadoras são, por definição, difíceis de categorizar. O fenômeno generalizou-se tanto, e tornou-se tão evidente, que sugere que o que estamos observando não é apenas uma versão mais recente do mapa cultural – a modificação de umas poucas fronteiras mais disputadas, a demarcação de mais alguns pitorescos lagos de montanha – e, sim, uma mudança no próprio sistema de mapear. Algo está sucedendo com a maneira como achamos que pensamos.

Não que seja necessário aceitar pontos de vista herméticos onde a *écriture* passa a ser algo assim como marcos que assinalam caminhos, ou entregar-nos tão inteiramente ao prazer do texto que seu significado seja ofuscado por nossas reações, para verificar que uma disposição distintamente democrática introduziu-se na visão que temos daquilo que lemos e daquilo que escrevemos. Quando se trata de categorizar textos, as propriedades que os conectam uns aos outros, ou que os colocam, pelo menos ontologicamente falando, no mesmo nível, começam a ser mais importantes que aquelas que os dividem; e, em vez de termos à frente uma coleção de estilos naturais, estaticamente divididos pelas diferenças qualitativas profundas que apresentam entre si, vemo-nos, cada vez mais, rodeados por um campo gigantesco e quase contínuo, composto de trabalhos com objetivos os mais variados, e elaborados de formas as mais diferentes, trabalhos estes que só podemos ordenar na prática, através da relação que apresentem entre si e segundo nossos propósitos mais imediatos. Não é que tenhamos abandonado as convenções de interpretação; ao contrário, mais que nunca as estamos construindo – e algumas vezes construindo às pressas – para adaptar-nos a uma situação ao mesmo tempo fluida, plural, descentralizada, e inerradicavelmente desorganizada.

Com relação às ciências sociais, o que isto significa é que a falta de personalidade que lhes era atribuída e frequentemente lamentada não as separa mais das outras ciências. Torna-se cada vez mais difícil considerá-las como um ramo subdesenvolvido das ciências naturais, que tinha esperança de se fortalecer com o passar do tempo e a ajuda de setores mais avançados; ou como usurpadores ignorantes e pretensiosos da missão das Humanidades, prometendo certezas onde estas não podem existir; ou ainda como um tipo diferente de empreendimento, claramente demarcado, uma terceira cultura além das duas que Snow canonicamente identificou. Mas tudo isto é para o bem geral: livre da obrigação de erguer-se às custas da taxinomia, já que ninguém mais os ergue, os indivíduos que se consideram cientistas sociais (ou comportamentais, ou humanos, ou culturais) podem agora moldar seu trabalho de acordo com as necessidades que estes apresentem e não para satisfazer percepções externas sobre aquilo que devem ou não fazer. O que Clyde Kluckhohn disse uma vez sobre a antropologia – que é uma licença intelectual para caçar em terreno alheio – não só parece mais verdadeiro hoje, mas aplica-se também a outras ciências além da antropologia. Nascidas oniformes, as ciências sociais prosperam à medida que a situação que descrevi acima se generaliza.

Nessas circunstâncias, os cientistas sociais subitamente se deram conta de que não precisam mais ser físicos da mímica, ou humanistas de armário, ou inventar alguma outra esfera do ser que se transforme no objeto de suas investigações. Em vez disso, podem continuar sua vocação, tentando descobrir ordem na vida coletiva, e decidir de que forma aquilo que faziam – quando conseguiram fazer algo – se relacionava com outras atividades paralelas; muitos deles adotaram uma abordagem essencialmente hermenêutica (se por acaso a palavra atemoriza, invocando imagens de zelotes bíblicos, fraudes literárias ou professores teutônicos, podemos dizer "interpretativa") em suas tarefas. Dada a nova dispersão de gêneros, muitos adotaram outros tipos de abordagem: estruturalismo, neopositivismo, neomarxismo, descritivismo micro-micro, construção de sistemas macro-macro, e aquela combinação curiosa de senso comum com contrassenso comum, a sociobiologia. O movimento que defende uma concepção da organização da vida social em termos de símbolos (sinais, representações, *signifiants*, *Darstellungen*... a terminologia varia), cujo sentido (*sense*, *import*, *signification*, *Bedeutung*) devemos captar se quisermos entendê-la e formular seus princípios, cresceu em proporções assustadoras. Os bosques estão hoje repletos de intérpretes entusiasmados.

A explicação interpretativa – e trata-se de uma forma de explicação e não de algum tipo de glossografia exaltada – concentra-se no significado que instituições, ações, imagens, elocuções, eventos, costumes – ou seja, todos os objetos que normalmente interessam aos cientistas sociais – têm para seus "proprietários". Por esta razão, seus instrumentos de trabalho não são leis, como os de Boyle, nem forças, como os de Volta, ou ainda mecanismos, como os de Darwin, mas sim construções como as de Burckhardt, Weber ou Freud: um sistemático desfazer de malas no mundo conceptual onde vivem *condotiere*, calvinistas ou paranoicos.

Até mesmo a maneira como são feitas estas construções varia: Burckhardt retrata, Weber cria modelos, Freud faz diagnósticos. Todas elas, no entanto, representam esforços para formular conceitos que expliquem como este ou aquele povo, este ou aquele período, esta ou aquela pessoa, fazem sentido para si mesmos, e, quando este processo torna-se claro, buscam explicações para a ordem social, para mudanças históricas, ou para o funcionamento psíquico de um modo geral. A investigação é orientada para casos, ou grupos de casos, e para os traços particulares que os distinguem uns dos outros; seus objetivos, porém, são tão amplos como os da mecânica ou da fisiologia: identificar com que materiais é feita a experiência humana. Com tais objetivos e tais instrumentos para alcançá-los, surgem também algumas novidades na retórica analítica, nos tropos e no imaginário da explicação. Pois, já que a teoria – seja esta científica ou não – avança principalmente graças à analogia, um tipo de compreensão que "vê" aquilo que é menos inteligível através de uma comparação com o mais inteligível (a terra é um ímã, o coração uma bomba de água, a luz uma onda, o cérebro um computador, o espaço um balão), quando esta muda de curso, os conceitos através dos quais ela se expressa também se modificam. Nos estágios iniciais das ciências naturais, antes que as analogias se tornassem tão fortemente acadêmicas – e naquelas ciências (cibernética, neurologia) onde isto ainda persiste – foi o mundo artesanal, e, mais tarde, a indústria que, na maioria dos casos, forneceram as realidades mais inteligíveis (mais inteligíveis porque, como disse Vico, *certum quod factum*, tinham sido criadas pelo próprio homem) que permitiriam "trazer" as menos inteligíveis (menos inteligíveis porque o homem não as criara) para o âmbito do entendível. A ciência deve mais à máquina a vapor, que esta à ciência; sem a arte do artesão que tingia, a química não existiria; a metalúrgica é a mineração teorizada. Nas ciências sociais, ou pelo menos naquelas que abandonaram uma concepção reducionista de sua função, as analogias são obtidas, com frequência cada vez maior, nas atividades culturais e não nos instrumentos de manipulação física – no teatro, na pintura, na gramática, na literatura, no direito e até nos jogos. O que a alavanca fez um dia para a física, o movimento de uma peça de xadrez promete fazer hoje para a sociologia.

Promessas nem sempre são cumpridas, é claro, e quando o são, muitas vezes acabam sendo ameaças; mas a remoldagem da teoria social em termos mais conhecidos por jogadores e esteticistas do que por bombeiros e engenheiros, já está em processo avançado. O fato de que as ciências sociais estão recorrendo às humanidades na busca de suas analogias explicativas é, ao mesmo tempo, evidência da desestabilização dos gêneros e de que agora chegou a vez da interpretação. O resultado mais visível deste processo é que os estudos sociais estão adotando um novo estilo de discurso. Os instrumentos do raciocínio estão se modificando. Representa-se a sociedade cada vez menos como uma máquina complicada ou como um quase organismo e, cada vez mais, como um jogo sério, um drama de rua, ou um texto sobre comportamento.

II

Toda esta movimentação nas propriedades de composição, investigação e explicação significa, sem dúvida, uma mudança radical na imaginação sociológica, impulsionando-a em direções que são tão difíceis como pouco conhecidas. E, como sempre sucede com todas as mudanças deste tipo, que alteram padrões mentais, esta pode levar tanto à obscuridade e à ilusão como à precisão e à verdade. Para que o produto final não seja apenas uma conversa um pouco mais elaborada, ou algum contrassenso ainda pior, é necessário que se desenvolva uma consciência crítica; já que agora uma proporção maior do imaginário, da metodologia, da teoria e do estilo será importada das humanidades, esta consciência crítica também deverá vir dos humanistas e seus seguidores, e não de cientistas naturais e dos que os seguem. Não seria exagero ou pessimismo afirmar que os humanistas, tendo considerado os cientistas sociais como tecnólogos ou intrusos durante tantos anos, simplesmente não estão equipados para tal tarefa.

Por outro lado, os próprios cientistas sociais, que acabaram de livrar-se, e só parcialmente, de suas ilusões de físicos sociais – com leis que tudo explicam, ciência única, operacionalismo etc. – também não estão melhor equipados. Para estes, esta mistura de identidades vocacionais não poderia ter surgido em momento mais adequado. Se forem realmente elaborar sistemas de análise nos quais conceitos tais como seguir regras, construir uma representação, expressar uma atitude ou formar uma intenção passem a ocupar um papel principal – em vez de conceitos como isolar a causa, determinar a variável, medir uma força, ou definir uma função – os cientistas sociais vão precisar de todo o apoio que puderem obter daqueles que têm mais familiaridade com estes conceitos. Neste caso, não é somente a irmandade interdisciplinar, ou sequer o ecletismo erudito que se tornam necessários. É um reconhecimento, por todas as partes envolvidas, de que as linhas que agrupavam acadêmicos em várias comunidades intelectuais, ou (o que tem mais ou menos o mesmo resultado) os dividiam em comunidades diferentes, estão se cruzando em ângulos muito excêntricos hoje em dia.

O tema que necessita reflexões mais urgentes da parte dos humanistas em relação às práticas sociocientíficas é aquele que diz respeito à utilização, em análises sociais, dos modelos importados de territórios humanistas – nas palavras de Locke, "aquele raciocínio cauto que vem da analogia", que "frequentemente nos leva à descoberta de verdades e à produção de resultados de grande utilidade, que, sem ele, poderiam ter permanecido escondidos". (Locke se referia ao processo de esfregar dois gravetos um no outro para produzir fogo, e à teoria do calor resultante da fricção atômica, embora pudesse ter usado a sociedade de empresas e o contrato social com resultados semelhantes.) Manter o raciocínio cauto e portanto útil, e portanto verdadeiro, é, como costumamos dizer, o truque do negócio.

A analogia com jogos é, ao mesmo tempo, a que vem se tornando mais popular na teoria social contemporânea, e também a que mais necessita um exame crítico. A tendência a comparar este ou aquele tipo de comportamento social com este ou aquele tipo de jogo, tem várias origens (não excluindo, talvez, a importância do esporte como espetáculo de massa). As mais importantes, porém, são a concepção de Wittgenstein sobre modos de vida como jogos linguísticos, a visão lúdica da cultura de Huizinga, e as estratégias recentes de Von Neumann e de Morgenstern em *Theory of games and economic behaviour*. De Wittgenstein vem o conceito de que atos intencionais "seguem regras"; de Huizinga, o jogo como uma forma paradigmática da vida coletiva; de Von Neumann e Morgenstern, o comportamento social como uma manobra recíproca para obter resultados distributivos. Juntos, eles conduzem a um estilo de interpretação nervoso e enervante que, nas ciências sociais, combina uma forte sensação da ordem formal das coisas com uma sensação igualmente forte da arbitrariedade radical desta ordem: é a inevitabilidade de tabuleiro de xadrez, que poderia ter acontecido de forma diferente.

A produção de Erving Goffman, talvez o sociólogo norte-americano mais conhecido no momento, baseia-se, quase totalmente, na analogia com jogos. (Goffman usa também a linguagem teatral com bastante frequência, mas como para ele o teatro é uma forma meio estranha de jogo interativo – um jogo de pingue-pongue usando máscaras – seu trabalho não é básica e essencialmente dramatúrgico.) Goffman usa imagens de jogos em praticamente tudo que consegue agarrar. Como ele não costuma ser muito respeitador dos direitos de propriedade, este "praticamente tudo" inclui um vasto número de elementos. O ir e vir de mentiras, metamentiras, verdades inacreditáveis, ameaças, torturas, subornos e chantagens que compõem o mundo da espionagem é construído como "um jogo de expressão"; um carnaval de enganos, um pouco assim como a vida em geral, pois, em uma frase que poderia ter sido escrita por Conrad ou Le Carré, "espiões (são) um pouco como todos nós, e todos nós somos um pouco como espiões". Etiqueta, diplomacia, crime, finanças, publicidade, direito, sedução, e toda esta "região do cômico decoro" cotidiano é considerada como "jogos informativos" – um labirinto de estruturas de jogadores, equipes, lances, posições, sinais, níveis de informação, apostas e ganhos finais, nos quais só os "bons jogadores" – aqueles que estão dispostos a dissimular qualquer coisa e são capazes de fazê-lo – prosperam.

O que se passa em uma clínica psiquiátrica, em qualquer hospital ou penitenciária, ou até mesmo em colégios internos, é, no trabalho de Goffman, uma "brincadeira ritual de ter um eu" em que a equipe de trabalho tem em suas mãos as cartas mais importantes e todos os trunfos. Uma conversa a dois, uma deliberação de um júri, torna-se "uma tarefa executada em conjunto por pessoas fisicamente próximas"; um par dançando, o ato do amor, ou até uma luta de box – na realidade, qualquer tipo de encontro cara a cara – passam a ser jogos nos quais, "como todo psicótico e comediante deve saber, qualquer movimento inadequado pode perfurar a fina camada que protege a realidade imediata". Conflito social, marginalidade, talento empresarial, papéis desempenhados na atividade sexual, rituais religiosos, categorias sociais, e até a simples necessidade humana de aceitação recebem o mesmo tratamento. A vida não passa de uma tigela de estratégias.

Ou, melhor ainda, como Damon Runyon comentou certa vez, é um jogo de três a dois, contra. Pois a imagem da sociedade que emerge do trabalho de Goffman, e consequentemente da produção do enxame de acadêmicos que, de um modo ou de outro, o seguem ou dependem dele, é a de uma série contínua de gambitos, manobras, artifícios, blefes, dissimulações, conspirações e imposturas rematadas, neste processo em que indivíduos e coalizões de indivíduos esforçam-se – algumas vezes de forma inteligente, mas mais frequentemente de forma cômica – para jogar jogos enigmáticos cuja estrutura é óbvia, mas cujo objetivo não é. A visão que Goffman tem do mundo é radicalmente prática, deliberadamente cáustica e mordaz, e não se enquadra muito bem nas crenças humanísticas tradicionais. Mas isto não a torna menos poderosa. E, com sua ética do "jogue segundo as regras, sem reclamar", nem é assim tão desumana.

Nem todas as concepções que veem a vida social como uma série de jogos são tão deprimentes como a de Goffman, e algumas chegam a ser bastante divertidas. O que as une é uma visão de que os seres humanos são mais induzidos por forças que submissos a regras; que as regras são do tipo que permitem estratégias; que as estratégias são do tipo que inspiram ações; e que as ações são do tipo que compensam por si mesmas – *pour le sport*. Da mesma forma que os jogos – beisebol, ou pôquer, ou parcheesi – criam pequenos universos de significados, nos quais algumas coisas são permitidas e outras não (não se pode dar um xeque-mate no dominó), suas analogias na vida real – como devoção, governo, ou conquista sexual – também têm suas possibilidades e limites (não se faz um motim em um banco). Ver a sociedade como um conjunto de jogos significa vê-la como uma extensa pluralidade de convenções e procedimentos vários – mundos fechados e sem ar, de jogadas e contrajogadas, a vida *en règle*. Contam que, quando um dos seus súditos sussurrou-lhe ao ouvido, em um baile real, que o tzar de todos os russos havia morrido, o Príncipe Metternich disse: "Me pergunto qual terá sido seu objetivo..."

A analogia com jogos não é, provavelmente, o tipo de visão do mundo que atraia os humanistas. Estes preferem acreditar que as pessoas não passam a vida obedecendo regras e esforçando-se para tirar vantagem, mas sim agindo livremente e utilizando suas melhores qualidades. Não se pode negar, no entanto, que esta concepção explica inúmeros aspectos da vida moderna de forma bastante adequada, e, de várias maneiras, consegue captar seu espírito. ("Se você não aguenta o maquiavelismo", dizia uma charge em um número recente do *New Yorker*, "saia da cabala".) Portanto, qualquer oposição à analogia dos jogos não poderá ter como instrumentos apenas o desprezo, ou uma recusa a olhar pelo telescópio, ou repetições exaltadas de verdades santas, citando a Bíblia para defender-se do sol. É preciso examinar detalhes, analisar trabalhos e fazer críticas às interpretações, sejam estas a de Goffman, que vê o crime como uma forma de apostar com o próprio caráter; ou a de Harold Garfinkel que compara a mudança de sexo com jogos de identidade; ou a de Gregory Bateson, para quem a esquizofrenia é erro nas regras; ou a minha própria, quando interpreto as confusões que acontecem em um bazar do Oriente Médio como um concurso de comunicação. Quando a teoria social abandona metáforas propulsivas (a linguagem de pistões) e volta-se para as metáforas lúdicas (a linguagem do lazer), as humanidades associam-se a seus argumentos não como espectadores céticos, mas sim como fonte de seu imaginário, e como cúmplices imputáveis.

III

A analogia entre vida social e drama existe de uma forma casual há muito tempo – "o mundo é um palco e nós somos nada mais que pobres atores que se pavoneiam" etc. e tal. Pelo menos desde os anos de 1930, termos relacionados com o teatro – principalmente a palavra "papel" – aparecem como elementos essenciais do discurso sociológico. O que é relativamente novo – novo, não sem precedentes – são duas coisas. Em primeiro lugar, a analogia começa a ser usada com força total, de uma forma extensa e sistemática, e não de forma esporádica e fragmentada – umas poucas alusões aqui, uns tantos tropos acolá. Em segundo, a analogia não é mais utilizada na forma depreciativa que anteriormente caracterizava seu uso mais geral – um mero espetáculo, com máscaras e palhaçadas –, e sim com uma forma mais estrutural e genuinamente dramatúrgica. Na expressão do antropólogo Victor Turner, fazendo, e não fingindo.

É claro que estes dois acontecimentos se relacionam. Uma visão construcionista do teatro – ou seja, *poiesis* – subentende que uma perspectiva dramatizada nas ciências sociais tem que abranger um pouco mais que meras referências ao fato que todos nós temos momentos determinados para entrar e sair do palco, ou que todos temos que desempenhar papéis, que às vezes perdemos nossas deixas, e que adoramos fingir. O mundo pode ou não ser o de Barnum e Bailey, e nós podemos ou não ser sombras caminhantes, mas levar a analogia dramática a sério significa levar a investigação além dessas ironias comuns, e chegar a meios de expressão que façam da vida coletiva alguma coisa que valha a pena. O problema com as analogias – e também sua glória – é que fazem a conexão entre as coisas que comparam em ambas as direções. Por terem tratado a linguagem teatral de forma um tanto ou quanto leviana, alguns cientistas sociais acabaram descobrindo que se haviam enrolado nos fios meio embaralhados de sua estética.

Um dos usos mais bem-elaborados da analogia dramática na teoria social – como analogia e não como metáforas ocasionais – teve origem em algumas fontes humanistas não tão bem-elaboradas. Temos, de um lado, a chamada teoria ritual de drama, associada com figuras tão diversas como Jane Harrison, Francis Fergusson, T.S. Eliot e Antonin Artaud. De outro, está a ação simbólica – ou "dramatismo" segundo o autor – desenvolvida pelo teórico literário e filósofo norte-americano Kenneth Burke, cuja influência, pelo menos nos Estados Unidos, é imensa, mas, ao mesmo tempo, elusiva, pois pouquíssimas pessoas fazem uso de seu vocabulário barroco, com suas reduções, índices etc. O problema aqui é que estas duas abordagens levam a direções opostas: a teoria ritual usa as afinidades entre o teatro e a religião – o drama como a comunhão, o templo como um palco; a teoria da ação simbólica compara teatro e retórica – o drama como uma forma de persuasão, a plataforma do discursante como um palco. Torna-se, então, bastante difícil identificar a base da analogia – exatamente o que no *theatron* é semelhante a que na *ágora*? Que a liturgia e a ideologia são histriônicas é bastante óbvio, como também o são a etiqueta e a publicidade. Exatamente o que isto significa, no entanto, é muito menos evidente.

No momento, o principal proponente da teoria ritual nas ciências sociais talvez seja Victor Turner. Antropólogo com formação britânica, e, mais tarde, norte-americana, Turner, em um conjunto de trabalhos excelentes sobre a vida cerimonial de uma tribo centro-africana, desenvolveu a concepção do "drama social" como um processo regenerativo, que, assim como a teoria de Goffman relacionando "o jogo social" à interação estratégica, conseguiu atrair pesquisadores de alto nível em número suficiente para constituir-se em uma escola interpretativa característica e de muita influência.

Para Turner, dramas sociais têm lugar "em todos os níveis da organização social, do Estado à família". Estes dramas surgem como resultado de situações conflitivas – uma aldeia se divide em facções, um marido que espanca a esposa, uma região que se rebela contra o Estado – e se desenrola até o desfecho final, graças a um comportamento convencionalizado e atuado em público. À medida que o conflito transforma-se em crise, e em um rápido fluir de emoções intensificadas, onde indivíduos sentem-se ao mesmo tempo envolvidos por um sentimento comum e livres de suas amarras sociais, formas rituais de autoridade – litigação, feudo, sacrifício, orações – são invocadas para conter a crise e transformá-la novamente em ordem. Quando estas formas de autoridade têm sucesso, a rotura se solda, e volta-se ao *status quo*, ou a algum outro tipo de organização que a ele se assemelhe. Se falham, no entanto, a rotura passa a ser vista como irremediável, e a sociedade entra em colapso, com vários tipos de finais trágicos: migrações, divórcios, ou assassinatos na catedral. Em graus diferentes de zelo e detalhe, Turner e seus seguidores aplicaram este esquema a rituais de passagem tribais, cerimônias de cura e processos judiciais; insurreições mexicanas, sagas islandesas, e nas dificuldades de Thomas Becket com Henrique II; na narrativa picaresca, em movimentos milenários, carnavais caribenhos, e na busca de mescal pelos índios americanos; e nas rebeliões políticas dos anos de 1960. Uma fórmula para todas as estações.

Essa facilidade em abrir suas portas para abrigar qualquer tipo de caso é um dos pontos fortes da versão de analogia dramática proposta pela teoria ritual; é, também, sua maior fragilidade. Capaz de expor alguns dos elementos mais profundos do processo social, ela o faz tornando insipidamente homogêneos assuntos obviamente diferentes.

Com raízes nas dimensões da ação social relacionadas a representações repetitivas – a re-atuação e consequentemente a re-experiência de uma forma conhecida – a teoria ritual não só revela, com uma clareza peculiar, as dimensões temporais e coletivas destas ações e sua natureza inerentemente pública; mostra também sua capacidade de mudar não só opiniões, mas, como disse o crítico britânico Charles Morgan a respeito do teatro propriamente dito, de modificar os próprios donos das opiniões. "O grande impacto (do teatro), 'escreveu Morgan', não é nem persuadir o intelecto nem enganar os sentidos [...] É a capacidade que o desenrolar do drama tem de envolver a alma humana. Entregamo-nos e somos transformados." Isto é, quando a mágica funciona. A mágica é o que Morgan, em outra frase excelente, chama "a suspensão da forma [...] a inconclusão de uma conclusão conhecida", é a fonte do poder deste "movimento envolvente", um poder, como os teóricos do ritual demonstraram, que certamente não será menos convincente (nem menos passível de ser considerado sobrenatural) nos casos em que o "movimento" ocorre em um rito de iniciação feminina, em uma revolução camponesa, em um épico nacional, ou no camarim de uma estrela.

Estes processos formalmente semelhantes têm, no entanto, conteúdos diferentes. Poderíamos dizer que eles expressam coisas bastante distintas e, por esta razão, suas implicações para a vida social também são diversas. Embora bastante cientes destas diferenças, os teóricos do ritual não estão suficientemente equipados para lidar com elas, precisamente porque sua preocupação principal é com o movimento geral das coisas. Percebem, então, nos vários tipos de processos sociais, nas formas e nos significados, os grandes ritmos dramáticos, as formas que governam o teatro (embora teóricos do ritual tenham mais sucesso com as periodicidades restauradoras da comédia do que com as progressões absorventes e lineares da tragédia, cujos desfechos tendem a ser considerados como falhas e não como resultados satisfatórios). Os detalhes que individualizam, porém, o tipo de coisa que faz *A Winter's Tale* diferente de *Measure for Measure*, e *Macbeth* de *Hamlet*, são relegados ao empiricismo enciclopédico: documentação maciça de um único caso – *plus ça change*, *plus c'est le même changement*. Se, para adaptar uma frase de Susanne Langer, dramas são poemas no modo de ação, alguma coisa se está perdendo: exatamente aquilo que, socialmente, os poemas expressam.

Esta descoberta do sentido da representação deveria ser a tarefa mais importante das abordagens que usam a ação simbólica. Aqui, no entanto, não há um só nome a ser citado, só um catálogo de estudos específicos que cresce dia a dia, alguns dependentes de Kenneth Burke, outros de Ernst Cassirer, Northop Frye, Michel Foucault ou Émile Durkheim, todos muito preocupados em explicar precisamente o que diz alguma forma de texto atuado – uma coroação, um sermão, uma rebelião, uma execução. Se os teóricos rituais, olhos voltados para a experiência, têm vocação para porco-espinho, os teóricos da ação simbólica, olhos voltados para a expressão, têm vocação para raposa.

Dada a natureza dialética das coisas, todos nós precisamos ter oponentes. As duas abordagens são, portanto, essenciais. O que mais necessitamos descobrir no momento, no entanto, é uma forma de sintetizá-las. Em minha análise da política tradicional índica em Bali, como um "estado teatral", e aqui citada não porque seja exemplar, mas simplesmente porque é de minha autoria, tentei abordar este problema. Nessa análise trato, por um lado (o lado burkeano), de demonstrar como qualquer coisa, desde a organização de grupos de parentesco, o comércio, as leis comuns, a administração da água, até a mitologia, a arquitetura, a iconografia e a cremação, combinam-se para formar uma afirmação dramatizada de um modelo específico de teoria política, uma concepção única do que são e devem ser o *status*, o poder, a autoridade e o governo; ou seja, uma réplica do mundo dos deuses que é, ao mesmo tempo, um modelo para o mundo dos homens. O Estado sanciona uma imagem de ordem – para aqueles que o observam, esta imagem é a do próprio Estado e nele está contida – e ela é que governa a sociedade. A outra parte da análise (semelhante à de Turner) tenta demonstrar que, como, em sua grande maioria, o povo não se limita a ser um mero espectador, fascinado pelas expressões do Estado, mas é envolvido, fisicamente, por elas, principalmente nas grandes cerimônias de massa que moldam seus sentimentos – óperas políticas de dimensão borgonhesa – o tipo de poder dramático – "entregamo-nos e somos modificados" – capaz de dar forma à experiência, passa a ser a força decisiva que mantém a sociedade coesa. Um modelo reiterado, encenado e atuado por seu próprio público transforma (até um certo ponto, porque nenhum teatro funciona totalmente) a teoria em fato.

Meu argumento principal neste ensaio, no entanto, é que algumas das poucas pessoas capazes de julgar adequadamente trabalhos deste tipo são os humanistas, que, como todos sabemos, têm algum conhecimento do teatro, da mimese e da retórica. E não me refiro unicamente a meu trabalho, mas a toda essa corrente da análise social que vem se expandindo gradualmente, e que usa, de alguma forma, a analogia dramática. Numa época em que cientistas sociais falam sobre atores, cenas, tramas, desempenhos e personagens, e os humanistas resmungam sobre motivos, autoridade, persuasão, intercâmbio e hierarquia, a linha que os separa, ainda que reconfortante para o puritano, de um dos lados, e para o cavalheiro, do outro, parece bastante incerta.

IV

Entre as recentes reconfigurações da teoria social, a analogia com textos que é adotada atualmente pelos cientistas é, de alguma forma, a que mais se expandiu; é também a mais ousada e a menos elaborada. Mais que "jogo" ou "drama", a palavra "texto" é perigosamente vaga, e seu uso para explicar a ação social, ou o comportamento que as pessoas têm em relação a outras, implica uma enorme deturpação conceptual, um jeito de "ver como" bastante remoto. Descrever a conduta humana em termos de jogadores e contra jogadores, ou de atores e seu público, sejam quais forem suas armadilhas, parece mais natural do que descrevê-los como semelhantes ao que ocorre entre o escritor e o leitor. À primeira vista, a sugestão que as atividades de espiões, amantes, feiticeiros, reis, ou pacientes de uma clínica de doentes mentais sejam lances em um jogo ou desempenhos teatrais é certamente mais plausível do que a ideia de que sejam frases.

Primeiras impressões, no entanto, não são um guia muito confiável quando se trata de elaborar analogias. Se fossem assim tão confiáveis, ainda estaríamos comparando o coração a uma fornalha, e os pulmões a foles. A analogia com textos tem algumas vantagens não aparentes e ainda não suficientemente exploradas e a dissemelhança superficial entre o "estamos aqui e estamos lá" da interação social e a sólida serenidade de linhas em uma página é o que lhe dá sua força interpretativa, ou pelo menos pode dar, quando a diferença é alinhada de forma correta.

A chave para a transição de texto para texto análogo, ou de um texto escrito como discurso para a ação como discurso, é, como Paul Ricoeur assinalou, o conceito de "inscrição": a fixação do significado. Quando falamos, o que dizemos flutua à nossa volta na forma de eventos, como qualquer outro tipo de comportamento; a menos que o que dissemos seja inscrito em texto (ou em qualquer outro meio conhecido de registro) passa a ser tão evanescente como nós mesmos. Se é inscrito, é claro, também desaparece, como a juventude de Dorian Gray; mas pelo menos seu significado – o que *foi dito*, e não o *dizer*, permanece, até certo ponto e por algum tempo. Isso também se aplica à ação em geral: seu significado tem meios de perdurar, mas sua realidade não.

A grande virtude de ampliar a noção de texto para abranger outras coisas além das que são escritas em papel, ou gravadas na pedra, é que este processo orienta nossa atenção justamente para o fenômeno que discutimos acima: o processo de elaboração da inscrição da ação, seus instrumentos e como estes funcionam, e as implicações que a fixação do sentido que emana de um fluir de eventos – eventos que, para a história, são o que aconteceu, para o pensamento, o que foi pensado, para a cultura, o comportamento – tem para a interpretação sociológica. Imaginar que instituições, costumes e mudanças sociais possam ser de alguma forma "lidas" é alterar totalmente nosso entendimento do processo que dá origem a esta interpretação, direcionando-o para tipos de atividades mentais mais parecidas com aquelas utilizadas pelo tradutor, pelo exegeta, ou pelo iconografista do que aquelas que são típicas de aplicadores de testes, analistas de fatores ou pesquisadores da opinião pública.

Todo este processo surge com clareza exemplar no trabalho do linguista comparativo, Alton Becker, sobre o teatro de sombras javanês com marionetes – o *wayang*, como é chamado em Java. "Wayangizar" (não existe um verbo adequado para descrever esta atividade) é, segundo Becker, uma maneira de construir um texto, uma forma de agregar símbolos para elaborar uma expressão. Para construí-lo, para entender não só o que significa, mas também como o significa, é necessário, diz Becker, uma nova filologia.

A função da filologia, estudo da linguagem baseado em textos, por contraste com a linguística, que é baseada na linguagem oral, foi, tradicionalmente, tornar documentos antigos, estrangeiros ou esotéricos acessíveis àqueles que consideravam esses documentos antigos, estrangeiros ou esotéricos. Termos são explicados, notas são anexadas, comentários são escritos, e, quando necessário, são feitas transcrições ou traduções – tudo isto com o objetivo de produzir uma edição comentada, a mais legível possível dentro dos limites do filólogo.

O significado é fixado em um metanível; basicamente o que faz o filólogo, uma espécie de autor secundário, é reinscrever, ou seja: interpretar um texto através de um outro texto.

Se pararmos por aqui, o trabalho parece bastante simples, mesmo que, na prática, apareçam dificuldades. Quando o objetivo do filólogo, no entanto, é mais amplo, e estende-se além de procedimentos rotineiros e técnicos (autenticação, reconstrução, anotações) voltando-se para questões conceptuais que envolvem a própria natureza dos textos – isto é, problemas relativos aos princípios que levaram a sua elaboração – a simplicidade some. O resultado, como observa Becker, foi uma ruptura na filologia, um termo em si mesmo já meio obsoleto, que a dividiu em duas atividades rivais, e, ainda mais grave, que criou uma brecha entre aqueles que estudam textos específicos (historiadores, editores, críticos – que gostam de ser considerados humanistas) e os que estudam a atividade de criar textos (linguistas, psicólogos, etnógrafos – que gostam de ser considerados cientistas). O estudo de inscrições separa-se do estudo do processo de inscrever, e o estudo do significado fixo, do estudo dos processos sociais que o fixam. O resultado é de uma dupla estreiteza. Bloqueia-se a aplicação da análise de texto em materiais não escritos, e também a aplicação da análise sociológica em textos.

A reparação desta ruptura e a integração do estudo de como se processa a construção de textos, de como o que foi dito é resgatado do dizer, no estudo de fenômenos sociais – piadas apache, comida inglesa, sermões de cultos africanos, escolas secundárias norte-americanas, o sistema de castas indiano, a queima de viúvas balinesas, só para citar algumas das tentativas mais recentes além da de Becker – é o que faz a "nova filologia" – ou seja lá como venha finalmente a ser chamada. "Em um mundo multicultural", escreve Becker, "um mundo de epistemologias múltiplas, há necessidade de um novo tipo de filólogo – um especialista em relações contextuais – em todas as áreas de conhecimento que tenham a construção de textos como atividade principal: literatura, história, direito, música, política, psicologia, comércio, e até mesmo a guerra e a paz".

Becker vê quatro ordens principais de conexão semiótica, em um texto social, a serem investigadas pelo seu novo filólogo: a relação das várias partes entre si; a relação do texto com outros culturalmente ou historicamente semelhantes; sua relação com aqueles que, de alguma forma, o constroem; e sua relação com realidades consideradas externas a ele. Certamente existem outras – sua relação com sua própria matéria seria uma destas; mas, só essas já são suficientes para suscitar questões metodológicas profundas, questões essas que até hoje só foram tratadas de forma bastante hesitante. "Coerência", "intertextualidade", "intenção" e "referência" – seriam mais ou menos os conteúdos das quatro relações definidas por Becker – todas elas, no entanto, tornam-se noções sumamente elusivas, assim que deixamos de lado o parágrafo ou a página, e nos voltamos para atos ou instituições.

Na verdade, como Nelson Goodman demonstrou, se nem mesmo no parágrafo e na página elas são tão fáceis de definir, que diremos quando o objeto de estudo é um quadro, uma melodia, uma estátua, ou a dança. Se é que existe realmente uma teoria que considera o significado desta contextualização múltipla de fenômenos culturais (um tipo de construtivismo simbólico) ela tem que incluir um pouco mais do que uma lista de sugestões incertas e de ideias imperfeitamente relacionadas.

Não sabemos claramente até que ponto este tipo de análise pode ser utilizada no caso de expressões culturais que não sejam tão especificamente expressivas como o teatro de marionetes, e que ajustes teria que sofrer se isto acontecesse. Da mesma forma que os proponentes da "vida como um jogo" tendem a gravitar em torno de interações cara a cara, relacionamentos amorosos e coquetéis, considerando-os como terreno mais fértil para o tipo de análise que executam e os proponentes da "vida como um teatro" são atraídos por intensidades coletivas, carnavais e insurreições os proponentes da "vida como um texto" inclinam-se para o exame de formas imaginativas: piadas, provérbios, artes populares. Não há nada de surpreendente ou condenável nisso; procuramos testar nossas analogias onde seja mais provável que elas funcionem. A longo prazo, no entanto, estas teorias só poderão subsistir se tiverem a capacidade de ir além destes fáceis sucessos iniciais, e de analisar formas mais complexas e menos previsíveis. Assim, a concepção de jogo terá que explicar algo como devoção, a do teatro, o humor, e a do texto, a guerra. Dentre estes triunfos, se forem um dia obtidos, os mais difíceis serão os da analogia com textos. Por enquanto, tudo que seus apologistas podem fazer é o que fiz aqui: oferecer alguns exemplos do uso da teoria, alguns sintomas de suas dificuldades, e alguns pedidos de ajuda.

V

Tivemos já exemplos suficientes. Além do fato de que – na medida em que seus escritores individuais bordejam entre linguagens lúdicas, dramatistas e textualistas – estes três tipos específicos de analogia se misturam, existem ainda no cenário sociocientífico outras analogias humanistas tão importantes como estas três: análises do ato discursivo, segundo Austin e Searle; modelos de discurso bastante diferentes, como os da "competência comunicativa" de Habermas e a "arqueologia do conhecimento" de Foucault; abordagens representacionalistas, que se originam na estética cognitiva de Cassirer, Langer, Gombrich ou Goodman; e, é claro, a criptologia superior de Lévi-Strauss. Também a estas analogias faltam organização e homogeneidade internas: assim, a separação a que aludi, quando mencionei a analogia do jogo, entre teóricos que se concentram mais no aspecto do jogo em si, e aqueles cuja preocupação é a estratégia, e, na analogia do drama, entre ritualistas e retóricos, têm suas contrapartes na analogia do texto, onde existe a colisão entre os mandarins do desconstrucionismo, que se opõem à interpretação, e os defensores do simbolismo de dominação, do neomarxismo. Os temas não são nem estáveis, nem consensuais, e, a curto prazo, é pouco provável que venham a sê-lo. O mais interessante de tudo isso, no entanto, não é saber como todas estas formas híbridas vão se juntar para formar alguma teoria esplêndida, mas sim o porquê de toda esta fermentação.

Uma das respostas a essa pergunta é que, embora ainda imperfeito, está surgindo um desafio a algumas das premissas mais importantes da ciência social estabelecida. A separação estrita entre teoria e dados, a ideia do "fato bruto"; o esforço para criar um vocabulário formal de análise purgado de qualquer referência subjetiva; a noção de "linguagem ideal"; e a alegação de neutralidade moral, a visão do Olimpo, a "verdade divina" – nenhuma destas ideias pode prosperar quando a explicação passa a ser vista como uma questão de conectar a ação a seu significado e não o comportamento a seus determinantes. A refiguração da teoria social representa, ou, se tiver prosseguimento, representará um dia, uma mudança radical na noção que hoje temos do conhecimento, alterando não tanto a definição do que é conhecimento, mas principalmente a definição daquilo que queremos saber. Eventos sociais certamente têm suas causas e instituições sociais seus efeitos; mas é possível que o caminho que nos leve a descobrir o que é que estamos realmente afirmando quando fazemos esta afirmação tenha mais que ver com a observação e a inspeção de expressões do que com postular e medir forças.

O desvio que um segmento importante de cientistas sociais escolheu, ao abandonar a utilização de analogias com processos físicos para adotar as que utilizam formas simbólicas, envolveu a comunidade sociocientífica em um debate a respeito de seus métodos e de seus objetivos que é sumamente importante, e cuja intensidade cresce diariamente. Os anos dourados (ou talvez fossem só anos de bronze) das ciências sociais, quando, fossem quais fossem as diferenças em posições teóricas ou afirmações empíricas, havia uma aceitação universal de que o objetivo final do empreendimento era descobrir a dinâmica da vida coletiva e alterá-la na direção desejada – obviamente é coisa do passado. Existem hoje muitos cientistas sociais em atividade, cujo objetivo já não é a manipulação do comportamento e sim a anatomização do pensamento.

Não foi só nas ciências sociais, porém, que a mudança no que achamos da maneira como pensamos trouxe um certo desequilíbrio. O interesse crescente de sociólogos, antropólogos, psicólogos, cientistas políticos e até mesmo de um ou outro economista, na análise de sistemas simbólicos, leva a um questionamento – normalmente implícito, às vezes explícito – sobre o relacionamento destes sistemas com o que ocorre no mundo a sua volta. E o faz de uma forma que é, por um lado, bastante diferente daquela a que os humanistas estavam acostumados, e por outro, muito menos elusiva – com homilias sobre valores espirituais e a vida examinada – do que, aparentemente, muitos deles desejariam.

Se, com toda esta preocupação sobre sentido e significação, a noção sociotecnológica do que é um cientista social passou a ser questionada, mais questionada ainda é a ideia de que humanistas são cães de guarda da cultura. O especialista, sem receitas de panaceias políticas para o espírito, desaparece, mas o sábio de estantes distribuindo opiniões favoráveis também. Já não é possível expressar a relação entre o pensamento e a ação na vida social, nem em termos de sabedoria, nem em termos de habilidade. No entanto, ainda não descobrimos outra forma de expressá-la, ou seja, a razão pela qual jogos, dramas ou textos que não inventamos ou testemunhamos, mas que vivemos, têm as consequências que têm, permanece um tanto ou quanto obscura. Para chegar a uma resposta, serão necessários os mais cautos dos raciocínios, em ambos os lados de todas as linhas divisórias.

Capítulo 2
"Descoberto na tradução": a história social da imaginação moral

Antropólogos têm algumas vantagens quando se dirigem ao público em geral, e uma delas é que poucos de seus ouvintes têm muito conhecimento próprio sobre os fatos – verdadeiros ou não – que estão sendo relatados. Isto nos permite atuar com bastante impunidade. Como acontece na maioria dos casos deste tipo, porém, esta falta de conhecimento é, ao mesmo tempo, uma desvantagem. Quando um crítico literário discursa sobre *Rei Lear*, ou um filósofo sobre Kant, ou um historiador sobre Gibbon, pode iniciar seu discurso introduzindo, quase que imediatamente, sua visão do tema, e usar citações só ocasionalmente, para tornar um ou outro assunto mais acessível. Nesses casos, parte-se do princípio de que o contexto é comum, partilhado pelo discursante e por aqueles a quem se dirige. Não se torna necessário explicar quem é Gloucester, ou do que trata a epistemologia, ou onde e quando o Império Romano existiu. O mesmo não acontece com o antropólogo, que, na maioria das vezes, vê-se forçado a escolher entre duas opções pouco atraentes: cansar seu público com uma quantidade enorme de informações exóticas, ou tentar desenvolver seu argumento em um vácuo empírico.

Na medida do possível, gostaria aqui de evitar esta escolha, começando com uma citação de um texto bastante extenso, mas, a meu ver, muito vívido, de um escritor ocidental do século XIX, a respeito daquela que é, talvez, uma das tradições mais famosas e conhecidas de Bali. Esta citação servirá como meu texto – meu trampolim para uma variedade de afirmações, que, espero, graças à utilização da citação como base e pano de fundo, serão aceitas como pertinentes a uma realidade social específica e, até mesmo, em alguma medida, por ela responsáveis. Realidade a que eu, particularmente, tive algum acesso, mas que a maioria de meus leitores provavelmente desconhece.

> Quando eu estava em Bali, houve um desses sacrifícios revoltantes. O rajá do Estado vizinho morreu dia 20 de dezembro de 1847; o corpo foi queimado com grande pompa, e três de suas concubinas se sacrificaram nas chamas. Foi um dia importante para os balineses. Há vários anos não ti-

nham a oportunidade de presenciar um daqueles espetáculos horrendos, um espetáculo que, para eles, representava um feriado com um certo ar de santidade; todos os rajás no poder em Bali fizeram questão de comparecer, trazendo consigo um grande número de seguidores.

Era um belo dia, e pelos atalhos escorregadios e de terra macia, às margens das barragens que separam os vários terraços gramados de uma sucessão infindável de arrozais, viam-se grupos de balineses, em roupas festivas, que caminhavam na direção do local da cremação. Por onde passavam, o colorido brilhante de suas roupas destacava-se, reluzente, contra o verde suave do chão. Não pareciam nada selvagens, e sim uma multidão alegre, divertindo-se em alguma agradável excursão. Tudo a sua volta dava a sensação de abundância, de paz e felicidade, e, em certo sentido, de civilização. Era difícil acreditar que a poucos quilômetros daquela cena três mulheres, inocentes de qualquer crime, iriam, por razões de afeto e em nome da religião, submeter-se à mais terrível das mortes, sob os olhares de milhares de seus conterrâneos.

Já à vista, os muros que rodeiam o palácio do rei de Gianjar. Avenidas retas, que sobem pela encosta de uma colina gramada, levam ao palácio; e, mais no alto, ao centro de um espaço aberto e protegida por uma grade de madeira, atrai a atenção uma vistosa estrutura de telhado dourado, erguida sobre colunas carmim. Ali será queimado o corpo. Ao observar esta estrutura de perto, nota-se que descansa em uma plataforma de tijolos, de quatro pés de altura, sobre a qual existe um segundo andar, coberto com areia. Ao centro há uma estátua de madeira, representando um leão, esplendorosa com seus acabamentos em púrpura e dourado. A parte de trás da escultura se abre e sua função é receber o corpo do rei para a cremação. Todo o edifício foi exageradamente decorado com espelhos, pratos de cerâmica e pintura dourada.

Ao lado da estrutura há um espaço quadrado, cercado por um muro de quatro pés de altura, cujo interior foi completamente invadido por um fogo ardente e ameaçador, o fogo fatal que consumirá as vítimas. A uma altura de vinte pés, uma frágil plataforma de bambu se comunica com o quadrado, protegida do fogo por uma cobertura de talos de plátano verde. O centro desta ponte sustenta um pequeno pavilhão, que abrigará as vítimas enquanto estas se preparam para o salto fatal.

Os espectadores, provavelmente não menos que 40 ou 50 mil (número que, aliás, representaria cerca de 5% da população total da ilha na época), ocupavam o espaço entre essas estruturas e o muro externo, no qual um número de pequenos pavilhões tinham sido construídos, para uso das mulheres. Este espaço ia sendo ocupado rapidamente, e o olhar de todos os presentes estava voltado para o [palácio] de onde viria a procissão do enterro. Embora pareça estranho, o rei morto não saiu de seu palácio, pela última vez, pelo caminho normal. Cadáveres são considerados impuros, e nada que seja impuro pode passar pelo portão principal do palácio. Construiu-se, portanto, uma espécie de ponte, que atravessava a parte superior dos muros, e por ela foi levado o corpo. Esta ponte estava ligada à parte mais alta de uma torre imensa em forma de pagode, e nela colocaram o corpo.

Uns quinhentos homens carregavam a torre. Esta era composta de onze andares e três plataformas inferiores, todos suntuosamente decorados. No último andar descansava o corpo, coberto de linho branco e guardado por homens que seguravam abanos.

A procissão que desfilava diante da [torre] tinha, à sua frente, grupos de robustos lanceiros, separados, em intervalos, por músicos [orquestra de gamelão]; a seguir vinham muitos homens e mulheres levando oferendas, que incluíam armas, vestimentas, ornamentos, vasos de ouro e prata com água sagrada, caixas [com as folhas de betel], frutas, carne preparada, arroz de várias cores, e, finalmente, o cavalo do falecido rei, em seu jaez alegremente decorado. Depois do cavalo caminhavam mais lanceiros e alguns músicos. Atrás destes vinha o jovem rei [que recentemente tomara posse], o Dewa Pahang, seguido por um enorme cortejo de príncipes e nobres. Ao cortejo seguia-se o grão-sacerdote, carregado em uma liteira aberta. Um rolo de pano, pintado de branco, preto e listras douradas, como se fosse uma grande serpente, envolvia a parte inferior da liteira. A cabeça gigantesca deste monstro descansava sob o assento [do sacerdote], e seu rabo tinha sido atado à [torre] que vinha logo abaixo, dando a entender que o morto estava sendo arrastado para o local da cremação pela serpente.

Logo após a torre maior, do rei morto, vinham três torres menores e menos suntuosas, cada uma delas levando uma das jovens mulheres prestes a serem sacrificadas. As vítimas desta cruel superstição não demonstravam qualquer sinal de medo ante aquele destino tão terrível que as aguardava, agora tão próximo. Vestidas de branco, os longos cabelos negros escondendo parcialmente seu corpo, em uma das mãos um espelho e na outra um pente, sua única preocupação parecia ser a de enfeitar-se para alguma festividade alegre. A coragem que as sustentava nesta situação tão terrível era realmente extraordinária, mas nascia da esperança de felicidade em uma vida futura. Acreditavam que, de escravas que eram neste mundo, se transformariam em esposas favoritas ou rainhas de seu senhor falecido, em sua próxima vida. Tinham-lhes assegurado que, se mostrassem boa vontade em seguir seu rei nessa vida futura, com alegria e rodeadas de pompa e esplendor, isto agradaria aos poderes invisíveis, o que convenceria o grande deus Siva a aceitá-las sem demora no paraíso do Indra, o Swerga Surya.

Ao lado daquelas pobres mulheres iludidas estavam seus parentes e amigos. Tampouco estes pareciam estar amedrontados por preparativos tão hediondos, ou ter qualquer intenção de tentar salvar suas infelizes filhas ou irmãs da morte cruel que as esperava. Seu dever não era salvá-las, mas sim atuar como seus carrascos; pois a eles tinham sido confiados os preparativos finais e mais terríveis, e a eles caberia o gesto final de enviar as vítimas ao seu destino.

Enquanto isso, a procissão seguia vagarosamente adiante. Antes que atingisse seu destino, porém, mais um ato estranho do grande drama teria que ser executado. A serpente iria ser morta, e queimada com o corpo do rei. Descendo de sua liteira, o grão-sacerdote empunhou um arco e dos quatro cantos da bússola atirou quatro flechas de madeira na cabeça da serpente. Não foram as flechas, no entanto, e sim uma flor, a flor do champó, que feriu a serpente. A flor era inserida entre as penas que encobriam uma das pontas das flechas e, durante o voo, soltavam-se da flecha; com incrível e estranha destreza, o sacerdote, sem errar uma vez sequer, conseguiu que a flor atingisse seu alvo, a cabeça da serpente. Simbolicamente morta pelas flores, a serpente foi então carregada por vários homens e enrolada na cadeira do sacerdote. Mais tarde seria também enroscada na estátua de madeira que representava um leão, na qual o corpo seria queimado.

Quando a procissão aproximou-se do local da cremação, a [torre] foi rodada três vezes, ainda com o sacerdote em seu topo. Finalmente, encostaram-na na ponte que, através de seu décimo primeiro andar, comunicava-se com o local da cremação. O corpo foi então colocado no leão de madeira; cinco pequenas placas de ouro, prata, cobre, ferro e estanho, onde palavras místicas haviam sido inscritas, foram postas na boca do rei morto; o grão-sacerdote leu os Vedas, e jogou a água sagrada sobre o corpo, esvaziando os jarros que a continham. Quando tudo isso havia sido executado, os feixes, pequenos ramos decorados em ouro, preto e branco, já acesos, foram colocados sob a estátua do leão, e esta foi rapidamente envolvida pelas chamas. Terminada esta parte da estranha cena, deu-se início a outra, ainda mais terrível.

As mulheres foram levadas em uma procissão que rodeou o local três vezes e depois foram colocadas na plataforma fatal. Ali, no pavilhão antes descrito, esperaram até que o fogo tivesse consumido a imagem do leão e seu conteúdo. Mesmo agora, continuavam a não demonstrar nenhum medo, e a dar a impressão que o que mais lhes importava era enfeitar-se, como que preparando-se para a vida e não para a morte. Enquanto isso, os amigos que as assistiam organizavam os preparativos para o terrível clímax. A grade que fechava o lado oposto da plataforma abriu-se e uma tábua de madeira foi empurrada sobre as chamas. No chão, ajudantes atiravam grande quantidade de óleo ao fogo, atiçando-o, e fazendo com que as chamas, brilhantes e assustadoras, se elevassem a uma grande altura. O momento supremo havia chegado. Com passos firmes e contidos, as vítimas pisaram na tábua de madeira; elevaram suas mãos e as uniram, palma com palma, sobre suas cabeças, onde, em cada uma das mulheres, havia sido colocada uma pomba. Então, com o corpo ereto, mergulharam no mar de chamas, ao mesmo tempo em que as pombas levantaram voo, como um símbolo de almas abandonando o corpo.

Duas das mulheres não demonstraram, nem no último momento, o menor sinal de medo; apenas se olharam, para certificar-se de que ambas estavam prontas, e depois, sem nenhuma pausa, deram o mergulho. A terceira pareceu hesitar, e saltou menos decididamente; vacilou por um instante, mas depois seguiu suas companheiras, e todas três desapareceram nas chamas sem emitir nenhum som.

Este espetáculo assustador não pareceu causar nenhuma emoção na multidão imensa que o assistiu, e a cena encerrou-se com uma música barbárica e tiros de canhão. Era uma visão que não seria jamais esquecida por aqueles que a presenciaram, e que nos deixou no coração uma sensação de alívio e gratidão por pertencer a uma civilização que, por maiores que sejam seus defeitos, é piedosa, e cada vez mais tende a livrar suas mulheres da ilusão e da crueldade. Cabe ao governo britânico na Índia extirpar esta praga abominável que é o sati, e sem dúvida os holandeses já fizeram o mesmo em Bali. Trabalhos como este são credenciais através das quais a civilização ocidental faz valer seu direito de conquistar e humanizar raças bárbaras e de substituir as civilizações antigas.

Pouco mais tenho a falar sobre Bali que seja interessante...

I

Esta passagem poderosa e bela (e sem desprezar meu *métier*, que é supostamente algum tipo de ciência) e tão extraordinariamente bem observada, foi escrita na década de 1880 pelo dinamarquês L.V. Helms[1]. Ainda quando muito jovem Helms serviu como aprendiz de um tipo de mercador e aventureiro chamado Mads Lange, com jeito de "rajá branco" e que parecia ter saído diretamente das páginas de *O coração das trevas* – tocava violino, corria para todos os lados em cavalos capengas cortando seus inimigos em pedaços, tinha esposas nativas de vários tipos e colorações, e morreu subitamente, possivelmente envenenado, nos últimos anos da década de quarenta. Mads Lange chefiava um encrave comercial no sul de Bali entre 1839 e 1856, na época em que ele e os que com ele trabalhavam eram os únicos europeus na ilha. Citei Helms tão extensamente não porque tenha a menor intenção de falar sobre etnografia balinesa neste ensaio, nem – ou, pelo menos, não muito – sobre rituais de cremação. Citei esse texto de Helms porque quero destrinçá-lo, ou melhor ainda (porque é um texto um tanto ou quanto hermético e meus objetivos um tanto ou quanto difusos), dar voltas ao seu redor como uma forma de introdução àquilo que considero ser os principais objetivos de Lionel Trilling como crítico literário, se é que seja possível confinar um homem com interesses tão diversos em uma categoria tão estreita. Estes são objetivos que, embora de uma perspectiva ligeiramente diferente, mas em uma categoria que não é menos estreita, tenho em comum com Trilling.

Se Trilling tinha alguma obsessão, esta era o relacionamento entre cultura e imaginação moral; esta é também minha obsessão. Trilling chegou a ela, vindo da literatura; eu, pelo caminho das tradições. Creio, no entanto, que nossos caminhos se encontram no texto de Helms, em seu retrato de uma tradição que contém aquela combinação maravilhosa de beleza, se considerada como uma obra de arte; de horror, se considerada como vida real; e de poder, se considerada como uma perspectiva moral – uma combinação que associamos com grande parte da literatura moderna, e sobre a qual Trilling, com sua maneira cadenciada, agonizou tão conscienciosamente. No final, não importa muito se nos concentramos em Joseph Conrad ou no sati: a história social da imaginação moral é uma única disciplina.

Única, mas obviamente vasta. Como uma obra literária específica extrai apenas alguns aspectos da questão geral – De que forma a fantasia coletiva colore a vida coletiva? –, assim também qualquer ritual específico dramatiza algumas questões e se cala sobre outras. Esta é, realmente, a grande vantagem de examinar coisas tão exóticas como a incineração esplendorosa de cadáveres ilustres e viúvas submissas em uma ilha remota, alguns anos atrás. O que chamou a atenção imediata no texto é tão diferente do que chama a atenção imediata quando nos voltamos para aquilo

1. *Pioneering in the Far East and Journeys to California in 1849 and to the White Sea in 1848* (Londres, 1882), p. 59-66.

que Trilling uma vez chamou de literatura escandalosamente pessoal do presente falante e definidor de atitudes, que sejam quais forem as percepções profundas que emergem para unir as duas experiências, estas têm uma força peculiar.

Minha tarefa, ao focalizar determinados assuntos o suficiente para que algo circunstancial possa ser dito sobre eles, tem um poderoso aliado no fato de que o último trabalho publicado pelo Professor Trilling – sobre as dificuldades de ensinar Jane Austen a estudantes da Universidade de Columbia nos anos de 1970, um empreendimento aparentemente heroico – abordou justamente aquilo que é o tema central deste ensaio[2]. "A premissa básica da pedagogia literária humanista", diz ele, naquele artigo, foi sempre que as similaridades entre nós mesmos e pessoas de lugares ou tempos remotos são tão mais profundas que as diferenças superficiais que deles nos separam, que, com o treinamento acadêmico e o cuidado histórico necessários, os produtos de sua imaginação podem ser úteis para nossa vida moral. Referindo-se a alguns dos meus argumentos (relativos, entre outras coisas, ao significado do eu para os balineses, que tem – como creio fica bastante claro em meu texto – uma certa peculiaridade), Trilling se perguntou até que ponto essa premissa básica é realmente válida. Por um lado, dava a impressão de que sua confiança em que aqueles culturalmente distantes eram assim tão fáceis de acessar estava abalada, e parecia duvidar de que ele próprio tivesse sido capaz de entender, e menos ainda de utilizar, através do artifício normalmente usado de se colocar nos sapatos do outro, uma saga islandesa sobre um urso cobiçado por um rei, urso este que um homem do campo deu de presente a outro rei. Por outro lado, no entanto, Trilling dava a impressão de estar cheio de certeza, quase obstinado, acreditando que por mais estranhos que sejam os modos de pensar e os sentimentos de outras pessoas, estes podem, de alguma forma, ser relacionados com a maneira como vivemos hoje. Estava obviamente convencido de que tinha em suas mãos o poder de fazer com que os estudantes da Columbia se aproximassem um pouco mais de Jane Austen, ou talvez, para ser mais exato, que lhes pudesse demonstrar como já estavam próximos dela, pelo menos em algumas coisas.

Embora esta não seja exatamente a posição mais confortável, ou, sequer, a que apresenta maior coerência, a meu ver, é a única que pode ser efetivamente defendida. As diferenças certamente são muito mais profundas do que um humanismo do tipo "homens são homens" se permite ver, e as semelhanças são demasiado substanciais para serem resolvidas por um relativismo fácil do tipo outros-animais, outros-costumes. Tanto críticos literários como antropólogos – ou pelo menos críticos literários como Trilling, ainda possuídos, como ele diz, pela crença primitiva de que existe uma coisa que é a vida; e antropólogos como eu, que creem que a sociedade significa algo mais que comportamento – continuam seguindo suas vocações perseguidos por um problema tão insolúvel quanto fundamental: isto é, que os produtos signi-

2. TRILLING, L. "Why We Read Jane Austen", no Suplemento Literário do jornal The Times, 5 de março de 1976, p. 250-252.

ficativos da imaginação humana (uma saga islandesa, um romance de Austen, ou a cremação balinesa) são testemunhos igualmente poderosos da crença reconfortante de que somos todos iguais e da desconfiança preocupante de que não somos.

Se retornamos ao texto de Helms, e aos tipos de "vida real" que, de alguma forma, ele refrata – a vida dos nativos que ele tenta alcançar, a vida intrusiva de onde emerge, e uma outra, separada, através da qual logramos compreendê-lo –, esta profunda ambiguidade aparece em quase todas as linhas. À medida que vamos lendo o texto, uma série de instabilidades – instabilidades de perspectiva, de significado, de julgamento – vai sendo formada, uma pressionando fortemente a que se segue, deixando-nos, ao final, sem saber bem qual é nossa opinião, ou que posição desejamos adotar frente àquilo que nos está sendo relatado, e até mesmo inseguros quanto ao conteúdo exato daquilo que está sendo dito.

Algumas destas instabilidades são, por assim dizer, intrabalinesas; são inerentes à própria estrutura do ritual, constituem o seu tema e incluem seu significado. A conjunção (que mencionei anteriormente e à qual Helms se refere continuamente, maravilhado) de uma intensificação exagerada do drama sensual, uma explosão de símbolos floreados e imagens cabalísticas, e uma não menos exagerada celebração das belezas mais tranquilas da obliteração pessoal, um hino casto à aniquilação, é, obviamente, apenas a instabilidade mais proeminente. Por um lado, torres reluzentes com onze andares, flechas de flores que são atiradas em cobras de pano, caixões roxo e dourado em forma de leão, incenso, metalofonia, especiarias, labaredas; por outro, ossos chamuscados, sacerdotes em transe, viúvas sonâmbulas, ajudantes indiferentes, multidões dissociadas, fantasmagóricas em sua tranquilidade de piquenique. A estética de Cocteau que se une à de Beckett.

Além das instabilidades que o próprio texto contém (contém de forma limitada, aliás, pois é algo que, com seu humor de coveiro, nosso texto não consegue transmitir tão bem), porém, existem outras, que surgem na colisão entre estas instabilidades e o pacote de presunções e predileções que lhes traz um burocrata do mar dinamarquês, do século XIX, que, embora incomumente tolerante para a época, certamente não poderia deixar de ser influenciado por sua própria cultura. Como aconteceu, desde então, com inúmeros outros intrusos no mundo de máscaras de Bali, Helms ficou totalmente enfeitiçado pela suave beleza daquilo que viu. Aqueles terraços verdejantes, os pequenos caminhos escorregadios, as vestimentas coloridas, cachoeiras de longos cabelos negros – tudo isto consegue seduzir mesmo aqueles que examinam com um olhar frio, e aturde completamente os que já o fazem com um olhar romântico. Seu ultraje com o que toda esta cerimônia deslumbrante produz no mundo real, ou, pelo menos em um mundo real concebido pelo filho de um boticário de Jutland – "três mulheres, inocentes de qualquer crime", "submeter-se à mais terrível das mortes" "por razões de afeto e em nome da religião" – é algo que ele não consegue reprimir e que afeta profundamente sua reação.

A mistura de beleza artística e de crueldade extrema com que ele se confronta, o tipo de combinação que teria deleitado Baudelaire e que um dia deleitou Artaud, transtorna-o de tal forma que o deixa em dúvida: afinal, que tipo de seres serão esses piróﬁlos tão suntuosamente enfeitados que marcham pelos caminhos fazendo soar seus gongos e sacudindo suas bandeirolas? "Não pareciam nada selvagens"; "tudo a sua volta dava a sensação de abundância, de paz e felicidade, e, em certo sentido, de civilização". Sua sensibilidade estética, aliás, muito forte, vai em uma direção, e sua ética, igualmente forte, vai em direção oposta, e Helms tem uma dificuldade enorme para decidir o que é, exatamente, que ele deve sentir: as mulheres são iludidas, sua coragem é magnífica, os preparativos são terríveis, o mergulho silencioso nas chamas é comovedor; o rito, uma superstição cruel, o espetáculo nunca poderá ser esquecido; a multidão é generosa, alegre, graciosa, educada e não se emociona com a visão das mulheres sendo queimadas até torrarem. Todos os predicados familiares parecem interferir uns com os outros. Seja qual for o relacionamento entre beleza, verdade e bondade nesta nuvem de fumaça e sacrifício, certamente não será o mesmo que vigorava na Escandinávia pós-napoleônica.

Nem sequer as que vigoram na América de após-guerra, ou pelo menos não as que vigoram entre os que, na América, têm ideias mais conservadoras. Com uma reviravolta que faria inveja a qualquer verdadeiro conhecedor da ansiedade moderna levada ao extremo, Helms (tendo simultaneamente conseguido atrair-nos para o ritual quando se concentra em sua beleza e causar nossa aversão, quando dá ênfase ao terror), através de uma frase que protesta contra a opressão da mulher, transforma o ritual em um argumento a favor do imperialismo. É na extirpação de pragas tão abomináveis – abomináveis e esplêndidas – como estas, que o Ocidente ganha suas credenciais para conquistar e transformar o Oriente. Os ingleses na Índia, os holandeses na Indonésia, e presumivelmente os belgas, os franceses e os restantes onde quer que estejam, têm o direito e a justificativa para substituir as civilizações antigas pelas suas próprias, porque estão a favor da compaixão e da emancipação, e contra o engano e a crueldade. No espaço de uns poucos parágrafos, alguns dos tropos mais arraigados do imaginário liberal (um imaginário do qual, devo confessar, mais ou menos compartilho) – a integridade cultural de povos "mais simples", a noção de que a vida humana é sagrada, a igualdade dos sexos, e o caráter coercivo do domínio imperial – colidem uns com os outros de uma forma que, no mínimo, nos deixa agitados.

Sair, de forma tão rápida e com uma lógica tão delicada, dos jardins mágicos do Oriente fantástico diretamente para o "fardo do homem branco", do mundo de Gauguin para o mundo de Kipling, é mais que simplesmente o último golpe estonteante que o texto desfere. Não são só os balineses e o próprio Helms que nos parecem ser moralmente elusivos quando terminamos de ler este relato extraordinário. A não ser que nos limitemos a aceitar apenas uns quantos lemas engalanados do tipo "comer gente é errado", nós mesmos parecemos sê-lo.

Não é um caso único. Apesar de todas as peculiaridades que a envolvem, a descentralização da percepção que a cremação balinesa provoca à medida que é trabalhada através de uma primeira, segunda, terceira, ou de um número *n* de interpretações, vindas de todas as direções e indo por quaisquer caminhos, é característica da construção imaginativa que tenha poder suficiente para atrair qualquer pessoa além de seu público mais imediato. (Aliás, se não tiver poder para isto, é provável que sequer tenha um público imediato.) Construções deste tipo têm uma carreira, que é, ela própria, imaginativa, pois consiste em um conjunto de encontros com outras construções do mesmo tipo, ou melhor, com entendimentos por elas informados. Um dos resultados desta carreira será o papel, seja este qual for, que ela venha a desempenhar na vida de indivíduos ou grupos distantes, no tempo ou no espaço, da matriz social que lhe deu origem. A verdade, segundo a doutrina do relativismo cultural (ou histórico, pois é a mesma coisa), é que não podemos nunca entender, de forma adequada, a imaginação de outros povos ou de outras épocas, da mesma forma que entendemos a nossa. O falso corolário desta afirmativa é que, neste caso, não podemos, então, entender coisa alguma. É claro que podemos, sim, entender essa imaginação alheia de forma bastante adequada, ou pelo menos tão bem quanto se pode entender algo que não seja propriamente nosso; mas isso não será possível, se nos limitarmos a olhar por trás das interpretações intermediárias que nos relacionam com aquela imaginação. É preciso olhar *através* delas. A aflição do Professor Trilling com a complacência epistemológica do humanismo tradicional não é inoportuna. A resposta mais perfeita para ela está contida na observação um tanto ou quanto dolorosa de James Merrill de que a vida é uma tradução, na qual estamos todos perdidos.

II

Seja qual for a utilidade que a produção imaginativa de outros povos – predecessores, antepassados ou primos distantes – possa ter para nossas vidas morais, certamente, não será a de torná-las mais simples. A imagem do passado (ou do primitivo, clássico ou exótico) como uma fonte de sabedoria medicinal, corretivo protético para uma vida espiritual danificada – imagem esta que influenciou grande parte do pensamento e da educação humanista – é nociva porque nos leva a ter a expectativa de que nossas incertezas diminuirão se tivermos acesso aos mundos de pensamento construídos segundo princípios diferentes dos nossos – quando, na realidade, essas incertezas se multiplicarão. O que Helms aprendeu, graças a Bali, e nós graças a Helms, é que os ganhos, em termos de crescimento e abrangência, que uma sensibilidade forte pode ter quando encontra outra sensibilidade tão forte ou mais forte que ela mesma, acontecem somente às custas de uma perda de bem-estar interno.

O que chamei de "a história social da imaginação moral" e afirmei ser o empreendimento comum de um crítico da categoria de Trilling e de um antropólogo da minha categoria, é, afinal, bem mais complicado do que algumas perspectivas atuais em ambas as disciplinas imaginam. Nem a recuperação de intenções literárias ("aquilo que Austen desejava transmitir"), nem o isolamento de respostas literárias ("aquilo que os estudantes da Universidade de Columbia tentam ver em Austen"), nem a reconstrução do significado intracultural ("os ritos de cremação balineses como um drama de casta"), nem sequer o estabelecimento de uniformidades que ultrapassem barreiras culturais ("o simbolismo teófano do fogo mortuário") podem, por si sós, focalizá-la de forma adequada. A visão precisa que Austen possui da honra feminina, ou o prazer modernista em seu ficcionismo reflexivo; a concepção balinesa da indestrutibilidade da hierarquia frente as mais poderosas forças niveladoras que o mundo pode ter, ou a seriedade primordial da morte de reis; estas coisas são meramente ingredientes básicos deste tipo de história. Seu objeto é o que pensam os tipos de mentalidades que ficam fascinadas por alguns destes ingredientes básicos sobre os tipos de mentalidades que ficam fascinadas por outros ingredientes.

Escrever sobre a história social da imaginação moral, ou ensiná-la – seja para Bali ou para Euro-América, seja como crítico ou como etnógrafo – é tentar penetrar de alguma maneira neste emaranhado de implicações hermenêuticas, localizar com alguma precisão as instabilidades de pensamento e de sentimento que ele produz, e colocá-las em uma moldura social. Tais esforços não serão suficientes para desfazer os nós do emaranhado, nem para remover as instabilidades. Ao contrário, como sugeri, farão com que estes fiquem mais visíveis, e causem maior inquietação. O que fazem, no entanto, ou podem fazer é colocá-los em um contexto inteligível. E até que algum cliometrista, ou sociobiólogo, ou perito em linguística descubra alguma maneira de resolver o Enigma da Esfinge, temos que satisfazernos com isso.

Como um dos melhores exemplos literários disponíveis deste tipo de análise na prática, que poderá ser comparado ou interagir com o exemplo antropológico que venho desenvolvendo, e, também, servir para demonstrar a semelhança no processo intelectual que a análise exige (seja qual for seu objeto, nossa própria cultura ou a de outros, textos ou eventos, poemas ou rituais, memórias pessoais ou sonhos coletivos), examinemos por um momento o livro recente de Paul Fussell, *The great war and modern memory*[3]. Existem outras possibilidades, igualmente adequadas – as investigações de Steven Marcus sobre as complexidades precárias da imaginação sexual vitoriana, ou as de Quentin Anderson sobre o desenvolvimento de uma visão coletiva do eu na literatura norte-americana a partir de Emerson. O trabalho de Fussell, no entanto, merecidamente elogiado (por Trilling, entre outros, que certamente percebeu a semelhança entre seus próprios objetivos e os de Fussell) é particularmente

3. *A grande guerra e a memória moderna*. Nova York: [s.e.], 1975.

útil, não só porque também tem como tema central as nuvens de imagens que se congregam sobre mortes impressionantes, mas também porque, se o colocarmos ao lado do caso balinês, como um tipo de gêmeo estrutural, ajuda-nos a aproximar-nos um pouco mais da resposta à questão que vimos tentando colocar de uma forma mais adequada à pesquisa, ou seja: como funcionam, em nossos próprios órgãos, os órgãos de sensibilidades distantes?

O livro de Fussell tem como objeto as formas literárias nas quais a experiência britânica na frente ocidental foi primeiramente notada, depois lembrada com inquietação, e finalmente expandida para transformar-se em uma visão geral da vida moderna, por homens cujo contato com a violência social sistemática teve lugar em outros cenários. Suas cenas de sacrifício ocorrem nas trincheiras de Flandres e da Picardia; seus historiógrafos pouco convencionais são os memoristas e poetas – Sassoon, Graves, Blunden, Owen – que transformaram esta experiência em um labirinto de ironias; e seus herdeiros retardatários são os rapsodistas do pesadelo da guerra sem fim – Heller, Mailer, Hughes, Vonnegut, Pynchon. Parece existir, diz ele, "uma forma dominante do entendimento moderno; [...] ela é essencialmente irônica; e [...] origina-se principalmente na aplicação da mente e da memória aos eventos da Grande Guerra" (p. 35).

Se queremos ou não aceitar este argumento em uma forma tão tosca (da mesma forma que há coisas mais interessantes para contar sobre Bali que imolação, existem ingredientes mais importantes na imaginação contemporânea, mesmo em sua corrente absurdista, que gás de mostarda e atletas condenados), sua lógica é daquele tipo que, uma vez compreendida, parece totalmente óbvia.

Fussell primeiramente contrapõe a iconografia factual da guerra de trincheira – lama, ratos, arame-farpado, buracos de bala, terras de ninguém, três com um fósforo, as ordens matinais, o subir e o pular por cima – à iconografia principalmente literária da Inglaterra de Asquith – campos abertos, pores de sol, rouxinóis, a revista *Country Life*, *dulce et decorum est* e o erotismo do *Shropshire Lad*. A guerra torna-se então uma estrutura simbólica – ou, mais precisamente, passa a ter uma estrutura simbólica – como aquela da cremação balinesa, embora de um tipo diferente, em um tom diferente, e provocando reflexões bastante diferentes. Ela nos chega também através de uma sequência de imaginações que se chocam e de sensibilidades que se inquietam, uma carreira interpretativa que a faz aquilo que é – ou, pelo menos, aquilo que para nós significa. Colocar as fases desta carreira em suas molduras sociais, rodeando-as com o teor da vida a sua volta, não é um exercício sociológico de atenuar dificuldades através da explicação, nem um exercício historiográfico de explicar apenas o contexto: é uma forma de chegar ao próprio objeto de estudo. Se a palavra "literariedade" for ampliada para incluir todas as formas de fantasia coletiva, aquilo que Fussell chama de "a curiosa literariedade da vida real" é um fenômeno global, que abrange até o Passchendaele ou A Batalha do Somme.

A literariedade da vida real dos homens que foram para a França no outono de ferro que se seguiu ao verão de ouro de 1914, era sobretudo uma produção dos últimos românticos, um pastiche do pastoralismo, da elegia, do zelo, da aventura e da alta dicção. "Não houve nenhuma terra abandonada, com seus caminhos de rato, seus canais sombrios, e homens mortos que perderam seus ossos", Fussell escreve, parafraseando (acredito que intencionalmente) a famosa passagem de James sobre a América, de Hawthorne, "nenhum *Ulisses*, nenhum *Mauberly*, nenhum *Cantos*, nenhum Kafka, nenhum Proust, nenhum Waugh, nenhum Huxley, nenhum Cummings, nenhum *Mulheres apaixonadas* ou o *Amante de Lady Chatterley*. Não havia qualquer "'Vale de Cinzas' no *Grande Gatsby*. Nós líamos Hardy e Kipling e Conrad e frequentávamos um mundo de ações morais tradicionais esboçado em uma linguagem moral tradicional" (p. 23).

A incompatibilidade desta imaginação (embora a amargura de Hardy e o arrependimento de Housman ajudassem um pouco) com qualquer tipo de trincheira era tão gigantesca que a torna cômica, e a desfez em mil peças de amarga ironia; fragmentos de um sentimento envernizado, que se transformaram em ilustrações do inferno e em uma risada rouca e grossa. E foram estes fragmentos – uma visão do mundo em conta-gotas – que os memoristas de guerra tentaram unir em um todo mais palpável, através de modificações em um ou outro dos gêneros que herdaram: Blunden com a pastoral negra; Sassoon com o romance negro, e Graves com a farsa negra. Por sua vez, foi este todo (semiconstruído e ainda meio preso a formas tradicionais, com linguagem e imaginário tradicionais) que viria a ser a base sobre a qual celebrantes mais revolucionários de homens mortos que perderam seus ossos trabalharam para criar aquilo que Fussell, depois da publicação de *The Naked and the Dead*, *Catch-22*, *Slaughter house-Five*, e *Gravity's Rainbow*, pôde chamar apropriadamente – porque já estabelecido, formal, e obsessivamente recorrente – de o ritual da memória militar.

Este é o processo através do qual qualquer coisa que tenha que ver com a imaginação se desenvolve em nossas mentes, e é transformado, socialmente transformado, deixando de ser algo que sabemos simplesmente que existe ou existiu, em um lugar qualquer, para ser algo propriamente nosso, uma força que funciona em nossa consciência comum. No caso balinês, não se trata unicamente (pelo menos não para nós) de um passado recapturado, mas de uma interpretação de alguma coisa que nos é estranha. Isto, porém, é um mero detalhe sobre gêneros – uma peça de ficção em uma moldura etnográfica e não histórica; um fator que complica, mas que não é decisivo. Durante o processo de retrabalhar um texto, interpretando-o, quando divisórias culturais importantes são atravessadas, produz-se uma sensação diferente de descoberta: sente-se como se tivéssemos realmente encontrado algo novo, e não uma lembrança, ou seja, a aquisição e não a herança de alguma coisa. Mas o processo que transforma cenas de experiências extraordinárias (FLANDRES, 1915; GIAN-

JAR, 1847) em figurações da vida coletiva, através de representações tateantes do que nela ocorreu, é o mesmo. Nem mesmo quando a cena originária é um artefato, e não, como diríamos, uma cena "real" – este processo se modifica seriamente – *Emma* ou *Mansfield Park*, ou, no caso, o próprio sati. Quando a cena não é "real", acontece apenas uma alteração de vocabulário. A passagem porém é ainda a mesma: das intimidades de um tipo de vida para as metáforas de outro.

Quando mapeiam essas passagens, os dogmas puristas, destinados a manter os supostos universos do saber separados, são mais que obstrutivos, são intencionalmente enganosos. Os conceitos de um texto autointerpretativo, do lado literário, e de uma determinação material da consciência, nas ciências sociais, podem ou não ter sua utilidade; mas em se tratando de entender a conexão entre as construções do imaginário de outros povos e as nossas próprias construções, eles nos apontam um caminho totalmente errôneo – um caminho que separa os aspectos relativos ao significado e à forma do tema dos contextos práticos que lhes deu origem. O uso de categorias críticas no caso de eventos sociais e de categorias sociológicas para estruturas simbólicas, não é uma forma primitiva de erro filosófico, nem mais uma simples confusão entre a arte e a vida. É o método mais adequado para um estudo cujo objetivo é averiguar como o fato maciço da particularidade cultural e histórica se harmoniza com o fato igualmente maciço da acessibilidade através de culturas ou através de períodos históricos distintos – ou seja, como aquilo que é profundamente diferente, pode ser profundamente entendido, sem se tornar menos diferente; ou ainda, de que maneira o extremamente distante pode tornar-se extremamente próximo, sem estar menos distante.

Mesmo tendo-nos livrado do fardo da inteligência que é capaz de entender as variedades mais herméticas da crítica literária, ou da miopia intencional existente nas variedades mais intransigentes das ciências sociais, a que se dá o nome de realismo, não é fácil responder à pergunta acima. Faulkner, cuja obra foi totalmente dedicada a esta problemática – ao processo pelo qual imaginações individuais são influenciadas por outras que existem em lugares distantes, cultural ou temporalmente falando; como o que acontece, relatos do que acontece, e transfigurações metafóricas dos relatos do que acontece em pontos de vista coletivos, acumulam-se, uns sobre os outros, para dar lugar a um estado de espírito que é, ao mesmo tempo, mais sábio, mais inseguro e mais instável – tinha, mais que qualquer outro escritor, o sentido exato das dificuldades que este estudo apresenta. Em *Absalom, Absalom*! – aquele entrelaçado extraordinário de narrativas alucinadas das várias espécies de Sutpens, Coldfields e Compsons durante cerca de um século – Faulkner trata do tema com o tipo de desespero do qual as pessoas comprometidas nesta busca de significado jamais se liberam. O pai de Quentin Compson está contando a Quentin (que acabou de ouvir a estória de Rosa Coldfield sobre a saga de miscigenação dos Sutpen, com quase incesto, fratricídio e assassinato) o que seu próprio pai, ou seja, o avô de

Quentin, tinha lhe contado (tinha contado a ele próprio, o pai de Quentin) aquilo que o velho Sutpen, quase há um século, tinha dito ao avô de Quentin, sobre tudo aquilo, quando, de repente, ele se interrompe, frustrado, e diz:

> É isso, se considerarmos que mesmo para o Henry que é desinteressado do mundo, e mais ainda para seu pai, um homem viajado, a existência de uma amante, que tem oito partes de sangue negro, e de um filho, com dezesseis partes de sangue negro, se consideramos até a cerimônia morganática – uma situação que pertencia ao equipamento social e da moda de um jovem rico de Nova Orleans da mesma forma que seus sapatos de dança – era razão suficiente, o que é levar a honra um pouco ao extremo, mesmo para aqueles modelos meio sombrios que eram nossos antepassados nascidos no Sul que chegaram à maturidade em mil oitocentos e sessenta ou sessenta e um. É simplesmente inacreditável. Simplesmente não se explica. Ou talvez seja isto: eles não explicam e nós não devemos saber. O que temos são uns poucos rumores, passados de boca em boca; exumamos de dentro de velhos baús, caixas e gavetas, cartas sem saudação ou assinatura, nas quais homens e mulheres, que um dia viveram e respiraram, são hoje nada mais que iniciais ou apelidos nascidos de uma afeição que é incompreensível para nós, e nos parece mais sânscrito ou Chocktaw; vemos, meio indistintamente, pessoas, pessoas vivas em cujo sangue e semente nós mesmos estivemos latentes, esperando, vemo-las agora, nesta atenuação sombria que o tempo produz, como se tivessem proporções heroicas, executando seus atos de pura paixão ou pura violência, inacessíveis ao tempo e inexplicáveis "É, Judith, Bon, Henry, Sutpen: todos eles. Eles estão lá, no entanto, alguma coisa está faltando, eles são assim como uma fórmula química que foi exumada junto com as cartas que saíram de alguma cômoda esquecida, cuidadosamente, o papel velho e desbotado despedaçando-se, a letra apagada, quase indecifrável, e ainda assim fazendo sentido, familiar na sua forma e no seu significado, o nome e a presença de forças voláteis e sensíveis; junta-se-os nas proporções recomendadas, mas nada acontece; lê-se outra vez, cansativa e atentamente, examinando-as com cuidado, assegurando-se de que nada foi esquecido, que não houve cálculos errados; junta-se-os outra vez, e ainda outra vez, e de novo nada acontece: só as palavras, os símbolos, as formas mesmas, sombriamente impenetráveis e serenas, contra aquele pano de fundo túrgido de uma desgraça horrível e sangrenta nas vidas humanas[4].

Mas a coisa não é assim tão desesperante. Faulkner continua juntando suas forças voláteis e sensíveis vez após vez, unindo os pedaços, preenchendo as lacunas das

4. *Absalom, Absalom!* Nova York, 1936, p. 100-101.

narrativas, não somente por mais umas duzentas páginas do romance, mas em toda sua obra, tornando a história dessa imaginação moral específica (a sua própria, a da Universidade de Oxford, a do Sul entreguerras) se não totalmente clara, pelo menos um pouco mais clara; se não inteiramente decifrável, pelo menos não completamente impenetrável. Não se pode esperar mais deste tipo de tentativa, mas pode-se esperar exatamente o que ele fez. Ou, para citar corretamente as linhas de James Merrill (seu texto também é acerca do tempo, da memória, de quebra-cabeças e desconexões culturais) que trunquei acima:

> Está perdido, não está, enterrado? Mais uma peça faltando?
> Mas nem tudo está perdido. Ou, de outra forma: tudo é tradução
> E cada pedacinho de nós está perdido nela
> (Ou foi descoberto – perambulo pelas ruínas de S
> De vez em quando, admirando a paz.)[5]

III

Descoberto na tradução. Como a Grande Guerra, o Velho Sul, aquele polêmico urso islandês, e o piquenique equivocado na Abadia de Donwell, o esplendor litúrgico balinês continua despertando comoções divergentes em nossas mentes. Helms foi apenas um dos seus primeiros decifradores ocidentais, e eu, um dos últimos. Entre nós dois vieram os soldados, os administradores e os técnicos do colonialismo holandês; uma seleção multinacional de pintores, músicos, dançarinos, romancistas, poetas e fotógrafos expatria- dos; um grupo extraordinariamente importante de filólogos e etnógrafos, desde V.E. Korn, passando por Roelof Goris até Gregory Bateson e Margaret Mead; vários tipos de missionários, muitos dos quais eram também excelentes estudiosos e todos eles tinham opiniões próprias e incontestáveis; e, é claro, uma das maiores invasões turísticas dos tempos modernos, um enxame de aventureiros buscando experiências novas, que o cartunista Peter Arno do *New Yorker* retratou melhor que ninguém em sua caricatura de um homem debruçando-se ansioso no balcão de uma agência de viagens, e perguntando: "E Bali... hum... ainda é Bali?"

É claro que sim: O que mais poderia ser? E através de todas as mudanças que ocorreram desde 1847 (a população triplicou, por um lado; o automóvel chegou à ilha, por outro; os seios que os cavalheiros cobiçavam foram cobertos, por outro), a mistura enervante de beleza sensorial, crueldade dramática, e impassividade moral que Helms apreendeu em sua época, continua sendo a característica marcante da vida na ilha. Os holandeses proibiram que viúvas fossem queimadas, como Helms esperava (embora pareça haver ocorrido exemplos clandestinos dessa tradição até os últimos anos da década de 30) mas, obviamente, não poderiam ter proibido a sen-

5. "Perdido na tradução", *Divine comedies*. Nova York, 1976, p. 10.

sibilidade da qual a tradição era apenas uma das expressões, a não ser que transformassem a sociedade totalmente. Algo que ficaram inibidos de até mesmo considerar, dada a alta suntuosidade desta última. Persiste ainda, em Bali, a tensão entre sua imagem edênica – "A ilha dos deuses", "O país de mil templos", "O último paraíso", "A manhã do mundo" e assim por diante – e o som subterrâneo de um horror sem paixão que todos, exceto os visitantes mais sentimentais, ouvem, mais cedo ou mais tarde, ecoando por entre sua beleza. E não sei se nós, visitantes retardatários, com nossos mapas e câmeras, nos sentimos mais confortáveis com esta tensão do que Helms, que nela tropeçou por curiosidade e desarmado, uma bela manhã, que, não fosse por este encontro, poderia ter sido como qualquer outra, em Gianjar. Talvez estejamos apenas mais conscientes da fascinação que ela passou a exercer sobre nós, e de como, com o decorrer do tempo, esta fascinação tornou-se cada vez mais misteriosa, até obsessiva.

Desde que a vida imaginativa de Bali interligou-se fortemente com a do Ocidente, um fenômeno que teve lugar sobretudo no século XX, foi através de nossa preocupação com o *status* moral do gênio artístico – De onde surge? Como lidaremos com ele? Que tipo de coisa pode fazer conosco? – que, de nossa parte, a conexão foi estabelecida. (Da parte deles, não foi esta a razão: seu demônio é a ordem, não a criatividade, e, por causa disto, nós os perturbamos bastante.) Como um tropo para nossa época, a ilha funcionou como uma imagem da vida real de uma sociedade na qual permite-se ao impulso estético sua verdadeira liberdade, a livre expressão de sua natureza interna. O problema é que esta imagem parece servir tanto para o tipo de conceito de arte que a vê como a perfeição da humanidade, normalmente associado com os idealistas alemães, como para aquele que a considera a flor do mal, associado com os simbolistas franceses. E é a coincidência destas visões europeias opostas, que existe na Ásia, e que o progresso de nosso conhecimento parece tornar ainda mais difícil de ignorar, que nos perturba e ao mesmo tempo nos absorve.

A posição idealista é bastante óbvia: o papel mais proeminente que a ilha desempenhou em nosso imaginário foi servir como uma Arcádia estética: uma sociedade natural de artistas autodidatas e arte espontânea, que realmente existe com aparência apropriada em uma paisagem adequada. A dança, a música, as máscaras, o teatro de sombras, a escultura, a graça surpreendente de sua postura, de sua maneira de falar, de seus movimentos, e a ainda mais surpreendente complexidade dos ritos, da mitologia, da arquitetura e da polidez, e, como se não bastasse, nos anos 20 e 30, uma explosão extraordinária de pinturas de incrível originalidade, que nos induziram a crer em uma visão de uma cultura popular profundamente criativa, em que a arte e a vida – pelo menos em algum lugar do mundo – são verdadeiramente uma única coisa. "Todo balinês" nos assegura um dos mais recentes em uma longa série de *livres des belles images* franceses "[...] é um artista, mas um artista anônimo, cujo talento criativo é absorvido pelo talento da comunidade, e que tem apenas uma vaga noção de seu próprio poder criativo". "Os balineses podem ser descritos como um país de artistas", escreveu o antropólogo inglês Geoffrey Gorer, em um tom mais semelhante ao de um professor de escola, em 1936, "[...] a arte balinesa é uma coisa viva, em constante desenvolvimento". Antes mesmo disso, ainda em 1922, o historiador de arte alemão, Karl With, emociona-se até as lágrimas, com o milagre daquilo tudo:

> Em balinês não existe nenhuma palavra para arte, nem para artista. E, no entanto, a vida deste povo transborda com a riqueza florescente de festivais, templos, imagens, joias, e ornamentos, dádivas que são testemunhas de um prazer extraordinário na construção da forma e no brincar. Uma abundância de fantasia, uma plenitude de formas, e um enorme poder de expressão jorram das mãos, corações e corpos deste povo e inundam tudo que os cerca. Um verdadeiro frenesi de vida, profundamente intuitiva, inundada de uma sensualidade bendita, cheia de criatividade, nasce do talento natural destes camponeses e se renova continuamente...
>
> Oh, os artistas de nossa época, mártires e eremitas que não encontram nem apoio, nem comunidade. Aleijados permanentes que têm como riqueza apenas sua solidão e sua pobreza, que se consomem na frieza do ambiente em que vivem; que quase se mutilam com a destruição da vida que os cerca; que encontram satisfação e consolo não em si mesmos, mas só através do objeto de sua criação; que são obrigados a trabalhar, violando sua auto-expressão, exclusivamente orientados para uma arte deturpada; que chapinham em si mesmos, e por isso perdem sua força, seus eus, e sua realidade.
>
> Em comparação com eles, os artistas afortunados e desconhecidos de Bali, onde o camponês esculpe suas noites de lazer em uma escultura; onde crianças pintam decorações coloridas em folhas de palmeira; onde, na aldeia, a família constrói uma torre estranhamente complexa e multicor para seus mortos; onde mulheres, em honra dos deuses e por puro amor a si mesmas, enfeitam-se como deusas e preparam oferendas que se assemelham a gigantescas e resplandecentes naturezas mortas; onde o lavrador, andando pelos campos, é visitado por um deus, e inspirado pela visão, talha a imagem deste deus no templo ou esculpe uma máscara representando este espírito divino, enquanto os vizinhos se ocupam de sua terra e de sua família para que ele possa terminar seu trabalho e voltar a ser um lavrador em sua terra; onde, levados por nada mais que um ímpeto festivo, uma comunidade inteira se transporta e ressurge através do cerimonial, da dança, de cortejos e da construção de templos[6].

E assim por diante: o quadro – o sonho de Schiller sobre uma existência totalmente estética – poderia ser extraído, literalmente, de umas quantas dúzias de obras

---

6. KRAUS, G. & WITH, K. *Bali*. Hagen i W, 1922, p. 41 [tradução minha].

europeias ou norte-americanas pertencentes a vários tipos de gêneros literários e escritas com todos os níveis de seriedade possíveis. A fama de Bali, como Korn mordazmente observou, acabou ficando contra ela.

O problema não é tanto que esta reputação seja inteiramente falsa (ela contém mais verdades do que eu, pelo menos, já profissionalmente imunizado contra a ideia do nobre selvagem, julgaria possível), mas sim que esta não é a única existente. Drier examina alguns produtos de toda esta criatividade – não só cremações, mas também a dança da feiticeira e do dragão, com uma feiticeira em frangalhos e jovens em transe enfiando facas em seus próprios peitos; a feitiçaria, que é endêmica em Bali e cheia de imagens de perversão e brutalidade selvagem; o ódio purificado de animais que se expressa naquele entusiasmo, e até aquela loucura popular, a luta de galos – tudo isto induz a uma visão menos agradável da ilha. Da mesma forma, um exame da vida social de onde surge a criatividade – o faccionalismo difuso, a arrogância de castas, o ostracismo coletivo, a inconstância materna – ou de alguns dos eventos que mudaram a história recente – o suicídio em massa com o qual as classes dominantes receberam a tomada do poder pelos holandeses em 1906 (eles saíram marchando de seus palácios, tranquilos e sem expressar emoção, vestidos como para um sacrifício de cremação, para se postarem diante de canhões, rifles e espadas); o assassinato em massa, camponeses matando camponeses, com gritos de "comunismo" após a queda de Sukarno em 1965 (alguns estimam o número de mortos em cinquenta mil, o que seria comparável a meio milhão aqui; e em umas das aldeias onde vivi uns anos antes, trinta domicílios de um total de setenta foram incinerados em uma única noite). As chamas de Helms ainda existem ao lado de torres, suas esposas que se atiram ao lado de suas pombas que alçam voo, seus espetáculos barbáricos ao lado de alegres piqueniques. E, mais que nunca, parecem inseparáveis uns dos outros.

Sem dúvida, neste ensaio, não me será possível continuar listando outros exemplos desta conjunção entre Shangri-lá e Pandemônio; nem analisar como ela afeta as concepções, etéreas ou satânicas da natureza do gênio artístico; nem tampouco o que nela encontramos, no processo de tradução, que seja semelhante a nós mesmos. Nem posso delinear, além dos exemplos que vimos rapidamente acima, o papel que ela desempenhou na história de nosso imaginário. Simplesmente gostaria de reafirmar que sim, ela teve um papel. Talvez um papel menos importante, se comparado às ironias sobre a Primeira Grande Guerra, ou aos produtos de culturas asiáticas mais ricas, como as da China e da Índia, mas mesmo assim um papel real, que ainda não terminou e que foi e é, à sua moda, bastante poderoso. E também insistir que, por isso, o etnógrafo de Bali, como o crítico de Jane Austen, entre outras coisas, tem como objetivo investigar aquilo que o Professor Trilling, naquele seu último, sinuoso e interrompido ensaio, chamou de um dos mistérios importantes da vida cultural humana: como é que as criações de outros povos podem ser tão próximas a seus criadores e, ao mesmo tempo, e tão profundamente, uma parte de nós.

Capítulo 3
"Do ponto de vista dos nativos": a natureza do entendimento antropológico

I

Há alguns anos, um pequeno escândalo irrompeu na antropologia: uma de suas figuras ancestrais falou a verdade em público. Como cabe a um ancestral, ele o fez postumamente, por decisão de sua viúva e não dele próprio. Este deslize foi o bastante para que alguns conservadores em nosso meio elevassem a voz e clamassem que a viúva, também antropóloga, havia traído o clã, divulgado seus segredos, profanado um ídolo e decepcionado seus companheiros. Um caso típico de "o que é que as crianças vão pensar?" e isto sem indagar-se o que os leigos iriam pensar... O clamor não diminuiu com todo este cerimonial de esfrega de mãos, pois, infelizmente, o texto maldito já tinha sido publicado. O que realmente aconteceu foi que, mais ou menos como James Watson, que, em *The Double Helix,* confessou como a biofísica funcionava na prática, Bronislaw Malinowski, em *A Diary in the Strict Sense of the Term,* fez com que os relatos oficiais sobre os métodos de trabalho dos antropólogos parecessem bastante inverossímeis. O mito do pesquisador de campo semicamaleão, que se adapta perfeitamente ao ambiente exótico que o rodeia, um milagre ambulante em empatia, tato, paciência e cosmopolitismo, foi, de um golpe, demolido por aquele que tinha sido, talvez, um dos maiores responsáveis pela sua criação.

O debate que se originou com a publicação do diário concentrou-se, naturalmente, nos detalhes não essenciais, e, como era de se esperar, ignorou a questão mais importante que o livro continha. Grande parte do choque parece ter sido consequência da mera descoberta que Malinowski não era, para expressá-lo de uma forma delicada, um sujeito muito simpático. Dizia coisas bastante desagradáveis sobre os nativos com quem vivia, e usava palavras igualmente desagradáveis para expressar estes comentários. Passava grande parte do seu tempo desejando estar em outro lugar. E projetava uma imagem de total intolerância, talvez uma das maiores intolerâncias do mundo. (Projetava também a imagem de um homem que se consagrara a uma vocação estranha a ponto de se autossacrificar por ela, mas isso notava-se menos.) Com tudo isso, baixou-se o nível do debate, concentrando-o no caráter – ou na falta de caráter – de Malinowski, e ignorando a questão profunda e genuinamente importante que o livro havia levantado, isto é, se não é graças a algum tipo de sensibilidade extraordinária, a uma capacidade quase sobrenatural de pensar, sentir e perceber o mundo como um nativo (uma palavra, que, devo logo dizer, usei aqui "no sentido estrito do termo") como é possível que antropólogos cheguem a conhecer a maneira como um nativo pensa, sente e percebe o mundo? A questão que o diário introduz, com uma seriedade que talvez só um etnógrafo da ativa possa apreciar totalmente, não é uma questão ética. (A idealização moral de pesquisadores de campo é, em si mesma, puro sentimentalismo, quando não uma forma de autoparabenizar-se ou uma pretensão exagerada.) A questão é epistemológica. Se é que vamos insistir – e, na minha opinião, devemos insistir – que é necessário que antropólogos vejam o mundo do ponto de vista dos nativos, onde ficaremos quando não pudermos mais arrogar-nos alguma forma unicamente nossa de proximidade psicológica, ou algum tipo de identificação transcultural com nossos sujeitos? O que acontece com o *verstehen* quando o *einfühlen* desaparece?

Aliás, este problema geral vem sendo tema de inúmeros debates na antropologia nos últimos dez ou quinze anos; a voz de Malinowski, do túmulo, simplesmente dramatizou a questão, tornando-a um dilema humano que passou a ser mais importante que o profissional. Durante estes anos, as formulações do problema foram variadas: descrições que são vistas "de dentro" *versus* as que são vistas "de fora", ou descrições "na primeira pessoa" *versus* aquelas "na terceira pessoa"; teorias "fenomenológicas" *versus* "objetivistas", ou "cognitivas" *versus* "comportamentais"; e, talvez mais comumente, análises "êmicas" *versus* análises "éticas", estas últimas resultando de uma distinção linguística entre as classificações fonêmicas ou fonéticas dos sons, de acordo com suas funções internas na linguagem, sendo que a fonética os classifica de acordo com suas propriedades acústicas propriamente ditas. A forma mais simples e direta de colocar a questão é, talvez, vê-la nos termos de uma distinção, formulada pelo psicanalista Heinz Kohut para seu próprio uso, entre o que ele chamou de conceitos da "experiência-próxima" e da "experiência-distante".

Um conceito de "experiência próxima" é, mais ou menos, aquele que alguém – um paciente, um sujeito, em nosso caso um informante – usaria naturalmente e sem esforço para definir aquilo que seus semelhantes veem, sentem, pensam, imaginam etc. e que ele próprio entenderia facilmente, se outros o utilizassem da mesma maneira. Um conceito de "experiência-distante" é aquele que especialistas de qualquer tipo – um analista, um pesquisador, um etnógrafo, ou até um padre ou um ideologista – utilizam para levar a cabo seus objetivos científicos, filosóficos ou práticos. "Amor" é um conceito de experiência-próxima; "catexia em um objeto" de experiência-distante. "Estratificação social" e, talvez para a maioria dos povos do mundo, "religião" (e certamente "sistema religioso") são de experiência-distante; "casta" e "nirvana" são de experiência-próxima, pelo menos para hindus e budistas.

Obviamente, trata-se de uma questão de grau, não de oposição extrema – "medo" é mais experiência-próxima que "fobia" e "fobia" é mais experiência-próxima que "ego distônico". E, pelo menos com relação à antropologia (no caso da poesia e da física não seria o mesmo) a diferença não é normativa, ou seja, um dos conceitos não é necessariamente melhor do que o outro, nem se trata de preferir um em vez do outro. Limitar-se a conceitos de experiência-próxima deixaria o etnógrafo afogado em miudezas e preso em um emaranhado vernacular. Limitar-se aos de experiência-distante, por outro lado, o deixaria perdido em abstrações e sufocado com jargões. A verdadeira questão – a que Malinowski levantou ao demonstrar que, no caso de "nativos", não é necessário ser um deles para conhecer um – relaciona-se com os papéis que os dois tipos de conceitos desempenham na análise antropológica. Ou, mais exatamente, como devem estes ser empregados, em cada caso, para produzir uma interpretação do *modus vivendi* de um povo que não fique limitada pelos horizontes mentais daquele povo – uma etnografia sobre bruxaria escrita por uma bruxa – nem que fique sistematicamente surda às tonalidades de sua existência – uma etnografia sobre bruxaria escrita por um geômetra.

Colocando a questão nestes termos, ou seja, indagando-se qual a melhor maneira de conduzir uma análise antropológica e de estruturar seus resultados, em vez de inquirir que tipo de constituição psíquica é essencial para antropólogos, torna-se o significado de "ver as coisas do ponto de vista dos nativos" menos misterioso. Isto não significa que a questão fique mais fácil de responder, nem que a necessidade de perspicácia por parte do pesquisador de campo diminua. Para captar conceitos que, para outras pessoas, são de experiência-próxima, e fazê-lo de uma forma tão eficaz que nos permita estabelecer uma conexão esclarecedora com os conceitos de experiência-distante criados por teóricos para captar os elementos mais gerais da vida social, é, sem dúvida, uma tarefa tão delicada, embora um pouco menos misteriosa, que colocar-se "embaixo da pele do outro". O truque é não se deixar envolver por nenhum tipo de empatia espiritual interna com seus informantes. Como qualquer um de nós, eles também preferem considerar suas almas como suas, e, de qualquer maneira, não vão estar muito interessados neste tipo de exercício. O que é importante é descobrir que diabos eles acham que estão fazendo.

Em um certo sentido, ninguém sabe isto tão bem quanto eles próprios; daí o desejo de nadar na corrente de suas experiências, e a ilusão posterior de que, de alguma forma, o fizemos. Em outro sentido, no entanto, este truísmo simples é simplesmente falso. As pessoas usam conceitos de experiência-próxima espontaneamente, naturalmente, por assim dizer, coloquialmente; não reconhecem, a não ser de forma passageira e ocasional, que o que disseram envolve "conceitos". Isto é exatamente o que experiência-próxima significa – as ideias e as realidades que elas representam estão natural e indissoluvelmente unidas. Que outro nome poderíamos dar a um hipopótamo? É claro que os deuses são poderosos, se não fossem, por que os temeríamos? A meu ver, o etnógrafo não percebe – principalmente não é capaz de perceber – aquilo que seus informantes percebem. O que ele percebe, e mesmo assim com bastante insegurança, é o "com que", ou "por meios de que", ou "através de que" (ou seja lá qual for a expressão) os outros percebem. Em país de cegos, que, por sinal, são mais observadores que parecem, quem tem um olho não é rei, é um espectador.

A seguir, para tornar tudo isto um pouco mais concreto, gostaria de referir-me por uns momentos a meu próprio trabalho, que, sejam quais forem seus defeitos, tem pelo menos a virtude de ser meu – o que, em discussões deste tipo, não deixa de ser uma nítida vantagem. Em todas as três sociedades que estudei intensivamente, a javanesa, a balinesa e a marroquina, tive como um dos meus objetivos principais tentar identificar como as pessoas que vivem nessas sociedades se definem como pessoas, ou seja, de que se compõe a ideia que elas têm (mas, como disse acima, que não sabem totalmente que têm) do que é um "eu" no estilo javanês, balinês ou marroquino. E, em cada um dos casos, tentei chegar a esta noção tão profundamente íntima, não imaginando ser uma outra pessoa – um camponês no arrozal, ou um sheik tribal – para depois descobrir o que este pensaria, mas sim procurando, e depois analisando, as formas simbólicas – palavras, imagens, instituições, comportamentos – em cujos termos as pessoas realmente se representam para si mesmas e para os outros, em cada um desses lugares.

O conceito de pessoa é, na realidade, um veículo excelente para examinar toda esta questão relacionada com o andar por aí, investigando o que passa pela mente alheia. Em primeiro lugar, sentimo-nos razoavelmente seguros para afirmar que algum tipo de conceito desta categoria existe, em forma reconhecível, entre todos os grupos sociais. Algumas vezes, as noções que as pessoas têm sobre o que é ser uma pessoa podem parecer, do nosso ponto de vista, bastante estranhas. Uns acreditam que pessoas voam de um lado para outro, durante a noite, na forma de vaga-lumes. Outros acham que elementos essenciais de sua psique, tais como o ódio, estão localizados em córpulos negros e granulares dentro de seus fígados, só descobertos através de autópsias. Outros creem compartilhar seu destino com animais *doppelgänger*, de modo que, quando o animal adoece ou morre, eles também adoecem ou morrem. No entanto, é minha experiência, que a concepção do que é um indivíduo humano, em contraste com o que é uma pedra, um animal, uma floresta tropical, ou um deus, é um fenômeno universal. Ao mesmo tempo, como estes exemplos selecionados aleatoriamente sugerem, as concepções em questão variam de um grupo para o outro, e, frequentemente, existem diferenças profundas entre elas. Por mais que, para nós ocidentais, a concepção da pessoa como um universo cognitivo e motivacional delimitado, único, e mais ou menos integrado, um centro dinâmico de percepção, emoção, juízos e ações, organizado em uma unidade distinta e localizado em uma situação de contraste com relação a outras unidades semelhantes, e com seu ambiente social e natural específico, nos pareça correta, no contexto geral das culturas do mundo, ela é uma ideia bastante peculiar. Em vez de tentar encaixar a experiência das outras culturas dentro da moldura desta nossa concepção, que é o que a tão elogiada "empatia" acaba fazendo, para entender as concepções alheias é necessário que deixemos de lado nossa concepção, e busquemos ver as experiências de outros com relação à sua própria concepção do "eu". Pelo menos no caso de Java, Bali e Marrocos, esta concepção difere significativamente não só da nossa, como também – de forma não menos dramática e com igual valor didático – entre si.

II

Em Java, onde trabalhei nos anos de 1950, estudei uma ilha pequena e pobre, que era uma espécie de sede de um condado: duas ruas ensolaradas, prédios de madeira caiados de branco, onde funcionavam lojas e escritórios e, atrás destes, barracos de bambu ainda mais pobres, amontoados desordenadamente. O conjunto era rodeado por um grande meio-círculo de aldeias densamente povoadas, onde plantava-se arroz. A terra era pouca, os empregos raros, o sistema político instável, a saúde de má qualidade, os preços subiam, em suma, a vida, de um modo geral, não era lá muito promissora. Havia uma espécie de estagnação agitada na qual, como observei certa vez referindo-me à curiosa mistura de fragmentos importados de modernidade e relíquias da tradição ultrapassada que caracterizavam o lugar, o futuro parecia quase tão remoto como o passado. No meio deste cenário deprimente, no entanto, havia uma vitalidade intelectual absolutamente surpreendente, uma verdadeira paixão filosófica, paixão que, além disso, era popular, concentrada em descobrir, a fundo, os enigmas existenciais. Camponeses miseráveis discutiam questões relacionadas com o livre-arbítrio, comerciantes analfabetos falavam sobre as qualidades de Deus, lavradores comuns tinham teorias sobre a relação entre a razão e a paixão, a natureza do tempo ou a confiabilidade dos sentidos. E, talvez ainda mais importante, buscavam, avidamente, respostas para o problema do eu – sua natureza, sua função e seu *modus operandi* – com um tipo de intensidade reflexiva que, entre nós, encontramos somente em ambientes altamente sofisticados.

As ideias centrais em cujos termos estas reflexões se desenvolviam e que, portanto, definiam seus limites e o significado de "pessoa" para os javaneses, eram dispostas em dois conjuntos contrastantes, que tinham como base a religião: um, entre "dentro" e "fora" e o outro entre "refinado" e "vulgar". Estas palavras são, é claro, toscas e imprecisas; a determinação exata do significado dos termos envolvidos, selecionando suas várias nuanças, era o tema principal das discussões. No entanto, como um conjunto, elas formavam uma concepção específica do "eu" que, longe de ser simplesmente teórica, era a concepção através da qual os javaneses realmente se "viam" uns aos outros, e também a si próprios.

As palavras javanesas para "dentro"/"fora", *batin* e *lair* (originalmente importadas da tradição sufi do misticismo muçulmano, mas modificadas localmente) referem-se, por um lado, à esfera dos sentimentos na experiência humana, e, por outro, à esfera do comportamento humano observado. Apresso-me a esclarecer que essas palavras não têm qualquer conexão com "alma" e "corpo" no sentido que damos a estes termos; para tais conceitos existem outras palavras em javanês, com implicações bastante diferentes. *Batin*, a palavra que significa "dentro", não se refere a um local separado de espiritualidade encapsulada, que se destaca, ou pode ser destacado do corpo, nem mesmo a qualquer unidade com limites, mas sim à vida emocional dos seres humanos de um modo geral. Consiste no fluxo impreciso e mutante dos sentimentos subjetivos, percebido diretamente em toda sua proximidade fenomenológica, mas, pelo menos em suas raízes, considerado idêntico para todos os indivíduos, cuja individualidade ele faz desaparecer. Da mesma forma, *lair*, a palavra javanesa para "fora", não tem qualquer relação com o corpo como um objeto, mesmo um objeto de que estamos conscientes. Refere-se mais a partes da vida humana que, em nossa cultura, são estudadas por comportamentalistas radicais – as ações externas, os movimentos, a postura, a linguagem falada. Esta também, em sua essência, era considerada igual para todos os indivíduos. Os dois grupos de fenômenos – sentimentos internos e ações externas – são, portanto, considerados não como funções um do outro, mas como esferas independentes do ser, que devem ser postas na ordem apropriada também de forma independente.

É em conexão com esta "ordem apropriada" que o contraste entre *alus*, palavra que significa "puro", "refinado", "polido", "belo", "etéreo", "sutil", "civilizado" e "suave" e *kasar*, que significa "indelicado", "grosseiro", "não civilizado", "áspero", "insensível", "vulgar", tem sua importância. A meta do ser humano é ser *alus* nas duas esferas do "eu". Na esfera interior, chega-se ao *alus* através da disciplina religiosa, que é bastante, embora não totalmente, mística. Na esfera exterior chega-se a ser *alus* por meio da etiqueta, cujas regras, em Java, são extraordinariamente complicadas e têm quase a autoridade de leis. Através da meditação o homem civilizado dilui sua vida emocional, até transformá-la em um zumbido constante; através da etiqueta, ele não só protege esta vida emocional das interrupções externas, mas também regulariza seu comportamento externo para que este possa parecer, aos olhos alheios, previsível, sereno, elegante, e um conjunto meio frívolo de movimentos coreografados e maneiras de falar estabelecidas.

Como estes conceitos são também parte de uma ontologia e estética específicas incluem muitas outras sutilezas secundárias. Com respeito a nossa problemática – a concepção do eu –, o que temos aqui é uma concepção bifurcada, sendo uma de suas partes constituída por sentimentos meio sem gestos, e a outra por gestos meio sem sentimentos. Um mundo interior de emoção contida e um mundo exterior de comportamento estruturado se confrontam sob a forma de esferas profundamente distintas entre si, e qualquer indivíduo nada mais é, por assim dizer, que um *locus* temporário para este confronto, uma expressão momentânea da própria existência destas duas partes, de sua separação permanente, e de sua necessidade, também permanente, de serem mantidas em uma ordem apropriada. Somente quando se presencia, como eu presenciei, um jovem cuja esposa tinha morrido súbita e inexplicavelmente – e esta esposa tinha sido criada por ele e fora sempre o centro de sua vida – receber convidados com um sorriso fixo e desculpas formais pela ausência da esposa, tentando, com técnicas místicas, aplainar – como ele mesmo se expressou – as colinas e vales de suas emoções para transformá-las em uma planície ("é o que temos que fazer", disse ele, "estar plano, por dentro e por fora") pode-se, frente a nossas próprias noções sobre a intrínseca honestidade de um sentimento profundo, e a importância moral da sinceridade pessoal, levar a sério esta concepção do eu, e apreciar este tipo de poder, por mais inacessível que este lhe pareça.

III

Bali, onde trabalhei a princípio em uma outra cidadezinha provinciana, embora um pouco menos mutante e deprimente, e depois em uma aldeia na região mais alta da ilha, cujos habitantes eram fabricantes altamente qualificados de instrumentos musicais, é, em muitas coisas, semelhante a Java, cuja cultura compartilhou até o século XV. No entanto, em um nível mais profundo, é também bastante diferente, pois permaneceu hindu, enquanto que Java, pelo menos em nome, tornou-se islâmica. A vida ritual complexa e obsessiva – hindu, budista e polinésia em proporções mais ou menos iguais – cujo progresso foi quase interrompido em Java, deixando que seu espírito índico se tornasse reflexivo e fenomenológico, com tendência ao silêncio, como na estória que acabo de descrever, floresceu em Bali atingindo níveis de grandeza e extravagância tais que assombraram o mundo e tornaram os balineses um povo muito mais teatral, com uma concepção do eu também teatral. O que é filosofia em Java é teatro em Bali.

A consequência disto é que, em Bali, existe um esforço persistente e sistemático para estilizar todas as formas de expressão pessoal a um ponto tal, que qualquer coisa idiossincrática e característica do indivíduo por ser ele quem é, física, psicológica ou biograficamente, é emudecida, privilegiando-se o papel que ele desempenha no cortejo permanente, e, na visão dos balineses, imutável, que é a vida balinesa. São as *dramatis personae*, não os atores, que persistem; na verdade, são as *dramatis personae*, e não os atores que realmente existem no sentido exato da palavra. Fisicamente, os homens vão e vêm, meros incidentes na história conjuntural, sem nenhuma importância real, nem para si mesmos. As máscaras que usam, no entanto, o lugar que ocupam no palco, os papéis que desempenham, e, ainda mais importante, o espetáculo que montam juntos permanecem e compreendem não a fachada, mas sim a substância das coisas, inclusive a do eu. A visão de antigo membro de trupe que Shakespeare tinha sobre a futilidade da ação diante da mortalidade – o mundo é um palco, e nós somente pobres atores, felizes em pavonear-nos, e assim por diante – não faz sentido em Bali. Não existe faz de conta; é claro que os atores morrem, mas a peça continua, e é o que foi atuado, não quem atuou, que realmente importa.

Uma vez mais, tudo isto se manifesta através de uma série de formas simbólicas facilmente observáveis, um repertório elaborado de designações e títulos, e não através de um estado de espírito geral que o antropólogo, em sua suposta versatilidade espiritual, consegue de alguma maneira captar. Os balineses têm pelo menos meia dúzia de títulos principais, atribuídos, fixos e absolutos que uma pessoa usaria para designar uma outra (ou, é claro, a si mesma) como parte de seu grupo. Existem marcadores para a ordem do nascimento, termos de parentesco, títulos que determinam a casta, indicadores do sexo, e tecnônimos, e muitos outros mais, e cada um deles constitui, não um mero conjunto de etiquetas úteis e ocasionais, mas sim um sistema terminológico distinto, delimitado e internamente muito complexo. Quando se usa uma dessas designações ou um desses títulos (ou, como é mais comum, vários deles) referindo-se a alguém, define-se este alguém como um ponto determinado em uma estrutura fixa, o ocupante temporário de um *locus* cultural, bastante permanente e específico. Identificar alguém em Bali, seja o próprio sujeito ou uma outra pessoa, é determinar seu lugar em um elenco conhecido de personagens – "rei", "avó", "o terceiro filho", "brâmane" – que inevitavelmente compõem o drama social, como se este fosse nada mais que alguma peça – do tipo de *Charley's aunt* ou *Springtime for Henry* – exibida pelas estradas por um grupo de saltimbancos.

O drama não é, obviamente, uma farsa, e principalmente não é uma farsa de travestis, embora nele existam elementos de ambas. É uma representação da hierarquia, um teatro do *status*. Infelizmente, neste ensaio, não nos é possível descrever as características desta representação, embora entendê-la seja essencial para compreender os balineses. Aqui, nos limitaremos a dizer que, tanto em sua estrutura, como na forma em que operam, os sistemas terminológicos conduzem a uma visão da pessoa humana como um representante adequado de um tipo genérico, e não como uma criatura única, com um destino específico. Acompanhar este processo, ou seja, como os sistemas terminológicos tendem a obscurecer as materialidades – biológicas, psicológicas e históricas – da existência individual, privilegiando as qualidades padronizadas do *status*, exigiria uma análise extensa. Talvez um único exemplo, simplificando ainda mais a parte mais simples do processo, possa ser suficiente para dar uma ideia de seu funcionamento.

Todos os balineses recebem aquilo que poderíamos chamar de nomes relativos à ordem do nascimento. Estes são quatro: "o primeiro, o segundo, o terceiro e o quarto natos. Depois disso, inicia-se outra vez a série, e os filhos que nascerem em quinto e sexto lugar, serão, outra vez, chamados, respectivamente, de primeiro e segundo natos. Além disso, os nomes são dados irrespectivamente ao destino que tenham as crianças. Assim, crianças que morrem, mesmo as que morrem ao nascer, entram na nomenclatura, e, portanto, em um país onde existem ainda altos índices de natalidade e de mortalidade infantil, os nomes, por si sós, não dão uma ideia muito confiável da ordem de nascimento verdadeira de indivíduos concretos. Em um grupo de irmãos, alguém que é chamado de primeiro-nato, pode, na realidade, ter nascido em primeiro, quinto, ou nono lugar, ou, se morreu alguma criança, em qualquer lugar intermediário entre estes três; ou alguém com o nome de segundo-nato pode ser, na verdade, o mais velho. A nomenclatura da ordem de nascimento não identifica indivíduos como indivíduos, nem é esta sua intenção; o que faz é sugerir que em todos os casais que procriam os nascimentos formam uma sucessão circular de "primeiros", "segundos", "terceiros" e "quartos", uma réplica contínua e em quatro estágios de uma forma imperecível. Fisicamente, os homens aparecem e desaparecem como coisas efêmeras que são, mas, socialmente, os números que os representam permanecem eternamente os mesmos, à medida que novos "primeiro-natos" ou "segundo-natos" emergem do mundo atemporal dos deuses para substituir aqueles que, ao morrer, dissolvem-se, uma vez mais, naquele mundo. Eu diria que todos os sistemas de títulos e designações funcionam da mesma maneira: eles representam os aspectos da condição humana que estão mais ligados ao passar do tempo, como meros ingredientes em um presente eterno que os ilumina como as luzes em um teatro.

Nem mesmo a sensação que os balineses têm de estar sempre em um palco é assim tão vaga e inefável. Ela é expressa com exatidão por um de seus conceitos de "experiência-próxima" mais comuns: o *lek*. *Lek* foi traduzido de várias maneiras, na maioria das vezes incorretamente ("vergonha" é uma das traduções mais conhecidas), mas seu significado mais aproximado é algo assim como o que chamamos de "nervosismo de ator". O nervosismo de ator, como sabemos, consiste naquele medo que atores sentem de que, por falta de técnica ou de autocontrole, ou talvez por um simples acidente, não sejam capazes de manter a ilusão estética, deixando, assim, que o ator apareça por trás do papel que desempenha. Se falha a distância estética, o público (e o ator) perdem de vista Hamlet e em seu lugar, para desconforto geral, veem um gaguejante John Smith que alguém erroneamente colocou para fazer o papel de príncipe da Dinamarca. Em Bali, acontece o mesmo: o que se teme é que o desempenho, em público, do papel para o qual fomos selecionados por nossa posição cultural, seja um fracasso, e que a personalidade do indivíduo – ou o que nós ocidentais chamaríamos de personalidade, já que os balineses não o fariam, pois não acreditam nisso – se rompa, dissolvendo sua identidade pública estabelecida. Quando isso acontece, como às vezes acontece, sente-se a proximidade do momento com uma intensidade excruciante, e as pessoas, súbita e relutantemente, tornam-se criaturas reais, mutuamente constrangidas, como se, de repente, tivessem se flagrado nuas. É o medo do *faux pas*, que se torna muito mais provável devido à ritualização extraordinária da vida cotidiana, que mantém o intercâmbio social sobre trilhos deliberadamente estreitos, e protege o sentido teatral do eu da ameaça destruidora implícita naquela proximidade e espontaneidade, que nem mesmo o cerimonial mais exacerbado pode eliminar totalmente dos encontros face a face do cotidiano.

IV

Marrocos, Oriente Médio e clima seco, em vez de Ásia Oriental e clima úmido. Extrovertido, fluido, ativo, masculino, exageradamente informal. Um tipo do oeste selvagem de filmes americanos sem os bares e os vaqueiros. Um outro tipo de "eus" completamente diferentes. Meu trabalho ali, que começou em meados dos anos de 1960, concentrou-se em uma cidade de tamanho médio, aos pés da Cordilheira de Atlas, cerca de umas vinte milhas ao sul de Fez. O lugar é antigo, fundado provavelmente no século X, planejado até mesmo antes disso. Ainda conserva os muros, os portões, os minaretes estreitos que se elevam até às plataformas de onde os fiéis são chamados para a oração, todos elementos característicos de uma cidade muçulmana clássica. Pelo menos à distância, o lugar é bastante bonito: uma forma oval irregular profundamente branca, localizada em um oásis onde crescem oliveiras de um verde de fundo de mar. As montanhas, que ali são cor de bronze e de pedra, elevam-se por trás deste oásis. Vista de perto, a cidade é menos imponente, mas mais estimulante: um labirinto de passagens e ruelas, três quartos das quais sem saída, rodeado por prédios que têm a aparência de muros e lojas à beira das calçadas, tudo isso repleto com uma variedade simplesmente surpreendente de seres humanos extremamente simpáticos. Árabes, berberes e judeus; alfaiates, boiadeiros e soldados; pessoas que saem dos escritórios, dos mercados, das tribos; ricos, super-ricos, pobres e superpobres; nascidos no local, imigrantes, imitações de franceses, medievalistas acirrados, e em algum lugar, de acordo com o censo oficial do governo para 1960, um piloto de avião, judeu e desempregado. Nas casas, um dos grupos mais esplêndidos de indivíduos fortes e vigorosos que jamais vi. Ao lado de Sefrou (este é o nome da cidade) Manhattan parece quase monótona.

Porém, nenhuma sociedade consiste unicamente de excêntricos anônimos que se tocam e ricocheteiam como bolas de bilhar, e os marroquinos também têm seus meios simbólicos de separar gentes umas das outras e de identificar o que é que significa ser uma pessoa. Um dos meios mais importantes – que não é o único, mas que eu considero o mais importante e sobre o qual gostaria de falar neste ensaio – é uma forma linguística peculiar chamada, em árabe, de *nisba*. A palavra deriva de uma raiz triliteral, *n-s-b*, para "atribuição", "imputação", "relação", "afinidade", "correlação", "conexão", "parentesco". Assim, *Nsīb* quer dizer "parente por afinidade"; *nsab* significa "atribuir ou imputar a"; "munāsaba" quer dizer "uma relação", "uma analogia", "uma correspondência"; *mansūb* quer dizer "pertencer a", "fazendo parte de", e assim por diante, com cerca de uma dúzia de derivados, desde *nassāb* ("genealogista") até *nisbiya* ("relatividade [física]").

A palavra *nisba*, propriamente dita, refere-se portanto a um processo de combinação morfológica, gramatical e semântica que consiste em transformar um substantivo naquilo que nós chamaríamos de adjetivo relativo, mas que, para os árabes, é simplesmente um outro tipo de substantivo, acrescentando-se i (ou iya, na forma feminina); *Sefru/Sefrou*; *sefruwi*/filho nativo de Sefrou; *Sus*/região do sudoeste marroquino – *susi*/homem nascido nessa região *Beni Yazga*/uma tribo perto de Sefrou – *Yazgi*/ um membro dessa tribo; *Yahud*/o povo judeu como um povo, *Yahudi*/um único judeu; *Adlun*/sobrenome de uma família importante em Sefrou/*Adluni*/um membro dessa família. Este procedimento não se limita a esta simples "etnização" de substantivos, mas também pode ser utilizado com uma variedade enorme de palavras para atribuir relações de propriedade às pessoas. Por exemplo, ocupação (*hrar*/seda – *hrari*/mercador de seda), seita religiosa (*Darqawa*/uma irmandade mística – *Darquawi*/um adepto desta irmandade ou um estado espiritual), (*Ali*/o genro do Profeta – *Alawi*/ um descendente do genro do Profeta, e, por conseguinte, também do próprio Profeta).

Uma vez formadas, as *nisbas* são normalmente incorporadas aos nomes pessoais – Umar Al-Buhadiwi/Umar da tribo Buhadu; Muhammed Al-Sussi/Muhammed da região Sus – e este tipo de classificação adjetival atributiva é gravada publicamente como parte da identidade de um indivíduo. Não pude encontrar sequer um caso em que um indivíduo fosse conhecido, ou dele se soubesse alguma coisa, mas não se soubesse sua *nisba*. Na verdade, é mais provável que os habitantes de Sefrou ignorem o padrão econômico de um homem, sua faixa etária, seu caráter pessoal, ou onde ele vive, do que sua *nisba*, ou seja, se ele é Sussi ou Sefroui, Buhadiwi ou Adluni, Harari ou Darqawi. (Com relação a mulheres que não sejam parentes, a *nisba* seria provavelmente a única coisa que um homem saberia delas – ou, para ser mais exato, a única coisa sobre elas que lhe seria permitido conhecer.) Os "eus" que se atropelam e se acotovelam nas ruelas de Sefrou adquirem sua definição através das relações associativas com a sociedade que os circunda, relações essas que lhes são atribuídas. São pessoas contextualizadas.

A situação, no entanto, é ainda mais complicada; *nisbas* tornam os homens relativos a seus contextos, mas, como os próprios contextos são relativos, as *nisbas* também passam a ser relativas, e tudo, por assim dizer, é, portanto, elevado a uma segunda potência – relativismo ao quadrado. Assim, em um nível, todos os nascidos em Sefrou têm a mesma *nisba*, ou pelo menos em potencial – isto é, todos são Sefroui. No entanto, na própria cidade, esta *nisba*, justamente porque não discrimina, não será nunca utilizada como parte de uma designação individual. Só fora de Sefrou a relação com este contexto específico passa a ser capaz de identificar um indivíduo em particular. Em Sefrou, portanto, ele será Adluni, Alawi, Meghrawi, Ngadi, ou qualquer outra *nisba* deste nível. E dentro de cada uma destas categorias sucede exatamente a mesma coisa. Há, por exemplo, doze *nisbas* diferentes (Shakibis, Zuinis e outras) através das quais os Sefrou Alawis, em suas regiões, se distinguem entre si.

Todo o processo está longe de ser regular; que nível ou tipo de *nisba* será usado, ou parecerá relevante ou apropriado (para os que as usam, é claro), dependerá totalmente da situação. Um conhecido meu que morava em Sefrou e trabalhava em Fez, mas era originário de uma tribo Beni Yazgha das proximidades – além disso era da subsubfração Wulad Ben Ydir, da subfração Taghut da linhagem Hima – era conhecido como Sefroui por seus companheiros de trabalho em Fez, como Yazghi, por todos os não Yazghis em Sefrou, como Ydiri por todos os outros Beni Yazghas que por ali viviam, a não ser por aqueles que vinham, eles próprios, da fração Wulad Ben Ydir. Estes o chamavam de Taghuti, enquanto que, é claro, os outros poucos Taghutis o chamavam de Himiwi. Em Marrocos, as *nisbas* paravam aí, mas Marrocos não é o limite até onde podem ir. Se, por acaso, nosso amigo viajasse para o Egito, ele se transformaria em um Maghrebi, a *nisba* formada com a palavra que, em árabe, significa África do Norte. A contextualização social das pessoas é difusa, e na sua maneira curiosamente não metódica acaba sendo sistemática. Os homens não flutuam como entidades psíquicas fechadas, que se destacam de seu contexto e recebem nomes individuais. Por mais individualistas e até obstinados que sejam os marroquinos – e na verdade o são –, sua identidade é um atributo que tomam emprestado do cenário que os rodeia.

Como o tipo de bifurcação fenomenológica da realidade dos javaneses, com seus dentro/fora e suave/tosco, e o sistema de títulos dos balineses que absolutiza, o modo *nisba* de olhar as pessoas – como se estas fossem contornos à espera de serem preenchidos – não é um costume isolado e sim parte de um tipo de estrutura que abrange toda a vida social. Esta estrutura, como as de Java e Bali, também é difícil de ser caracterizada de forma sucinta. Mas um de seus elementos principais é, certamente, o fato de que existe, em situações públicas, uma promiscuidade confusa de uma variedade de seres humanos que, na sua vida privada, são cuidadosamente segregados: um cosmopolitismo exacerbado nas ruas, e um comunalismo estrito dentro de casa (do qual a famosa segregação das mulheres é apenas o exemplo mais óbvio). Este é o chamado sistema mosaico de organização social frequentemente considerado característico do Oriente Médio como um todo: fragmentos de formas e cores diferentes que são encaixados irregularmente para gerar um desenho global complexo, no qual a diferença individual de cada fragmento permanece intacta. Sendo diversa mais do que qualquer outra coisa, a sociedade marroquina não administra sua diversidade fixando-a em castas, isolando-a em tribos, dividindo-a em grupos étnicos, ou cobrindo-a com algum conceito denominador-comum como a nacionalidade, embora todos estes sistemas tenham sido experimentados de forma esporádica. Gerenciam a diversidade distinguindo, com uma precisão elaborada, os contextos – o matrimônio, a devoção religiosa e, até certo ponto, a dieta, as leis e a educação – nos quais os homens são segregados por suas diferenças; e outros – o trabalho, a amizade, a política e o comércio – onde, ainda que com desconfiança e condicionalmente, são unidos por elas.

Para este tipo de estrutura social, uma concepção do eu que marca a identidade pública contextualmente e relativisticamente, mas o faz em condições – tribais, territoriais, linguísticas, religiosas e familiares – que se desenvolvem nas esferas privadas e estabelecidas da vida, onde têm uma ressonância profunda e permanente, parece ser particularmente apropriada. Na verdade, parece que a própria estrutura social cria esta concepção do eu, já que produz situações onde as pessoas interagem em termos de categorias cujo significado é quase totalmente posicional, um lugar no mosaico global, que deixa de lado, como algo que deva ser cuidadosamente escondido em apartamentos, templos e tendas, o conteúdo substantivo das categorias, ou seja, o que elas significam subjetivamente como modos de vida experimentados. As discriminações da nisba podem ser mais ou menos específicas, indicar o local do fragmento no mosaico de forma aproximada ou exata, e adaptar-se a quase todos os tipos de mudanças de circunstâncias. Não podem, porém, dar muito mais que uma ideia geral, um esboço ou contorno do tipo e caráter dos homens a quem os nomes são atribuídos. Chamar um homem de Sefroui é como chamá-lo de franciscano: o nome o classifica, mas não estabelece como ele é; localiza-o, sem retratá-lo.

É justamente esta capacidade do sistema de *nisbas* – a de criar um contorno no qual as pessoas podem ser inseridas de acordo com características que, supostamente, lhe são inerentes (fala, sangue, fé, proveniência, e outras mais), e ao mesmo tempo minimizar o impacto que estas características têm na determinação de relações práticas entre essas pessoas em mercados, lojas, escritórios, no campo, em cafés, banhos públicos, e estradas – que o torna tão essencial para a concepção marroquina do eu. A categorização do tipo nisba conduz, paradoxalmente, a um hiperindividualismo nas relações públicas, pois, ao prover unicamente um contorno vazio e até mesmo mutante de quem são os atores – Yazghis, Adlunis, Buhadiwis, ou seja lá quem for – deixa todo o resto, ou seja, praticamente tudo, para ser preenchido no próprio processo de interação. O que faz o mosaico funcionar é a certeza de que podemos ser completamente pragmáticos, adaptáveis, oportunistas, e, de um modo geral, *ad hoc* em nossas relações com outros – uma raposa entre raposas, um crocodilo entre crocodilos – tanto quanto quisermos, sem nenhum risco de perder o sentido de quem somos. A não ser na intimidade da procriação e da oração, o "eu" nunca está em perigo porque somente suas coordenadas foram declaradas.

V

Sem tentar dar nós em umas quantas dúzias de pontas que, durante estes relatos apressados sobre o significado do eu para cerca de noventa e nove milhões de pessoas, não só deixei penduradas, mas certamente desfiei ainda mais, retornemos ao ponto principal, que é saber exatamente o que tudo isso nos diz – ou poderia dizer, se explicado de forma adequada – sobre "o ponto de vista dos nativos" em Java, em Bali e no Marrocos. Ao descrever o uso de símbolos, estaremos também descrevendo percepções, sentimentos, pontos de vista, experiências? Se afirmativo, em que sentido? O que é exatamente que afirmamos quando declaramos compreender os meios semióticos através dos quais, nesses casos, as pessoas se definem e são definidas pelas outras: que entendemos as palavras ou que entendemos as mentes?

Para responder a esta pergunta, creio ser necessário, primeiramente, observar que o movimento intelectual característico, e o ritmo conceptual interno de cada uma dessas análises, e até de todas as análises semelhantes – mesmo as de Malinowski – é um bordejar dialético contínuo, entre o menor detalhe nos locais menores, e a mais global das estruturas globais, de tal forma que ambos possam ser observados simultaneamente. Na tentativa de descobrir o significado do eu para os javaneses, balineses e marroquinos, oscilamos incansavelmente entre um tipo de miudeza exótica que faz com que a leitura da melhor das etnografias seja uma tortura (antíteses léxicas, esquemas de categorização, transformações morfofonêmicas), e caracterizações tão abrangentes que – a não ser pelas mais comuns – se tornam um tanto implausíveis ("quietismo", "dramatismo", "contextualismo"). Saltando continuamente de uma visão da totalidade através das várias partes que a compõem, para uma visão das partes através da totalidade que é a causa de sua existência, e vice-versa, com uma forma de moção intelectual perpétua, buscamos fazer com que uma seja explicação para a outra.

Tudo isso é, claramente, a trajetória, já bastante conhecida, do método que Dilthey chamou de círculo hermenêutico. Minha intenção aqui foi mostrar que ela é tão essencial para interpretações etnográficas como para interpretações literárias, históricas, filológicas, psicanalíticas, ou bíblicas, ou até mesmo para anotações informais sobre aquelas experiências cotidianas que chamamos de bom-senso. Para acompanhar um jogo de beisebol temos que saber o que é um bastão, uma bastonada, um turno, um jogador de esquerda, um lance de pressão, uma trajetória curva pendente, e um centro de campo fechado, e também como funciona o jogo que contém todos estes elementos. Quando, em uma *explication de texte*, um crítico como Leo Spitzer tenta interpretar a "Ode sobre uma urna grega" de Keats, ele se pergunta repetida e alternativamente duas questões: "Sobre o que é este poema?" e "O que é, exatamente, que Keats viu (ou decidiu mostrar-nos) desenhado na urna que ele descreve?", e chega ao final de uma espiral ascendente de observações gerais e comentários específicos com uma leitura do poema que o interpreta como uma afirmação do triunfo da percepção estética sobre a histórica. Da mesma forma, quando um etnógrafo de significados e símbolos como eu tenta descobrir o que é uma pessoa na visão de algum grupo de nativos, ele vai e vem entre duas perguntas que faz a si mesmo: "como é a sua maneira de viver, de um modo geral?" e "quais são precisamente os veículos através dos quais esta maneira de viver se manifesta?" chegando ao fim de uma espiral semelhante com a noção de que eles consideram o eu como uma composição, uma *persona*, ou um ponto em uma estrutura. Não poderemos entender o significado de *lek* a não ser que entendamos o que é o dramatismo balinês, da mesma maneira que não saberemos o que é uma luva de apanhador se não conhecemos o jogo de beisebol. Ou não entenderemos o que significa uma organização social mosaica sem saber o que é a nisba, exatamente como não é possível compreender o platonismo de Keats, sem ser capaz de captar – para usar a própria formulação de Spitzer – "o fio do pensamento intelectual" contido em fragmentos de frases como "a forma de Attic", "a forma silenciosa", "noiva da tranquilidade" "pastoral fria", "silêncio e tempo lento", "cidadela em paz", ou "cantigas sem nenhum tom".

Em suma, é possível relatar subjetividades alheias sem recorrer a pretensas capacidades extraordinárias para obliterar o próprio ego e para entender os sentimentos de outros seres humanos. Possuir e desenvolver capacidades normais para estas atividades é, obviamente, essencial, se temos esperança de conseguir que as pessoas tolerem nossa intrusão em suas vidas ou de que nos aceitem como seres com quem vale a pena conversar. Não estou, em hipótese alguma, defendendo a falta de sensibilidade, e espero não ter dado esta impressão. Mas seja qual for nossa compreensão – correta ou semicorreta – daquilo que nossos informantes, por assim dizer, *realmente* são, esta não depende de que tenhamos, nós mesmos, a experiência ou a sensação de estar sendo aceitos, pois esta sensação tem que ver com nossa própria biografia, não com a deles. Porém, a compreensão depende de uma habilidade para analisar seus modos de expressão, aquilo que chamo de sistemas simbólicos, e o sermos aceitos contribui para o desenvolvimento desta habilidade. Entender a forma e a força da vida interior de nativos – para usar, uma vez mais, esta palavra perigosa – parece-se mais com compreender o sentido de um provérbio, captar uma alusão, entender uma piada, ou – como sugeri acima – interpretar um poema, do que com conseguir uma comunhão de espíritos.

Parte II

Capítulo 4
O senso comum como um sistema cultural

I

Logo no início daquela coleção de jogos conceptuais e metáforas inesperadas a que deu o nome de *Investigações filosóficas*, Wittgenstein compara a linguagem a uma cidade:

> Não se preocupem com o fato de que umas linguagens reduzidas que ele tinha acabado de inventar com propósitos didáticos consistem só em imperativos. Se, por esta razão, quiserem dizer que estão incompletas, perguntem-se se por acaso nossa língua é completa – se estava completa antes que o simbolismo da química e a notação do cálculo infinitesimal fossem a ela anexados; pois estes são, por assim dizer, os subúrbios de nossa língua. (E quantas casas ou ruas são necessárias para que uma cidade comece a ser uma cidade?) Nossa língua pode ser vista como uma cidade antiga: um labirinto de pequenas ruas e praças, de casas velhas e novas, e de casas com extensões construídas em vários períodos; e tudo isso circundado por uma profusão de áreas modernas, com ruas regulares e retas e casas uniformes[1].

Se expandirmos esta imagem para que abranja a cultura, poderíamos dizer que, tradicionalmente, antropólogos sempre consideraram a cidade como seu território, e que passearam por seus becos casualmente construídos, tentando elaborar algum tipo de mapa aproximado da realidade; e que só recentemente começaram a se indagar como foram construídos esses subúrbios que parecem estar se amontoando cada vez mais perto, qual seu relacionamento com a cidade velha (Será que cresceram a partir dela? Sua criação a modificou? Será que, no final, vão absorvê-la totalmente?) e como será a vida em lugares assim tão simétricos. A diferença entre os tipos de sociedades que normalmente constituem o objeto de estudo da antropologia,

1. WITTGENSTEIN, L. *Philosophical Investigations.* Nova York: [s.e.], 1953, p. 8 [Trad. de G.E.M. Anscombe - (*Investigações filosóficas.* Petrópolis: Vozes, 1996) – (alterei ligeiramente a tradução de Anscombe)].

ou seja, as sociedades tradicionais, e aquelas onde os antropólogos vivem, isto é, as sociedades modernas, sempre foi considerada uma questão de maior ou menor primitivismo. No entanto, essa diferença poderia ser expressa em termos do grau de desenvolvimento dos sistemas esquematizados e organizados de pensamento e ação – física, contraponto, existencialismo, cristianismo, engenharia, jurisprudência, marxismo – um elemento tão proeminente em nossa própria paisagem que não podemos sequer imaginar um mundo onde eles, ou algo parecido com eles, não exista – sistemas esses que surgiram e se expandiram ao redor do emaranhado de práticas herdadas, crenças aceitas, juízos habituais, e emoções inatas, existentes anteriormente.

Sabemos, é claro, que em Tikopia ou Timbuctu há pouca química e menos cálculo matemático; e que o bolchevismo, a perspectiva do ponto de fuga, as doutrinas da união hipostática, ou dissertações sobre a problemática mente-corpo não são exatamente fenômenos universais. Apesar disso, relutamos – e antropólogos são particularmente relutantes – em extrair destes fatos a conclusão de que a ciência, a ideologia, a arte, a religião, ou a filosofia, ou pelo menos os impulsos a que elas servem, não são propriedade comum de toda a humanidade.

Desta relutância surgiu toda uma tradição de argumentos cujo objetivo é provar que os povos "mais simples" realmente têm um sentido do divino, um interesse imparcial no conhecimento, uma noção da forma legal, ou uma apreciação da beleza por si mesma, ainda que essas qualidades não estejam engavetadas nos compartimentos culturais organizados e estanques que conhecemos tão bem.

Assim, Durkheim descobriu formas elementares de vida religiosa entre os aborígenes australianos; Boas, um talento espontâneo para o desenho na costa do noroeste; Lévi-Strauss, uma ciência "concreta" no Amazonas; Griaule, uma ontologia simbólica em uma tribo da África Ocidental; e Gluckman, um *jus commune* implícito em outra tribo da África Oriental. Não havia nada nos subúrbios que não existisse antes na cidade antiga.

No entanto, embora todas estas descobertas tenham tido um certo sucesso, pois, hoje em dia, ninguém acha que "primitivos" – se é que existe alguém que ainda use este termo – são pragmatistas simplórios que andam tateando em busca de conforto em meio a uma névoa de superstições, elas não conseguiram fazer calar a pergunta essencial: onde exatamente está a diferença – porque mesmo os defensores mais acirrados da proposição que qualquer povo tem seu próprio tipo de profundidade (e eu sou um desses) admitem que existe uma diferença – entre as formas já trabalhadas da cultura acadêmica, e aquelas ainda toscas, da cultura coloquial?

Parte de meu argumento neste ensaio é que toda essa discussão foi mal estruturada, pois a questão não é se existe uma forma elementar de ciência a ser descoberta nas Trobriand ou uma forma elementar de direito entre os drotses, ou se o totemismo é "mesmo" uma religião, ou se o culto de cargos é "mesmo" uma ideologia (todas essas perguntas, a meu ver, tornaram-se tão dependentes de definições, que se transformaram em assuntos de política intelectual ou de gosto retórico). Trata-se, sim, de saber até que ponto, nesses vários lugares, os aspectos da cultura foram sistematizados, ou seja, até que ponto eles têm subúrbios. E, para investir contra este problema, em uma tentativa mais promissora do que aquela que busca definições essencialistas para arte, ciência, religião, ou direito e depois tenta descobrir se existe entre os bosquímanos alguma dessas coisas, quero voltar-me para uma dimensão da cultura que não é normalmente considerada um de seus compartimentos organizados, como acontece com estes setores mais conhecidos da alma. Refiro-me ao "senso comum".

Há um número de razões pelas quais tratar o senso comum como um corpo organizado de pensamento deliberado, em vez de considerá-lo como aquilo que qualquer pessoa que usa roupas e não está louco sabe, pode levar a algumas conclusões bastante úteis; entre essas, talvez a mais importante seja que uma das características inerentes ao pensamento que resulta do senso comum é justamente a de negar o que foi dito acima, afirmando que suas opiniões foram resgatadas diretamente da experiência e não um resultado de reflexões deliberadas sobre esta. O saber que a chuva molha e que, portanto, devemos nos proteger dela em algum lugar coberto, ou que o fogo queima, e que, portanto, não devemos brincar com fogo (mantendo-nos, por enquanto, em nossa própria cultura) são expandidos até abranger um território gigantesco de coisas que são consideradas como certas e inegáveis, um catálogo de realidades básicas da natureza e tão peremptórias que, sem dúvida, penetrarão em qualquer mente desanuviada o bastante para absorvê-las. No entanto, é óbvio que isso não é verdade. Ninguém, ou pelo menos ninguém cujo cérebro funcione bem, duvida que a chuva molhe; mas podem existir pessoas que questionem a proposição de que obrigatoriamente devemos abrigar-nos dela, e que achem que enfrentar os elementos é uma forma de fortalecer nosso caráter – algo assim como se andar na chuva sem chapéu fosse sinônimo de santidade. E, muitas vezes, a atração que o brincar com o fogo exerce sobre certas pessoas é mais forte do que a certeza da dor que virá. A religião baseia seus argumentos na revelação, a ciência na metodologia, a ideologia na paixão moral; os argumentos do senso comum, porém, não se baseiam em coisa alguma, a não ser na vida como um todo. O mundo é sua autoridade.

A análise do senso comum, e não necessariamente seu exercício, deve, portanto, iniciar-se por um processo em que se reformule esta distinção esquecida, entre uma mera apreensão da realidade feita casualmente – ou seja lá o que for que meramente e casualmente apreendemos – e uma sabedoria coloquial, com pés no chão, que julga ou avalia esta realidade. Quando dizemos que alguém demonstrou ter bom-senso, queremos expressar algo mais que o simples fato de que essa pessoa tem olhos e ouvidos; o que estamos afirmando é que ela manteve seus olhos e ouvidos bem abertos e utilizou ambos – ou pelo menos tentou utilizá-los – com critério, inteligência, discernimento e reflexão prévia, e que esse alguém é capaz de lidar com os problemas cotidianos, de uma forma cotidiana, e com alguma eficácia. Quando, por outro lado, dizemos que a alguém lhe falta bom-senso, não queremos dizer que este alguém é retardado, ou que não consegue entender que a chuva molha ou que o fogo queima, mas sim que é o tipo de pessoa que consegue complicar ainda mais os problemas cotidianos que a vida coloca a sua frente: sai de casa sem guarda-chuva em um dia nublado; na vida, sofreu uma série de queimaduras que deveria ter sido sábio o bastante para evitar e não ter, ele próprio, atiçado as chamas que as causaram. O antônimo de uma pessoa que é capaz de captar as realidades básicas através da experiência é, como sugeri, um deficiente. O antônimo de uma pessoa que é capaz de chegar a conclusões sensatas a partir dessas mesmas realidades é um tolo. E esta última palavra tem menos relação com o intelecto – em uma definição limitada de intelecto – do que normalmente imaginamos. Como observou Saul Bellow, referindo-se a certas espécies de assessores governamentais e de escritores radicais: "O mundo está cheio de idiotas com QIs altíssimos".

A dissolução analítica da premissa tácita que dá ao bom-senso sua autoridade – ou seja, aquela para a qual o bom senso representa nada mais que a pura realidade – não tem como objetivo solapar esta autoridade, e sim, transferi-la. Se o bom-senso é uma interpretação da realidade imediata, uma espécie de polimento desta realidade, como o mito, a pintura, a epistemologia, ou outras coisas semelhantes, então, como essas outras áreas, será também construído historicamente, e, portanto, sujeito a padrões de juízo historicamente definidos. Pode ser questionado, discutido, afirmado, desenvolvido, formalizado, observado, até ensinado, e pode também variar dramaticamente de uma pessoa para outra. Em suma, é um sistema cultural, embora nem sempre muito integrado, que se baseia nos mesmos argumentos em que se baseiam outros sistemas culturais semelhantes: aqueles que os possuem têm total convicção de seu valor e de sua validade. Neste caso, como em tantos outros, as coisas têm o significado que lhes queremos dar.

A importância de tudo isso para a filosofia é, obviamente, que o bom-senso, ou outro conceito similar, tornou-se uma das categorias-chave, talvez até *a* categoria-chave, em um amplo número de sistemas filosóficos modernos. Aliás, podemos até afirmar que, desde a época de Platão e Sócrates, o bom-senso já era uma categoria importante nesses sistemas (onde sua função era demonstrar sua própria inadequabilidade). Tanto a tradição cartesiana como a de Locke dependiam, de formas diferentes – de formas *culturalmente* diferentes – de doutrinas sobre o que era ou não autoevidente, se não para mentes vernáculas, pelo menos para mentes livres. Neste século, porém, o conceito de bom-senso "que não foi ensinado" (como é às vezes denominado) – isto é aquilo que o homem comum pensa quando livre das sofisticações vaidosas dos estudiosos – quase tornou-se o sujeito temático da filosofia, já que tantos outros conceitos filosóficos estão sendo absorvidos pela ciência e pela poesia. A ênfase que Wittgenstein, Austin e Ryle dão à linguagem comum;

o desenvolvimento da chamada fenomenologia do cotidiano por Husserl, Schutz, Merleau-Ponty; a glorificação das decisões pessoais, tomadas no cotidiano ("no meio da vida") do existencialismo europeu; a utilização da solução de problemas através de comparações com a variedade de coisas que acontecem em um jardim como paradigma da razão no pragmatismo americano – tudo isto reflete esta tendência a buscar as respostas para os mistérios mais profundos da existência na estrutura do pensamento corriqueiro, pé-na-terra, trivial. A imagem de G.E. Moore, quando tentou demonstrar a realidade do mundo externo levantando uma das mãos e dizendo "isto é um objeto físico" e depois levantando a outra e dizendo "isto é outro objeto físico", não deixa de ser, sem considerar detalhes doutrinários, aquela que melhor resume grande parte da filosofia ocidental recente.

Apesar de ter se tornado foco de tanta e tão intensa atenção, o senso comum continua a ser, no entanto, um fenômeno que é presumido, e não analisado. Husserl, e depois Schutz, trabalharam com as bases conceituais da experiência cotidiana, com a forma como construímos o mundo que habitamos biograficamente, mas sem admitir a distinção entre esta e o que Dr. Johnson fez quando chutou uma pedra para refutar Berkeley, ou o que fazia Sherlock Holmes quando ponderou sobre um cachorro silencioso na noite. Ryle, pelo menos, observou *en passant* que não "exibimos bom-senso ou falta de bom senso quando usamos uma faca e um garfo; (o fazemos) quando conseguimos lidar com um falso mendigo ou com um problema mecânico, sem ter as ferramentas adequadas". Mas, o conceito de bom senso normalmente aceito é aquele que o vê como o "tipo de coisa que qualquer pessoa com bom-senso sabe". Uma definição que, segundo suas próprias premissas, estaria coberta de bom-senso.

A antropologia pode-nos ser útil aqui da mesma forma que é útil em outras situações: ao fornecer exemplos extraordinários, ajuda a situar exemplos mais próximos em um contexto diferente. Se observarmos a opinião de pessoas que chegam a conclusões diferentes das nossas devido à vivência específica que tiveram, ou porque aprenderam lições diferentes com as surras que levaram na escola da vida, logo nos daremos conta de que o senso comum é algo muito mais problemático e profundo do que parece quando o ponto de observação é um café parisiense ou uma sala de professores em Oxford. Como um dos subúrbios mais antigos da cultura humana – não muito regular, não muito uniforme, mas ainda assim ultrapassando o labirinto de ruelas e pequenas praças em busca de uma forma menos casual de habitar – o senso comum mostra muito claramente o impulso que serve de base para a construção dos subúrbios: um desejo de tornar o mundo diferente.

II

Com esta perspectiva e não com a que é normalmente usada (a natureza e a função da magia), consideremos aqui o conhecido trabalho de Evans-Pritchard sobre feitiçaria entre os azandes. Segundo o que o próprio Pritchard afirmou explicitamente, embora tudo indique que ninguém lhe deu muita atenção, a parte que realmente lhe interessa do senso comum é seu papel como pano de fundo para o desenvolvimento da feitiçaria. Uma deturpação dos conceitos azandianos de causalidade natural, ou seja, o que leva a quê, segundo a mera experiência de vida, sugere a existência de um outro tipo de causalidade – a que Pritchard chama de mística – que resume o conceito azandiano de feitiçaria. Uma feitiçaria que é, aliás, bastante materialista, envolvendo, por exemplo, uma substância acinzentada que estaria localizada no ventre das pessoas.

Tomemos como exemplo um menino azandiano, que, segundo ele próprio, deu "uma topada num toco de árvore e ficou com o dedo do pé infeccionado". O menino diz que foi feitiçaria. "Bobagem", diz Evans-Pritchard, utilizando o senso comum de sua própria tradição, "você não teve foi cuidado, tinha que olhar com mais atenção aonde pisa." "Mas eu olhei aonde pisava", diz o garoto, "*e se eu não estivesse enfeitiçado, teria visto o toco*. Além do mais, cortes nunca ficam abertos tanto tempo, pelo contrário, fecham logo, pois os cortes são assim por natureza. Mas este infeccionou, então tem que ser feitiçaria."

Ou um oleiro de azande, com grande habilidade e experiência, que, volta e meia, quando um dos potes que estava fazendo caía e quebrava, exclamava: "foi feitiço!" "Bobagem", diz Evans-Pritchard, que, como todo bom etnógrafo, parece que nunca aprende: "é claro que potes às vezes quebram quando estão sendo feitos; assim é a vida." "Mas", diz o oleiro, "eu escolhi o barro bem escolhido, me esforcei para retirar todas as pedrinhas e a sujeira, trabalhei devagar e com cuidado, e me abstive de ter relações sexuais na noite anterior. E ainda assim o pote quebrou. Que mais poderia ser, senão feitiçaria?" Ou, uma outra ocasião, quando o próprio Evans-Pritchard estava doente – ou, em suas próprias palavras, "sentia-se pouco saudável" – e se indagou em voz alta, na presença de alguns azandianos, se a causa de seu mal-estar não teria sido as muitas bananas que comera. E eles: "bobagem, banana não faz mal, deve ter sido feitiço."

Assim, se o conteúdo das crenças azandianas sobre feitiçaria é ou não místico (e já sugeri que essas crenças me parecem místicas unicamente porque não creio nelas), elas são utilizadas pelos azandianos de uma forma nada mística – e sim como uma elaboração e uma defesa das afirmações reais da razão coloquial. Atrás de todas essas reflexões sobre dedos do pé infeccionados, potes que saíram errado, e acidez estomacal, estende-se a teia de conceitos do senso comum que os azandianos aparentemente consideram realmente verdadeiros: que cortes pequenos normalmente curam-se com rapidez; que pedras fazem com que o barro cozido quebre com facilidade; que a abstenção sexual é um pré-requisito para que o trabalho do oleiro seja bem-sucedido; que andando por azande não é aconselhável sonhar acordado, porque o lugar está repleto de tocos de árvores. E é como parte desta teia de premissas do bom-senso, e não graças a alguma forma de metafísica primitiva, que o conceito de feitiçaria ganha sentido e adquire sua força. Apesar de toda esta conversa de voos noturnos como vaga-lumes, a feitiçaria não celebra uma ordem invisível, e sim confirma uma outra ordem, esta, extremamente visível.

A voz da feitiçaria se eleva quando as expectativas comuns falham, quando o homem comum de azande se confronta com anomalias ou contradições. Pelo menos neste sentido, ela é uma espécie de variável testa de ferro no sistema de pensamento do senso comum. Sem transcender este sistema, ele o reforça, adicionando-lhe uma ideia que serve para qualquer ocasião, e que atua para reassegurar aos azandianos que a sua reserva de lugares comuns é confiável e adequada, mesmo quando as aparências momentaneamente demonstrem o contrário. Assim, se alguém contrai lepra, a causa é feitiçaria, a não ser que haja incesto na família, pois "todo o mundo sabe" que o incesto causa lepra. O adultério, também, traz infelicidade. Um homem pode ser morto na guerra ou na caça, como resultado das infidelidades de sua esposa. Antes de partir para a guerra ou para uma caçada, um homem, se for sensato, pede a sua esposa que confesse o nome de seus amantes. Se ela diz, honestamente, que não tem nenhum amante e, mesmo assim, ele morre, a causa de sua morte foi, então, algum feitiço – a não ser, é claro, que ele tenha feito alguma outra coisa obviamente errada. Da mesma forma, ignorância, estupidez ou incompetência, definidos culturalmente, são causas suficientes para o fracasso aos olhos dos azandianos. Se, ao examinar o pote quebrado, o oleiro encontra mesmo uma pedra no barro, para de resmungar sobre feitiçaria e começa a resmungar sobre sua própria negligência – em vez de culpar a feitiçaria pelo fato de que a pedra estava no barro. E quando um oleiro sem experiência quebra um pote, a culpa será da falta de experiência do oleiro, o que parece bastante razoável, e não de alguma perversão ontológica da realidade.

Neste contexto pelo menos, o grito de "feitiço!" funciona para os azande como o grito de *Insha Allah* funciona para alguns muçulmanos, ou o sinal da cruz para alguns cristãos: menos como uma forma de questionar as crenças mais importantes – religiosas, filosóficas, científicas e morais – a respeito de como o mundo é construído ou sobre o que é a vida, e mais como uma forma de fechar os olhos e ignorar as dúvidas sobre estas crenças; lacrar a visão de mundo que resulta do bom-senso – aquele "tudo é o que é e nada mais", como disse Joseph Butler – para protegê-la das dúvidas que são estimuladas pelas insuficiências óbvias desta visão.

"Os azande", escreveu Evans-Pritchard, "administram suas atividades econômicas segundo um conjunto de conhecimentos, transmitidos de geração em geração, que abrangem tanto a construção e o artesanato, como a agricultura e a caça. Possuem, portanto, um profundo conhecimento prático dos aspectos da natureza que se relacionam com seu bem-estar. É bem verdade que este saber é empírico e incompleto, e que não é transmitido através de qualquer ensino sistemático e sim passado de uma geração a outra, de uma forma lenta e casual, durante a infância e nos primeiros anos da maturidade. Mesmo assim, este conhecimento é suficiente para a execução de tarefas diárias e empreendimentos sazonais." Já que é esta convicção que o homem comum tem, de que tem o controle de *tudo*, não só de assuntos econômicos, que lhe dá qualquer possibilidade de agir, ela deve ser protegida a qualquer custo: no caso dos azande, a feitiçaria é invocada para esconder fracassos; no nosso caso, buscamos respaldo em uma longa tradição de filosofia de botequim para comemorar sucessos. Já foi dito em várias ocasiões que em qualquer sociedade a manutenção da fé religiosa é uma tarefa problemática; e, se deixarmos de lado as teorias sobre a suposta espontaneidade dos instintos religiosos dos "primitivos", creio que esta afirmação é verdadeira. É igualmente verdadeiro, no entanto, e muito menos comentado, o fato de que a manutenção da fé na confiabilidade dos axiomas e argumentos do bom-senso não é menos problemática. A artimanha usada pelo Dr. Johnson para silenciar as dúvidas sobre o bom-senso – "e não se fala mais do assunto!" – é, se pensarmos bem, quase tão desesperada como a que Tertuliano usava para frear suas dúvidas religiosas: "*credo quia impossible*". "Feitiçaria!" não é pior que nenhuma das outras duas. Os homens tampam os orifícios nas barragens de suas crenças mais necessárias com o primeiro tipo de barro que encontrem.

Tudo isso se apresenta de uma forma mais dramática se, em vez de limitarmo-nos a observar uma única cultura em sua totalidade, observarmos várias culturas simultaneamente, concentrando-nos em um único problema. Um exemplo excelente deste tipo de abordagem encontra-se em um artigo de Robert Edgerton, publicado em um número antigo do *American Anthropologist,* sobre aquilo que hoje é chamado de intersexualidade, mas que é mais conhecido sob o nome de hermafroditismo.

Se há uma coisa que todos consideram ser parte da maneira como o mundo está organizado é o fato de que os seres humanos estão divididos em dois únicos sexos biológicos. É claro que também se admite que algumas pessoas em qualquer lugar do mundo – homossexuais, travestis etc. – não se comportam de acordo com as expectativas do papel que lhes foi atribuído segundo seu sexo biológico e, de uns tempos para cá, várias pessoas em nossa sociedade já chegaram até a sugerir que papéis que se diferenciam tanto não deveriam nem mesmo ser atribuídos a quem quer que seja. Mas mesmo que uns prefiram gritar "vive la différence!" e outros "à bas la différence!", não existe muita dúvida quanto à existência de uma diferença. A visão daquela menininha da estória – que as pessoas nascem de dois tipos, sem enfeites ou com enfeites – pode ter sido uma visão lamentavelmente não liberada; mas parece bastante óbvio que sua observação foi anatomicamente correta.

Na verdade, porém, é possível que a menina da estória não tenha inspecionado uma amostra significativa. O gênero, nos seres humanos, não é simplesmente uma variável dicotômica. Nem sequer é uma variável contínua, pois, se fosse, nossa vida amorosa seria ainda mais complicada do que já é. Um número bastante extenso de seres humanos são claramente intersexuais, e em alguns a intersexualidade chega a tal ponto que eles apresentam os dois tipos de genitália externa, ou o crescimento de seios ocorre em um indivíduo com genitália masculina, ou outras ocorrências semelhantes. Isso cria certos problemas para a biologia, problemas sobre os quais vem-se obtendo algum progresso no momento. Cria também alguns problemas para o bom-senso, para a rede de concepções práticas e morais que foi tecida ao redor de uma das mais enraizadas das verdades aparentes: masculinidade e feminilidade. Portanto, a intersexualidade é mais que uma surpresa empírica; ela é um desafio cultural.

Um desafio que é enfrentado de várias maneiras. Os romanos, relata Edgerton, consideravam os infantes intersexuais como seres amaldiçoados pelos poderes supernaturais, e os eliminavam. Os gregos, como era seu costume, tinham uma visão mais aberta e, embora considerassem este tipo de pessoa peculiar, atribuíam sua existência a mais uma dessas coisas estranhas que acontecem e os deixava viver suas vidas sem estigmas exagerados – afinal de contas, Hermafrodito, o filho de Hermes e Afrodite, que se uniu em um só corpo com uma ninfa, tinha estabelecido um precedente bastante importante. O artigo de Edgerton, na verdade, gira em torno de um contraste fascinante entre três respostas bastante variadas ao fenômeno da intersexualidade – a norte-americana, a dos navajo e a dos pokot (esta última, uma tribo do Quênia) – que são examinadas em termos das concepções que o bom-senso desses povos contém, com respeito ao gênero dos seres humanos e seu lugar mais geral na natureza. Como ele sugere, pessoas diferentes reagem de formas diferentes ao se confrontarem com indivíduos cujos corpos são sexualmente anômalos, mas nenhuma delas pode simplesmente ignorar a anomalia. Se o objetivo é manter intactas as ideias herdadas sobre "o que é normal e natural", algo deve ser dito sobre as enormes divergências que existem entre as três formas de lidar com a intersexualidade.

Os norte-americanos veem a intersexualidade com um sentimento que só pode ser classificado como horror. Como diz Edgerton, as pessoas chegam a sentir náusea com a mera visão da genitália de um intersexual ou até ao ouvir falar sobre intersexualidade. "Como um enigma moral e legal", Edgerton continua, "existem poucos iguais". Um intersexual pode casar? O serviço militar é relevante? Que sexo será registrado na certidão de nascimento? É possível mudar o sexo desta pessoa de uma forma adequada? É psicologicamente aconselhável, ou mesmo viável, que uma pessoa que foi criada como uma menina de repente se torne um menino? Como é que um intersexual pode se comportar nos chuveiros da escola, ou em banhos públicos, ou no namoro? Obviamente, o senso comum chegou ao limite de suas forças...

A reação é encorajar o intersexual, normalmente com grande veemência e às vezes com algo mais que isso, a adotar um dos dois papéis, o masculino ou o feminino.

Por isso muitos intersexuais "passam por normais" a vida inteira, um comportamento que exige um sem número de estratagemas cuidadosamente preparados. Outros buscam por si mesmos ou são forçados a se submeterem a operações que "corrigem" sua condição, pelo menos cosmeticamente, e se transformam em homens ou mulheres "legítimos". Fora de espetáculos circenses, só permitimos uma solução para o dilema da intersexualidade, uma solução que o intersexual é forçado a adotar para acalmar a sensibilidade dos demais. "Todas as pessoas envolvidas", escreve Edgerton, "de pais a médicos, são induzidas a descobrir em qual dos dois sexos naturais o intersexual se encaixa de forma mais adequada, e a ajudar ao ambíguo, incôngruo e enervante *it* a transformar-se em um *ele* ou em uma *ela*, que seja pelo menos parcialmente aceitável. Em suma, se os fatos não estão à altura de suas expectativas, mude os fatos, ou, se isto não é possível, pelo menos disfarce-os."

Até aqui o que fazem os selvagens. Voltando-nos para os navajo, entre os quais W.W. Hill fez um estudo sistemático do hermafroditismo, já em 1935, vemos que o quadro é bastante diferente. Para eles também, a intersexualidade é anormal, é claro, mas, ao invés de provocar horror e nojo, evoca admiração e respeito. O intersexual é visto como alguém que recebeu uma bênção divina e que passa esta bênção para outras pessoas. Não só são respeitados, são praticamente adorados. "Eles sabem tudo", diz um dos informantes de Hill, "podem fazer tanto o trabalho de um homem como o de uma mulher. Acho que quando eles (os intersexuais) desaparecerem, será o fim dos navajo." Outro informante declara: "Se não existissem intersexuais, a nação mudaria. Eles são responsáveis por toda a riqueza da nação. Se não houvesse mais nenhum deles, os cavalos, os carneiros e os navajo também desapareceriam. Eles são líderes, assim como o Presidente Roosevelt". Diz um terceiro informante: "Um (intersexual) na cabana navaja traz boa sorte e riquezas. É muito importante para a nação ter um (intersexual) por perto". E assim por diante.

O bom-senso dos navajo, portanto, vê a anomalia da intersexualidade – pois, como disse anteriormente, aos olhos dos navajo o intersexual não parece menos anômalo que aos nossos olhos, pois a intersexualidade não *é* uma anomalia menor entre eles – sob uma luz bastante diferente daquela sob a qual nós a vemos. A interpretação da intersexualidade, não como um horror, mas sim como uma bênção, conduz a uma série de conceitos que, para nós, são tão estranhos como o dizer que o adultério causa acidentes na caça, ou que o incesto causa lepra. Para os navajo, no entanto, estes conceitos são o tipo de coisa que qualquer pessoa com "a cabeça no lugar" tem, obrigatoriamente, que achar correto. Acreditam, por exemplo, que se os genitais de um animal intersexual (que também são muito valorizados) são esfregados na cauda das ovelhas e das cabras, e depois nas narinas dos carneiros e dos bodes, o rebanho cresce e produz mais leite. Ou que pessoas intersexuais devem ser chefes de família e ter controle total sobre as propriedades familiares, pois assim essas propriedades também aumentarão. Muda-se umas poucas interpretações sobre uns poucos fatos curiosos, e muda-se, pelo menos neste caso, toda uma forma de pensar. Não mais averigue e resolva, mas sim admire e respeite.

Finalmente, a tribo do Leste Africano, os pokot, tem ainda uma terceira visão da intersexualidade. Como os norte-americanos, não valorizam os intersexuais; mas, como os navajo, não se ofendem ou ficam horrorizados com sua existência. Consideram-os, de uma forma bastante casual, como meros erros. São como um pote quebrado, imagem aparentemente muito popular na África. "Deus errou", dizem eles, em vez de afirmar que "os deuses nos propiciaram um presente maravilhoso" ou que "estamos diante de um monstro inclassificável".

Os pokot acham que o intersexual é inútil – não pode reproduzir e assim aumentar a patrilinearidade como um homem normal, nem pode ter um dote como qualquer mulher normal. Nem sequer pode se entregar àquilo que os pokot consideram "a coisa que dá maior prazer", o sexo. Muitas vezes crianças intersexuais são mortas, com a mesma despreocupação com a qual se jogaria fora um pote malfeito (microcefálicos, infantes sem membros, ou animais que nasçam com deformações profundas também são assassinados); outras vezes, com uma atitude igualmente despreocupada, lhes permitem viver. As vidas que levam são bastante desgraçadas, mas não são párias – simplesmente são ignorados ou solitários, e tratados com a indiferença com que se tratam objetos, principalmente objetos malfeitos. Economicamente falando, sua situação é melhor que a de um pokot normal, pois não sofrem as demandas financeiras do parentesco que drenam as riquezas, nem têm as distrações da vida familiar que prejudicam o acúmulo destas. Nessa linhagem segmentar aparentemente típica, e em um sistema onde conta a riqueza da noiva, os intersexuais não têm um lugar específico. Quem precisa deles?

Um dos casos considerados por Edgerton confessa ser profundamente infeliz. "Eu só durmo, como e trabalho. Que mais posso fazer? Deus errou." E um outro diz: "Deus me fez assim. Não há nada que eu possa fazer. Todos os outros podem viver como um pokot. Eu não sou um verdadeiro pokot". Em uma sociedade onde o bom-senso estigmatiza, considerando até um homem que tenha órgãos normais, mas não tenha filhos como uma figura lastimável, e onde uma mulher estéril não chega a ser considerada uma pessoa, a vida de um intersexual é a própria imagem da futilidade. Ele é "inútil" em uma sociedade que, considerando útil qualquer coisa que se relacione com gado, esposas e filhos, valoriza a "utilidade" ao extremo.

Em suma, a provisão de certos dados não significa que todo o demais é mera consequência. O bom-senso não é aquilo que uma mente livre de artificialismo apreende espontaneamente; é aquilo que uma mente repleta de pressuposições – o sexo é uma força que desorganiza, ou um dom que regenera, ou um prazer prático – conclui. Deus pode ter feito os intersexuais, mas o homem fez o resto.

III

Isso não é tudo, porém. O que o homem fez foi uma estória autoritária. Como o *Rei Lear*, ou o Novo Testamento, ou mecânica quantum, o bom-senso é uma forma de explicar os fatos da vida que afirma ter o poder de chegar ao âmago desses fatos. Na verdade, é algo assim como um adversário natural das estórias mais sofisticadas, quando essas existem, e, quando não existem, das narrativas fantasmagóricas de sonhos e mitos. Como uma estrutura para o pensamento, ou uma espécie de pensamento, o bom-senso é tão autoritário quanto qualquer outro: nenhuma religião é mais dogmática, nenhuma ciência mais ambiciosa, nenhuma filosofia mais abrangente. Os tons que apresentam são diferentes, e também são distintos os argumentos com os quais se justificam, mas, como essas outras áreas – ou como a arte e a ideologia –, o bom-senso tem a pretensão de ir além da ilusão para chegar à verdade, ou, como costumamos dizer, chegar às coisas como elas *realmente* são. "Sempre que um filósofo diz que alguma coisa é 'realmente real'", para citar uma vez mais aquele moderno e famoso defensor do bom-senso, G.E. Moore, "você pode estar realmente certo de que o que ele disse ser 'realmente real' não é real, realmente". Quando um Moore, um Dr. Johnson, um oleiro azandiano, ou um hermafrodita pokot dizem que alguma coisa é real, fique certo de que eles estão falando sério.

E o pior é que sabemos muito bem disso. É precisamente nos "tons" – no tipo de som que suas observações expressam, na visão do mundo que suas conclusões refletem – que as diferenças do bom-senso devem ser procuradas. O conceito propriamente dito, como uma categoria fixa e etiquetada, um domínio semântico fechado, não é, obviamente, universal; no entanto, assim como a religião, a arte, e as demais disciplinas, é mais ou menos parte desta nossa forma cotidiana de distinguir os gêneros da expressão cultural. E, como vimos, seu conteúdo real, assim como o conteúdo da religião, da arte e das demais áreas, varia tão radicalmente de um lugar ou período para outros lugares ou períodos, que não nos deixa muita esperança de descobrir uma uniformidade em sua definição e conteúdo, uma estória original que seja sempre repetida. Só é possível caracterizar transculturalmente o bom-senso (ou qualquer um dos outros gêneros semelhantes) isolando o que poderia ser chamado de seus elementos estilísticos, as marcas da atitude que lhe dá seu cunho específico. Como a voz da devoção, a voz da sanidade soa de forma muito semelhante, seja o que for que diga; a coisa que o saber cotidiano tem em comum, onde quer que se manifeste, é o jeito irritante de saber cotidiano com que é dito.

Como exatamente formular a especificidade destes elementos estilísticos, dessas marcas da atitude, dessas variações de tonalidade – ou qualquer outro nome que lhes queiramos dar – é um tanto ou quanto problemático, pois não existe um vocabulário já elaborado com o qual expressá-lo. Neste caso, seria um mau começo simplesmente inventar termos novos, pois o que desejamos é caracterizar o que é familiar e não descrever o desconhecido. A única solução, portanto, é expandir o significado de termos conhecidos como faz um matemático quando diz que uma evidência é profunda, ou um crítico quando afirma que uma pintura é casta, ou um conhecedor de vinhos quando se refere a um Bordeaux como agressivo. As palavras que eu pessoalmente gostaria de usar desta mesma forma, referindo-me ao bom-senso, e adicionando um sufixo que transforme cada uma delas em um substantivo, são: natural, prático, leve, não metódico, acessível. Teríamos, assim, algo como "naturalidade", "praticabilidade", "leveza", "não metodicidade" e "acessibilidade". Essas seriam, então, as propriedades – um tanto ou quanto incomuns – que eu atribuiria ao bom-senso em geral, em seu sentido de forma cultural presente em qualquer sociedade.

A primeira destas quase qualidades – naturalidade – é talvez a mais essencial. O bom-senso apresenta temas – isto é, alguns temas, e não outros – como sendo o que são porque esta é a natureza das coisas. Dá a todos os temas que seleciona e sublinha um ar de "isto é óbvio", um jeito de "isto faz sentido". São retratados como inerentes àquela situação, como aspectos intrínsecos à realidade, como "é assim que as coisas funcionam". Isto acontece mesmo em se tratando de uma anomalia como a intersexualidade. O que diferencia a atitude dos norte-americanos sobre intersexualidade das outras duas atitudes examinadas não é o fato de que, para eles, pessoas com órgãos bissexuais pareçam tão mais peculiares e sim, que sua peculiaridade lhes parece antinatural, uma contradição nos termos estabelecidos pela existência. Os navajo e os pokot, mesmo que de formas diferentes, veem o intersexual como um produto, ainda que pouco comum, do curso normal das coisas – prodígios doados pelos deuses ou potes quebrados – enquanto que os norte-americanos, se é que seu ponto de vista está sendo retratado de forma adequada, aparentemente creem que a feminilidade e a masculinidade esgotam as categorias naturais que podem ser atribuídas aos seres humanos: qualquer coisa entre um e outro é a escuridão, é uma ofensa à razão.

No entanto, a naturalidade como uma das características do tipo de estórias sobre a realidade a que damos o nome de bom-senso, pode ser melhor apreciada em exemplos menos extraordinários. Entre os aborígines australianos, para escolher aleatoriamente um exemplo entre muitos, todo um conjunto de elementos da paisagem física – principalmente cangurus, casuares, larvas de mariposa, e outras coisas semelhantes – são considerados produtos das atividades de antepassados totêmicos durante aquele tempo-fora-do-tempo que, em inglês, chama-se "the dreaming [o sonhar]". Como observou Nancy Munn, na visão dos aborígines, esta transformação de antepassados humanos em elementos da natureza ocorre pelo menos de três maneiras: através da metamorfose propriamente dita, quando o corpo de um antepassado se transforma em um objeto material; por impressão, ou seja, quando o antepassado deixa a marca de seu corpo ou de algum outro instrumento que usa; e por meio daquilo que ela chama de externalização, quando o antepassado retira algum objeto de seu próprio corpo e se desfaz dele. Assim, uma colina rochosa ou até mesmo uma pedra podem ser considerados um antepassado cristalizado ("ele não morreu", dizem os informantes, "apenas parou de se movimentar e 'tornou-se a nação'"); um poço natural, ou até um campo inteiro, podem ser a marca deixada pelas nádegas de um ancestral que, passeando por ali, sentou-se para descansar exatamente naquele lugar; e vários outros tipos de objetos materiais – cruzes de barbante ou pedaços de madeira de forma oval – foram desenhados por algum canguru ou cobra primitivos com seus ventres respectivos e "deixados para trás" quando esses continuaram seu caminho. Sem aprofundar-nos nos detalhes de todas estas crenças (que são profundamente complexas), o mundo externo com que os aborígines se confrontam não é nem uma realidade em branco, nem alguma espécie complexa de objeto metafísico, mas sim o produto natural de eventos transnaturais.

O que demonstra este exemplo específico, aqui descrito tão elipticamente, é que a naturalidade que, como uma propriedade modal, caracteriza o bom-senso, não depende, ou pelo menos não depende necessariamente, daquilo que chamaríamos de naturalismo filosófico – ou seja, a visão segundo a qual não existe nada no céu ou na terra que não possa ser imaginado pela mente temporal. Na verdade, para os aborígines, bem assim como para os navajo, a naturalidade do mundo cotidiano é uma expressão direta, uma resultante de uma parte do ser à qual se atribui um conjunto bastante diferente de quase qualidades – "grandiosidade", "seriedade", "mistério", "diversidade". Aos olhos aborígines, o fato de que os fenômenos naturais de seu mundo físico são o que restou das ações de cangurus invioláveis e cobras taumatúrgicas não torna esses fenômenos menos naturais. Assim, se um córrego qualquer surgiu porque Possum, por acaso, deslizou sua cauda exatamente naquele pedaço de chão, esse córrego não se torna diferente dos outros tantos córregos. Pode ser, talvez, mais importante do que córregos vistos com nossos olhos, ou pelo menos diferente deles; mas de qualquer maneira, nos dois casos, a água sempre corre colina abaixo.

Um argumento bastante abrangente, aliás. O progresso da ciência moderna afetou seriamente – embora talvez não tão seriamente quanto às vezes imaginamos – os conceitos do bom-senso ocidental. Se é ou não verdade que o homem comum se transformou em um autêntico Copérnico (e, de minha parte, duvido muito, pois para mim o sol ainda se levanta e brilha sobre a terra), pelo menos foi induzido, e há muito pouco tempo, a acreditar na versão de que as doenças são causadas por germes. Até um simples programa de televisão demonstra esta verdade. No entanto, como também fica claro em um simples programa de televisão, o homem comum não vê essa afirmação como parte de uma teoria científica articulada, e sim como um pouco de bom-senso. Ele pode ter ultrapassado o estágio de "alimente o resfriado para matar a febre de fome", mas só chegou até "escove os dentes duas vezes ao dia e visite o dentista duas vezes por ano". Podemos argumentar que o mesmo sucede com a arte – não havia nevoeiro em Londres até que Whistler o pintou, e assim por diante. A naturalidade que os conceitos do bom-senso dão a seja lá o que for que eles dão naturalidade – beber água em córregos rápidos é melhor que beber água em córregos lentos, ou não ficar no meio de multidões quando existe uma epidemia de gripe – pode depender de outros tipos bem diferentes de versões estranhas sobre o funcionamento das coisas (também, é claro, pode não ser bem assim: a afirmação de que "o homem terá problemas quando as andorinhas levantam voo" será tanto mais persuasiva quanto maior for nossa experiência de vida, e o tempo que tivermos para descobrir como ela é terrivelmente verdadeira).

A segunda característica, "praticabilidade", pode ser mais facilmente observável a olho nu que as outras em minha lista, porque, normalmente, quando dizemos que um indivíduo, uma ação, ou um projeto demonstram falta de bom-senso, o que queremos realmente dizer é que não são práticos. O indivíduo, mais cedo ou mais tarde, vai ter que despertar para a realidade, a ação está caminhando rapidamente para o fracasso e o projeto não vai funcionar. Mas, justamente porque parece tão mais óbvia, essa quase qualidade é mais suscetível de ser interpretada erroneamente. Pois não se trata aqui de "praticabilidade" no sentido estritamente pragmático de "utilidade", mas sim, em um sentido mais amplo, aquilo que, na filosofia popular, seria chamado de sagacidade. Quando aconselhamos alguém a "ser sensato", nossa intenção não é tanto dizer que ele deve se tornar um utilitário, mas sim que ele deve ser mais "vivo": mais prudente, mais equilibrado, não perder a bola de vista, não comprar gato por lebre, não chegar muito perto de cavalos lentos ou de mulheres rápidas, enfim, deixar que os mortos enterrem os mortos.

Como parte da discussão mais ampla que mencionei anteriormente, sobre os inventários culturais de povos "mais simples", existiu uma espécie de debate sobre se "primitivos" têm qualquer interesse em assuntos empíricos que não se relacionem, e não se relacionem de forma bastante direta, com seus objetivos materiais imediatos. Esta é a visão – isto é, que eles *não* têm interesse – bastante aceita por Malinowski, e que Evans-Pritchard utiliza, em uma passagem que deliberadamente omiti quando o citei acima, referindo-se aos azande. "Eles têm um profundo conhecimento prático da parte da natureza que se relaciona com seu bem-estar. Quanto ao restante, não tem para eles nenhum interesse científico ou apelo sentimental." Discordando desta afirmação, outros antropólogos, dos quais Lévi-Strauss é, se não o primeiro, pelo menos o mais enfático, argumentaram que "primitivos", "selvagens", ou seja lá qual for o nome que lhes deem, elaboram e até sistematizam conjuntos de conhecimentos empíricos que não parecem ter qualquer utilidade prática para eles. Algumas tribos das Filipinas conseguem distinguir mais de seiscentos tipos de plantas, a que atribuíram nomes, a maioria das quais não são nem utilizadas, nem utilizáveis, e algumas delas só são encontradas raramente. Os índios americanos do nordeste dos Estados Unidos e do Canadá possuem uma taxonomia elaborada de espécies de répteis que eles não comem nem vendem. Alguns índios do sudeste – os pueblanos – deram nomes a todas as espécies de árvores coníferas da região, sendo que a maior parte delas são tão semelhantes que mal se distinguem umas das outras, e nenhuma oferece qualquer lucro material aos índios. Os pigmeus do Sudeste Asiático são capazes de distinguir os tipos de folha das quais se nutrem mais de quinze espécies de morcegos diferentes. Em oposição ao utilitarianismo primitivo da visão de Evans-Pritchard – aprenda tudo aquilo cujo conhecimento lhe traz algum lucro e deixe o restante para a feitiçaria – temos a visão intelectual primitiva de Lévi-Strauss – aprenda tudo que sua mente o induza a aprender e classifique este conhecimento em categorias. "É possível que repliquem", escreveu Lévi-Strauss, "que uma ciência deste tipo (isto é classificação botânica, observações herpetológicas etc.) pode não ter um resultado muito prático. A resposta para isso é que seu objetivo principal não é prático. Ela atende às demandas do intelecto mais que, ou em vez de, à satisfação de necessidades [materiais].

É quase certo que hoje existe um consenso em torno do argumento desenvolvido por Lévi-Strauss que discorda da visão de Evans-Pritchard – os "primitivos" *têm* interesse em várias coisas que não são úteis nem para seus planos de vida, nem para seus estômagos. Porém, isto não é tudo o que se tem a dizer sobre o assunto. Pois esses povos não classificam aquelas plantas todas, nem distinguem tantas espécies de cobras ou categorizam um número enorme de tipos de morcegos, simplesmente porque sentem alguma paixão cognitiva avassaladora que emana das estruturas inatas localizadas no fundo de sua mente. Em um meio ambiente povoado de árvores coníferas, cobras ou morcegos que comem folhas, é prático saber tudo que se pode saber sobre árvores coníferas, cobras ou morcegos que comem folhas, seja este conhecimento materialmente útil no sentido exato da palavra ou não, pois a "praticabilidade" de que falamos consiste precisamente neste tipo de conhecimento. A "praticabilidade" do senso comum e também sua "naturalidade" são qualidades que o próprio bom-senso outorga aos objetos e não que os objetos outorgam ao bom senso. Se, para nós, examinar um programa de corrida de cavalos pode parecer uma atividade prática e caçar borboletas não, não é porque o primeiro é útil e o segundo não o é; a razão é que o primeiro é visto como resultado de um esforço, ainda que mínimo, que deverá ser feito para que possamos saber exatamente o que é quê; a segunda atividade, entretanto, por mais encantadora que seja, não exige maior esforço.

A terceira das quase qualidades que o bom-senso atribui à realidade, "leveza", é, como modéstia em um queijo, bastante difícil de formular em termos mais explícitos. "Simplicidade" ou mesmo "literalidade" podem servir tão bem quanto "leveza", ou até expressar melhor a ideia, pois trata-se aqui daquela vocação que o bom-senso tem para ver e apresentar este ou aquele assunto como se fossem exatamente o que parecem ser, nem mais nem menos. A frase de Butler que citei acima – "tudo é aquilo que é, e nenhuma outra coisa" – expressa essa qualidade perfeitamente. O mundo é aquilo que uma pessoa bem desperta e sem muitas complicações acha que é. Sobriedade, e não sutileza, realismo, e não imaginação, são as chaves para a sabedoria; os fatos que realmente importam na vida estão espalhados pela superfície, e não escondidos dissimuladamente em suas profundezas. Não é preciso, e mais, é um erro fatal, negar a obviedade do óbvio, como fazem com tanta frequência os poetas, intelectuais, padres e outros complicadores do mundo por profissão. Como diz um provérbio holandês, a verdade é tão simples como a água clara.

Além disso, como os filósofos exageradamente sutis de Moore que tinham discussões profundas sobre a realidade, os antropólogos frequentemente constroem complexidades conceituais que eles mesmos passam adiante como se fossem fatos culturais, pela simples razão de que não entenderam que muito do que lhes tinha sido dito por seus informantes, ainda que soasse estranho a seus ouvidos educados, era literal. Alguns dos bens mais importantes no mundo não estão escondidos sob uma máscara de aparência enganosa, nem são coisas que deduzimos graças a sugestões discretas ou deciframos por meio de sinais equívocos. Acredita-se que eles estejam bem ali, onde pedras, mãos, canalhas e triângulos eróticos estão, invisíveis apenas para aqueles que são inteligentes. Leva-se algum tempo (ou pelo menos eu levei algum tempo) para entender que, quando todos os membros da família de um menino javanês me diziam que ele tinha caído de uma árvore e quebrado a perna, porque seu avô, já falecido, o tinha puxado, já que a família tinha esquecido de cumprir uma obrigação ritual que era devida a este avô, para eles, aquilo era o começo, o meio e o fim do assunto; era exatamente o que eles achavam que tinha acontecido, era *tudo* que eles achavam que tinha acontecido, e ficaram perplexos com o fato de eu estar perplexo por eles não demonstrarem a menor perplexidade. E quando, em Java, depois de escutar uma estória longa e complicada contada por uma camponesa velha e analfabeta – um tipo clássico, se é que existem tipos clássicos – sobre o papel que a "cobra do dia" desempenha quando os javaneses querem saber se é ou não aconselhável viajar, dar uma festa, ou contrair matrimônio (a estória era, na verdade, uma série de relatos deliciosos sobre as tragédias que haviam ocorrido – carruagens que viraram, tumores que apareceram, fortunas que se dissolveram – quando tinham ignorado a cobra) perguntei como era essa cobra do dia, e o que ouvi foi: "Não seja bobo! a gente não pode ver a terça-feira, pode?", comecei a perceber que até as coisas que são evidentes só são evidentes aos olhos dos que as estão vendo. A frase "O mundo se divide em fatos" pode ter lá seus defeitos como um *slogan* filosófico ou um credo científico; mas é graficamente exato, como um epítome da "leveza" – "simplicidade", "literalidade" – que o bom-senso imprime à experiência.

Quanto à "não metodicidade", a outra qualidade a qual também não demos um nome lá muito adequado que os conceitos resultantes do bom-senso atribuem ao mundo, esta serve simultaneamente aos prazeres da inconsistência – tão reais para todos os seres humanos que não sejam exageradamente acadêmicos (como disse Emerson: "uma consistência descabida é o demônio das mentes pequenas"; ou, nas palavras de Whitman: "Eu me contradigo, portanto, eu me contradigo.

Contenho as multidões") – e àqueles outros prazeres semelhantes, também sentidos por todos os homens a não ser os exageradamente obsessivos, que têm origem na diversidade insubmissa da vida ("o mundo está repleto de um número de coisas"; "A vida é um raio de coisas uma atrás das outras"; "Se você acha que entendeu a situação, isso só prova que você está mal-informado"). O saber do bom-senso é, descarada e ostensivamente, *ad hoc*. Vem na forma de epigramas, provérbios, *obiter dicta*, piadas, relatos, *contes morals* – uma mistura de ditos gnômicos – e não em doutrinas formais, teorias axiomáticas, ou dogmas arquitetônicos. Silone disse em algum lugar que os camponeses do sul da Itália passam a vida intercambiando provérbios como se estes fossem presentes valiosos. As formas em que o bom-senso se apresenta, em outras partes do mundo, varia: ditos espirituosos mais trabalhados, como à la Wilde, versos didáticos à la Pope, ou fábulas com animais à La Fontaine; e, entre os clássicos chineses, talvez fossem citações embalsamadas. Seja lá qual for a forma em que se apresentem, não é sua consistência interna que os torna recomendáveis, mas precisamente o extremo oposto: "*Antes que cases, vê o que fazes*", mas "*Deus ajuda a quem cedo madruga*"; "*Remenda o pano, e dura um ano, remenda outra vez e dura um mês*", mas "*O que se leva dessa vida é o que se come e o que se bebe*" e assim por diante. Aliás, é nesta maneira sentenciosa de falar – que, em certo sentido, é a forma paradigmática da sabedoria popular – que a "não metodicidade" do bom-senso se destaca mais vividamente. Como exemplo, considere o seguinte feixe de provérbios Ba-Ila que extraí de Paul Radin (que, por sua vez, os extraiu de Smith and Dale):

> Cresça e então conhecerás as coisas do mundo.
> Irrite seus médicos e as doenças sairão rindo.
> A vaca pródiga jogou fora seu próprio rabo.
> É a hiena prudente que vive mais tempo.
> O deus que fala ganha a carne.
> Você pode se lavar, mas isso não quer dizer que você vai deixar de ser escravo.
> Quando a mulher de um chefe rouba, ela culpa os escravos.
> É mais fácil construir com uma bruxa do que com uma pessoa de língua falsa, pois este destrói a comunidade.
> É melhor ajudar um homem que está lutando do que um homem faminto, pois este não tem nenhuma gratidão.

E assim por diante. É um tipo de *pot-pourri* de conceitos discrepantes – que, como os anteriores, não são necessariamente, nem mesmo normalmente, expressos como provérbios – que, em geral, não só caracterizam os sistemas do bom-senso como também, e principalmente, os tornam capazes de captar a enorme variedade dos tipos de vida que existem no mundo. Aliás, os próprios Ba-Ila têm um provérbio que expressa justamente isso: "A sabedoria sai de um morro de formigas".

A última quase qualidade – última aqui, mas certamente não na vida real – a "acessibilidade" surge como uma consequência lógica das outras na medida em que estas são reconhecidas. Acessibilidade é simplesmente a presunção, na verdade a insistência, de que qualquer pessoa, com suas faculdades razoavelmente intactas, pode captar as conclusões do bom-senso, e, se estas forem apresentadas de uma maneira suficientemente verossímel, até mesmo adotá-las. É claro que há uma tendência a que se considere algumas pessoas – geralmente os mais velhos, algumas vezes os sofredores, ocasionalmente aqueles que são simplesmente grandiloquentes – mais sábias que outras, naquele tipo de sabedoria do "já passei por tudo isso". Por outro lado, diz-se das crianças, e, com bastante frequência, das mulheres, e ainda, dependendo do tipo de sociedade, das várias espécies de menos privilegiados, que são menos sábias que as outras pessoas. A isso acrescenta-se a explicação de que "são criaturas emocionais". Apesar dessas atribuições, não se pode dizer que existam especialistas em bom-senso reconhecidos como tal. Todos acham que são peritos no assunto. Sendo comum, o bom-senso está aberto para todos; é propriedade geral de, pelo menos – como diríamos –, todos os cidadãos estáveis.

Na verdade, seu tom é até antiespecialista, se não for antiintelectual; rejeitamos, e pelo que tenho observado, outras pessoas também rejeitam, qualquer reivindicação explícita de poderes especiais nesta área. Para este saber não existe qualquer conhecimento esotérico, nem técnicas especiais e talentos específicos, e pouco ou nenhum treinamento especializado, a não ser aquilo que, de forma mais ou menos redundante, chamamos de experiência, e, de forma mais ou menos misteriosa, de maturidade. Para expressá-lo de outra maneira, o bom-senso representa o mundo como um mundo familiar, que todos podem e devem reconhecer; e onde todos são, ou deveriam ser, independentes. Para viver naqueles subúrbios que chamamos de física, ou islamismo, ou direito, ou música, ou socialismo, é preciso satisfazer algumas exigências, e nem todas as casas estabelecem o mesmo tipo de imposição. Para viver nesse semissubúrbio que se chama bom-senso, onde todas as casas são *sans façon*, precisamos unicamente – como se dizia em outras épocas – estar em juízo perfeito e ter uma consciência prática, de acordo com a definição que as cidades de pensamento e linguagem específicos, de onde somos cidadãos, deem a essas virtudes tão laudáveis.

IV

Como começamos este capítulo com uma pictografia de ruas sem saída e avenidas, extraída de Wittgenstein, será bastante apropriado terminar com uma outra, que é ainda mais resumida: "Vemos uma estrada reta a nossa frente, mas é claro que não podemos utilizá-la, pois está permanentemente fechada"[2].

---

2. WITTGENSTEIN, L. *Philosophical Investigations*, p. 127.

Se quisermos demonstrar, ou mesmo sugerir (que é tudo o que me foi possível fazer) que o bom-senso é um sistema cultural, e que ele possui uma ordem única, passível de ser descoberta empiricamente e formulada conceptualmente, não o faremos através de uma sistematização de seu conteúdo, pois este é profundamente heterogêneo, não só nas várias sociedades, como em uma mesma sociedade – a sabedoria de um morro de formigas. Também não será viável esboçar algum tipo de estrutura lógica que seria adotada pelo senso comum onde quer que este se apresente, pois essa não existe. Nem sequer poderemos elaborar um sumário de conclusões substantivas a que o senso comum sempre nos faz chegar, pois neste caso tampouco existe um padrão. O único procedimento que nos resta, portanto, é o de tomarmos o desvio específico de evocar o som e os vários tons que são geralmente reconhecidos como pertencentes ao senso comum, aquela ruazinha paralela que nos leva a construir predicados metafóricos – noções aproximadas, como a de "leveza" – para podermos lembrar às pessoas aquilo que já sabem. Mudando a imagem, o senso comum tem algo assim como a síndrome dos objetos invisíveis: estão tão obviamente diante dos nossos olhos que é impossível encontrá-los.

Para nós, a ciência, a arte, a ideologia, o direito, a religião, a tecnologia, a matemática, e, hoje em dia, até a ética e a epistemologia são tão frequentemente considerados gêneros da expressão cultural, que isso nos leva a indagar (e a indagar, e a indagar) até que ponto os povos as possuem e, se as possuem, qual é a forma que tomam, e, dada esta forma, como podem iluminar a versão que temos desses gêneros. O mesmo não acontece com o senso comum. Este nos parece ser aquilo que resta quando todos os tipos mais articulados de sistemas simbólicos esgotaram suas tarefas, ou aquilo que sobra da razão quando suas façanhas mais sofisticadas são postas de lado. Mas se isto não é verdade, e ser capaz de distinguir giz de queijo, ou uma tomada elétrica de um focinho suíno, ou seu próprio ânus de seu cotovelo (a capacidade de ser "pé na terra" poderia ser outra quase qualidade atribuída ao senso comum) também forem considerados talentos tão positivos, ainda que não tão grandiosos como o ser capaz de apreciar motetes, acompanhar um argumento lógico, manter um contrato formal, ou demolir o capitalismo – todos estes dependentes de tradições de pensamento e sensibilidade elaboradas – então a investigação comparativa da "habilidade natural de evitarmos as imposições de contradições grosseiras, inconsistências palpáveis, e óbvias falsificações" (segundo a definição de senso comum da *História secreta da Universidade de Oxford*, publicada em 1726) deveria ser cultivada de uma forma mais deliberada.

Para a antropologia, tal iniciativa poderá significar novas formas de examinar problemas antigos, principalmente os que se relacionam com a maneira como a cultura é articulada e fundida, e uma mudança (que aliás teve início há bastante tempo) que a distancie de explicações funcionalistas sobre os mecanismos dos quais dependem as sociedades, e a aproxime de métodos que a auxiliem a interpretar as formas de vida existentes nos vários tipos de sociedade. Para a filosofia, no entanto, os efeitos podem ser mais sérios, pois possivelmente afetarão um conceito semiexaminado que lhe é muito caro. Aquilo que, para a antropologia, a mais matreira das disciplinas, seria apenas a mais recente em uma longa série de mudanças de enfoque, para a filosofia, a disciplina que mais se assemelha a um porco-espinho, poderá significar um abalo total.

Capítulo 5
A arte como um sistema cultural

I

Como é notório, é difícil falar de arte. Pois a arte parece existir em um mundo próprio, que o discurso não pode alcançar. Isso acontece mesmo quando ela é composta de palavras, como no caso das artes literárias, mas a dificuldade é ainda maior quando se compõe de pigmentos, ou sons, ou pedras, como no caso das artes não literárias. Poderíamos dizer que a arte fala por si mesma: um poema não deve significar e sim ser, e ninguém poderá nos dar uma resposta exata se quisermos saber o que *é* o *jazz*.

Artistas sentem isso mais do que ninguém. A maior parte deles considera o que foi escrito e dito sobre sua obra, ou sobre uma obra que admiram, quando muito, irrelevante e, no mínimo, uma distração que os afasta de seu trabalho. "Todos querem entender a arte", escreveu Picasso, "por que não tentam entender a canção de um pássaro...? Quem tenta explicar quadros, acaba se esforçando em vão"[1]. Ou, se isto parece demasiado *avant-garde*, podemos citar Millet, quando se opôs a que o classificassem como um saint-simonista: "Os comentários sobre meu livro *Man with a hoe* me parecem muito estranhos, e lhe agradeço por ter me informado sobre eles, pois isso me deu mais uma oportunidade de me maravilhar com as ideias que me atribuem. Meus críticos são pessoas de bom gosto e educação, mas não sou capaz de colocar-me no lugar deles, e como, desde que nasci, nunca vi outra coisa senão o campo, tento expressar da melhor forma possível o que vi e o que senti quando trabalhava"[2].

Qualquer pessoa que seja sensível a formas estéticas partilha desse sentimento. Até mesmo aqueles entre nós que não são nem místicos nem sentimentais, e nem dados a ímpetos de devoção estética, se sentem pouco à vontade quando discursam prolongadamente sobre uma obra de arte na qual julgam ter visto algo de valor.

1. Apud GOLDWATER, R. & TREVES, M. *Artists on art*. Nova York, 1945, p. 421.

2. Cf. ibid., p. 292-293.

Aquilo que vimos, ou que imaginamos ter visto, parece ser tão maior e tão mais importante que o que logramos expressar com nossa balbúcie, que nossas palavras soam vazias, cheias de ar, até falsas. Após qualquer conversa sobre arte, a expressão "quando não somos capazes de falar, devemos ficar em silêncio" chega a parecer uma doutrina bastante aceitável.

À exceção daqueles que são verdadeiramente indiferentes à Arte, no entanto, pouquíssimas pessoas, e entre elas os próprios artistas, conseguem manter esse silêncio. Ao contrário, a percepção de algo importante em alguma obra especial, ou nas artes de um modo geral, encoraja comentários incessantes, sejam estes falados ou escritos. Não podemos simplesmente esquecer em seu canto, banhando-se em sua própria significância, algo que significa tanto para nós. Portanto, descrevemos, analisamos, comparamos, julgamos, classificamos; elaboramos teorias sobre criatividade, forma, percepção, função social; caracterizamos a arte como uma linguagem, uma estrutura, um sistema, um ato, um símbolo, um padrão de sentimento: buscamos metáforas científicas, espirituais, tecnológicas, políticas; e se nada disso dá certo, juntamos várias frases incompreensíveis na expectativa de que alguém nos ajudará, tornando-as mais inteligíveis. À inutilidade superficial de uma conversa sobre arte parece corresponder uma necessidade profunda de falar sobre ela incessantemente. E é esta situação bastante peculiar que quero investigar aqui, parcialmente para explicá-la, e, mais importante, para tentar descobrir se o fato de que ela existe tem ou não consequências.

Em quase todo o mundo fala-se da arte em termos que poderíamos chamar de artesanais – progressões de tonalidades, relações entre as cores, ou formas prosódicas. Esta tradição é ainda mais comum no Ocidente, onde temas como harmonia ou composição pictórica desenvolveram-se de tal forma que passaram a ser considerados como ciências menores e onde o movimento moderno, orientado para um formalismo estético cujo melhor representante no momento seria o estruturalismo, ou para os vários tipos de semiótica que buscam seguir-lhe os passos, não são senão uma tentativa de generalizar esta maneira de ver a arte, tornando-a mais abrangente, e elaborando uma linguagem técnica capaz de expressar as relações internas entre mitos, poemas, danças ou melodias em termos abstratos e permutáveis. Falar de arte em termos artesanais, no entanto, como nos lembram as teorias elaboradas sobre musicologia indiana, coreografia javanesa, versificação árabe, ou gravuras iorubas, não é uma abordagem característica unicamente do Ocidente ou da Idade Moderna. Mesmo os aborígines australianos, que são sempre o exemplo mais citado quando se fala de povos primitivos, analisam seus desenhos corporais e suas pinturas no solo, utilizando inúmeros elementos formais específicos a que deram nomes também específicos, como gráficos unitários em uma gramática icônica de representação[3].

---

3. Cf. MUNN, N.D. *Walbiri iconography*. Ithaca, N.Y., 1973.

O que é mais interessante, porém, e, a meu ver, mais importante, é que só no Ocidente e talvez só na Idade Moderna, surgiram pessoas (ainda uma minoria que, suspeitamos, está destinada a permanecer como minoria) capazes de chegar à conclusão de que falar sobre arte unicamente em termos técnicos, por mais elaborada que seja esta discussão, é o suficiente para entendê-la; e que o segredo total do poder estético localiza-se nas relações formais entre sons, imagens, volumes, temas ou gestos. Em qualquer parte do mundo, e mesmo, como mencionei anteriormente, para uma maioria entre nós, outros tipos de discurso cujos termos e conceitos derivam de interesses culturais que a arte pode servir, refletir, desafiar, ou descrever, mas não, por si só, criar, se congregam ao redor da arte para conectar suas energias específicas à dinâmica geral da experiência humana. "O objetivo de um pintor", escreveu Matisse, a quem ninguém pode acusar de dar pouco valor à forma, "não deve ser considerado separadamente de seus meios pictóricos, e, por sua vez, estes devem ser tanto mais completos (e não quero dizer mais complicados) quanto mais profundo for seu pensamento. Não consigo distinguir entre o sentimento que tenho pela vida e minha forma de expressá-lo"[4].

O sentimento que um indivíduo, ou, o que é mais crítico, já que nenhum homem é uma ilha e sim parte de um todo, o sentimento que um povo tem pela vida não é transmitido unicamente através da arte. Ele surge em vários outros segmentos da cultura deste povo: na religião, na moralidade, na ciência, no comércio, na tecnologia, na política, nas formas de lazer, no direito e até na forma em que organizam sua vida prática e cotidiana. Discursos sobre arte que não sejam meramente técnicos ou espiritualizações do técnico – ou pelo menos a maioria deles – têm, como uma de suas funções principais, buscar um lugar para a arte no contexto das demais expressões dos objetivos humanos, e dos modelos de vida a que essas expressões, em seu conjunto, dão sustentação. Mais que a paixão sexual e o contato com o sagrado, outros dois assuntos sobre os quais, mesmo quando necessário, também é difícil falar, não podemos deixar que o confronto com os objetos estéticos flutue, opaco e hermético, fora do curso normal da vida social. Eles exigem que os assimilemos.

O que isso implica, entre outras coisas, é que, em qualquer sociedade, a definição de arte nunca é totalmente intraestética; na verdade, na maioria das sociedades ela só é marginalmente intraestética. O maior problema que surge com a mera presença do fenômeno do poder estético, seja qual for a forma em que se apresente ou a habilidade que o produziu, é como anexá-lo às outras formas de atividade social, como incorporá-lo na textura de um padrão de vida específico. E esta incorporação, este processo de atribuir aos objetos de arte um significado cultural, é sempre um processo local; o que é arte na China ou no Islã em seus períodos clássicos, ou o que é arte no sudeste Pueblo ou nas montanhas da Nova Guiné, não é certamente a

4. Apud GOLDWATER, R. & TREVES, M. *Artists on art*. p. 410.

mesma coisa, mesmo que as qualidades intrínsecas que transformam a força emocional em coisas concretas (e não tenho a menor intenção de negar a existência destas qualidades) possa ser universal. A variedade, que os antropólogos já aprenderam a esperar, de crenças espirituais, de sistemas de classificação, ou de estruturas de parentesco que existem entre os vários povos, e não só em suas formas mais imediatas, mas também na maneira de estar no mundo que encorajam e exemplificam, também se aplica a suas batidas de tambor, a seus entalhes, a seus cantos e danças.

É a incapacidade de compreender essa variedade que leva a muitos dos estudiosos da arte não ocidental, principalmente daquela a que chamamos de "arte primitiva", a expressar um tipo de comentário que ouvimos com frequência: que os povos dessas culturas não falam, ou falam pouco, sobre arte. O que esses comentários, na verdade, querem dizer, é que, a não ser de forma lacônica, ou críptica, como se tivessem muito pouca esperança de serem compreendidos, os povos que esses estudiosos observam não falam de arte como eles, estudiosos, falam, ou como gostariam que os objetos de seus estudos falassem: em termos de suas propriedades formais, de seu conteúdo simbólico, de seus valores afetivos, e de seus elementos estilísticos.

Não há dúvida, porém, de que esses povos falam sobre a arte, como falam sobre qualquer coisa fora do comum, ou sugestiva, ou emocionante que surja em suas vidas – dizem como deve ser usada, quem é seu dono, quando é tocado, quem toca, ou quem faz, que papel desempenha nessa ou naquela atividade, pelo que pode ser trocado, qual seu nome, como começou, e assim por diante. Na maioria das vezes, porém, essas informações não são consideradas um discurso sobre arte, mas sim sobre alguma outra coisa – vida cotidiana, mitos, comércio, ou coisas semelhantes. Para aquele que não sabe do que gosta, mas sabe o que é arte, o que faz um Tiv quando passa horas costurando ráfia em um pedaço de tela antes de ter a coragem de tingi-la (ele nem examina o que já fez, até que o trabalho esteja completamente terminado), ou o que diz, como um deles disse a Paul Bohannan, "se o desenho sair ruim, eu vendo para os Ibo; se sair bom, eu fico com ele; se sair muito, muito bom eu dou para minha sogra", não parece estar relacionado com sua obra artística, mas sim com algumas de suas atitudes sociais[5]. A abordagem que se utiliza para a arte deste lado da estética ocidental (que, como nos lembra Kristeller, só surgiu em meados do século XVIII, junto com nosso conceito bastante peculiar de "belas-artes") e por qualquer tipo de formalismo *a priori*, nos cega para a própria existência dos dados que possibilitariam a construção de um estudo comparativo. O que nos sobra, como acontecia antes nos estudos sobre totemismo, casta, ou sistemas de dotes, e acontece ainda em estudos estruturalistas, é uma concepção externalizada de um fenômeno que, supostamente, está sendo inspecionado intensamente, quando, na realidade, não está nem mesmo na nossa linha de visão.

---

5. BOHANNAN, P. Artist and critic in an african society. In: OTTEN, C.M. (org.). *Anthropology and art*. Nova York: [s.e.], 1971, p. 178.

Pois, como não é nenhuma surpresa, Matisse estava certo: os meios através dos quais a arte se expressa e o sentimento pela vida que os estimula são inseparáveis. Assim como não podemos considerar a linguagem como uma lista de variações sintáticas, ou o mito como um conjunto de transformações estruturais, tampouco podemos entender objetos estéticos como um mero encadeamento de formas puras. Tomemos como exemplo um tema aparentemente tão transcultural e abstrato como a linha, e consideremos seu significado na escultura ioruba, segundo a descrição brilhante feita por Robert Faris Thompson[6]. A precisão linear, diz Thompson, a mera clareza do traço, é a preocupação principal dos escultores ioruba e daqueles que avaliam a obra do escultor. E o vocabulário de qualidades lineares, que os ioruba usam coloquialmente e em referência a um espectro de interesses muito mais amplo do que simplesmente a escultura, é sutil e extenso. E não são só suas estátuas, potes e outros objetos semelhantes, que os ioruba marcam com linhas: fazem o mesmo com seu rosto. Cortes em forma de linhas com profundidade, direção e comprimento variáveis, feitos no maxilar, tornam-se cicatrizes que servem como indicadores da linhagem, da posição pessoal, e do *status* daqueles que exibem as cicatrizes em suas faces; e a terminologia usada pelo escultor e pelo especialista em cicatrizes – "cortes" são diferentes de "talhos" e "espetadela" ou "marca de garras", de "fendas abertas" – são precisa e exatamente correspondentes, nos dois casos. Mas a importância do traço não termina aí. Os ioruba associam a linha com civilização: "Este país tornou-se civilizado", em ioruba, quer dizer, literalmente: "esta terra tem linhas em sua face". "'Civilização' em ioruba," continua Thompson,

> é *ilàjú* – rosto com marcas de linhas. O mesmo verbo que civiliza o rosto com marcas que identificam os membros de várias linhagens urbanas e citadinas civiliza a terra: *Ó ṣá kẹ́kẹ́; Ó sáko* (ele talhou as marcas [da cicatriz]; ele limpa o mato). O mesmo verbo que abre marcas em uma face yoruba, abre estradas ou fronteiras na floresta: *Ó lànọ̀n; Ó là ààlà; Ó lapa* (ele abriu uma nova estrada; ele demarcou uma nova fronteira; ele abriu um novo caminho). Na verdade, o verbo básico para cicatrizar (*là*) tem associações múltiplas relacionadas com a imposição de um padrão humano sobre a desordem da natureza: pedaços de madeira, o rosto humano, e a floresta, todos são 'abertos' [...] para permitir que a qualidade interior daquele objeto ou substância surja e se destaque[7].

A preocupação constante que os escultores ioruba têm com a linha, e com formas específicas de linha, nasce, portanto, de algo mais que um prazer desinteressado em suas propriedades intrínsecas, ou de problemas técnicos da escultura, ou mesmo

6. THOMPSON, R.F. Yoruba artistic criticism. In: d'AZAREDO, W.L. (org.). *The traditional artist in african societies*. Bloomington, Indiana: [s.e.], 1973, p. 19-61.

7. Ibid., p. 35-36.

de alguma noção cultural generalizada que poderíamos isolar e considerar como estética nativa. Ela surge como consequência de uma sensibilidade específica, em cuja formação participa a totalidade da vida – e segundo a qual o próprio significado das coisas são as cicatrizes com que os homens as marcam.

A compreensão desta realidade, ou seja, de que estudar arte é explorar uma sensibilidade; de que esta sensibilidade é essencialmente uma formação coletiva; e de que as bases de tal formação são tão amplas e tão profundas como a própria vida social, nos afasta daquela visão que considera a força estética como uma expressão grandiloquente dos prazeres do artesanato. Afasta-nos também da visão a que chamamos de funcionalista, que, na maioria das vezes, se opôs à anterior, e para a qual obras de arte são mecanismos elaborados para definir as relações sociais, manter as regras sociais e fortalecer os valores sociais. Nada muito mensurável aconteceria à sociedade ioruba se os escultores deixassem de se interessar pela delicadeza da linha, ou, ouso afirmar, pela própria escultura. Certamente, não entraria em colapso. Apenas algumas coisas sentidas não poderiam mais ser ditas e, talvez, depois de algum tempo, deixassem até de ser sentidas – e, com isso, a vida ficaria um pouco mais cinzenta. É claro que qualquer coisa pode ajudar uma sociedade a funcionar, inclusive a pintura e a escultura; como também qualquer coisa pode ajudá-la a se destruir totalmente. A conexão central entre a arte e a vida coletiva, no entanto, não se encontra neste tipo de plano instrumental e sim em um plano semiótico. A não ser muito indiretamente, os rabiscos coloridos de Matisse (em suas próprias palavras) e as composições de linhas dos ioruba não celebram uma estrutura social nem pregam doutrinas úteis. Apenas materializam uma forma de viver, e trazem um modelo específico de pensar para o mundo dos objetos, tornando-o visível.

Os sinais ou elementos simbólicos – o amarelo de Matisse, o talho ioruba – que compõem um sistema semiótico que, por razões teóricas, gostaríamos de chamar aqui de estético, têm uma conexão ideacional – e não mecânica – com a sociedade em que se apresentam. São, em uma frase de Robert Goldwater, documentos primários; não ilustrações de conceitos já em vigor, mas sim conceitos que buscam, eles próprios – ou para os quais as pessoas buscam –, um lugar significativo em um repertório de outros documentos também primários[8].

Para desenvolver o argumento de forma mais concreta, e para dissipar qualquer aura intelectualista ou literária que as palavras "ideacional" e "concepção" possam trazer consigo, examinemos por um momento alguns aspectos de um dos outros poucos debates sobre arte tribal que consegue ser sensível a preocupações semióticas sem desaparecer em um nevoeiro de fórmulas: a análise feita por Anthony Forge da pintura plana em quatro cores dos abelam da Nova Guiné[9]. Nas palavras de Forge,

---

8. GOLDWATER, R. Art and anthropology: some comparisons of methodology. In: FORGE, A. (org.). *Primitive art and society*. Londres: [s.e.], 1973, p. 10.

9. FORGE, A. Style and meaning in sepik art. In: FORGE (org.). A. *Primitive art and society*, p. 169-192. Cf. tb. FORGE, A. "The abelam artist". In: FREEDMAN, M. (org.). *Social organization*. Chicago: [s.e.], 1967, p. 65-84.

o grupo produz "acres de pintura" nas folhas estendidas de estapes de sagu, todas produzidas em circunstâncias relacionadas a algum tipo de culto. Em seus vários trabalhos, Forge esboça os detalhes destas circunstâncias. O que para nós é de interesse imediato, no entanto, é o fato de que, embora a pintura abelam vá desde o figurativo mais óbvio até à abstração total (uma distinção que não tem qualquer significado para eles, já que sua pintura é declamatória e não descritiva), ela se relaciona com os demais componentes do universo de experiências dos abelam através de um motivo quase obsessivamente recorrente: uma forma oval pontiaguda, que tem o mesmo nome que o ventre de uma mulher, e o representa. É claro que esta representação é ligeiramente icônica, mas, para os abelam, o poder da conexão relaciona-se menos com a técnica – que não é uma façanha assim tão extraordinária – e mais com o fato de que, a representação, em termos de cor e formas (a linha tem, para eles, pouco valor como elemento estético, enquanto que a pintura tem um poder mágico) lhes permite lidar com uma preocupação constante, preocupação esta que abordam de formas distintas no trabalho, nos ritos, e na vida doméstica: a criatividade natural da mulher.

O interesse pela distinção entre a criatividade feminina, que os abelam consideram pré-cultural, um produto da própria biologia feminina, e, portanto, primário, e a criatividade masculina, que consideram cultural, dependente do acesso que os homens tenham a poderes sobrenaturais através dos ritos, e, portanto, derivado, permeia toda a cultura abelam. As mulheres criaram a vegetação e descobriram o inhame que os homens comem. Foram as mulheres que se encontraram pela primeira vez com os seres sobrenaturais, de quem se tornaram amantes, até que seus homens começaram a suspeitar e, finalmente descobrindo o que se passava, fizeram destes entes sobrenaturais – agora transformados em esculturas de madeira – o foco central de suas cerimônias rituais. E, é claro, as mulheres produzem homens da inchação de seus ventres. O poder masculino, que depende dos ritos – um assunto que hoje os homens escondem zelosamente das mulheres –, está, portanto, encapsulado no poder feminino, que depende de fatores biológicos; e é este fato prodigioso que as pinturas cobertas de formas ovais vermelhas, amarelas, brancas e negras (Forge contou onze destas formas em um pequeno quadro composto quase que exclusivamente delas) "retratam".

Retratam de uma forma direta, mas não ilustrativa. Poderíamos mesmo argumentar que ritos, mitos e a organização da vida familiar ou da divisão do trabalho são ações que refletem os conceitos desenvolvidos na pintura da mesma forma que a pintura reflete os conceitos subjacentes da vida social. Todas essas questões são relacionadas com uma visão do mundo segundo a qual a cultura foi gerada no útero da natureza, como o homem foi gerado no ventre da mulher, e todas elas lhe dão um tipo específico de expressão. Como as linhas talhadas das esculturas ioruba, as formas ovais coloridas das pinturas abelam fazem sentido porque se relacionam com uma sensibilidade que elas mesmas ajudam a criar. No caso dos abelam, em vez de cicatrizes como sinais de civilização, temos pigmentos como símbolos do poder:

> Em geral, palavras referentes à cor (ou mais estritamente a tintas) são utilizadas somente para elementos relacionados com os ritos. Isso fica claro na forma como os abelam classificam a natureza. Os vários tipos de árvores, por exemplo, são sujeitos a uma classificação elaborada, mas [...] o critério utilizado na classificação são as sementes e o formato das folhas. Se a árvore dá ou não flores, e a cor das flores ou das folhas são raramente mencionados como um critério. De uma forma geral, os abelam só consideram importantes o hibisco e uma flor amarela, ambos utilizados como decorações [rituais] para os homens ou para o inhame. Plantas pequenas e suas flores, de qualquer cor, não despertam o menor interesse e são classificadas meramente como capim ou vegetação rasteira. O mesmo sucede com os insetos: todos aqueles que mordem ou ferroam são classificados cuidadosamente, mas as borboletas, por exemplo, formam uma classe única e extremamente ampla, independente de seu tamanho ou cor. Na classificação de espécies de pássaros, no entanto, a cor tem importância vital [...] pássaros, porém, são tótemes, e, ao contrário de borboletas e flores, são parte fundamental da esfera de ritos [...] Pareceria [...] que, para que a cor seja descrita, é preciso que seja objeto de interesse ritual. As palavras para as quatro cores são [...] na realidade, palavras para tintas. A tinta é uma substância essencialmente poderosa e talvez não seja tão surpreendente que o uso das palavras que se referem a cor seja restrito às partes do meio ambiente que foram selecionadas como relevantes para o ritual [...].
>
> A associação entre cor e importância ritual pode também ser observada na reação dos abelam a importações europeias. Revistas coloridas chegam, às vezes, até a aldeia, e, ocasionalmente, algumas de suas páginas são destacadas e pregadas às esteiras que forram a parte inferior da fachada da casa de cerimônias. As páginas selecionadas são as de cor mais vibrante, geralmente anúncios de comidas [...] [e] os abelam não tinham nenhuma ideia do que aquelas figuras representavam, mas achavam que com suas cores vivas e suas figuras incompreensíveis, aquelas páginas só poderiam ser (desenhos sacros) dos europeus, e, portanto, deveriam ter muito poder[10].

Vemos, portanto, que pelo menos em dois lugares, dois elementos tais como traço e cor que, à primeira vista, parecem ser tão resplandecentes por si mesmos,

---

10. FORGE, A. "Learning to See in New Guinea". In: MAYER, P. (org.). *Socialization, the Approach from Social Anthropology*. Londres: [s.e.], 1970, p. 184-186.

extraem sua vitalidade de algo mais que o apelo estético neles contido, por mais real que este seja. Sejam quais forem as capacidades inatas de reagir à delicadeza da escultura ou ao drama cromático, essas reações estão ligadas a interesses mais amplos, menos genéricos e com conteúdos mais profundos, e é essa conexão com o que é a realidade local que revela seu poder construtivo. A unidade da forma e do conteúdo é, onde quer que ocorra, e seja em que grau ocorra, um feito cultural e não uma tautologia filosófica. Para que possa existir uma ciência semiótica da arte é preciso que esta explique este feito. E, para explicá-lo, terá que dar mais atenção – do que normalmente se predispõe a dar – ao que se fala e ao que se fala além do discurso reconhecidamente estético.

II

Uma reação comum a esse tipo de argumento, especialmente quando surge entre antropólogos, é a que diz que esta união de forma e conteúdo pode ser adequada para povos primitivos que, sem muita reflexão, fundem os vários domínios de sua experiência em um todo gigantesco, mas que não se aplica a culturas mais desenvolvidas onde a arte emerge como uma atividade diferenciada, que responde principalmente a suas próprias necessidades. Como a maior parte destes contrastes fáceis entre povos que se encontram em lados opostos da revolução da escritura e da leitura, este também é falso, e para ambos os lados: é tanto uma subestimação da dinâmica interna da arte em – Como as chamaremos? Sociedades iletradas? – como uma sobrestimação da sua autonomia nas sociedades letradas. Deixemos de lado o primeiro tipo de erro – a noção de que as tradições artísticas como as dos ioruba e dos abelam não têm uma cinética própria – talvez com a intenção de tratar do assunto um pouco mais à frente. No momento, quero concentrar-me no segundo tipo de erro, examinando sucintamente a matriz da sensibilidade em dois empreendimentos estéticos bastante desenvolvidos e bastante distintos: a pintura do *quattrocento* e a poesia islâmica.

Para referências à pintura italiana, utilizarei como fonte principal o livro recente de Michael Baxandall, *Painting and experience in fifteenth century italy*, que usa exatamente o mesmo tipo de abordagem que defendo neste ensaio[11]. Baxandall busca definir o que ele chama de "o olhar da época" – ou seja, "a bagagem intelectual que o público de um pintor do século XV, isto é, outros pintores e as 'classes patrocinadoras', trazia no confronto com estímulos visuais complexos como quadros"[12]. Um quadro, diz ele, é sensível aos vários tipos de habilidade interpretativa – estruturas, categorias, inferências, analogias – que a mente lhe traz:

> A capacidade que um homem possa ter para distinguir uma certa forma, ou uma relação entre formas, irá influenciar a atenção com que ele examina

11. BAXANDALL, M. *Painting and experience in fifteenth century Italy.* Londres: [s.e.], 1972.

12. Ibid., p. 38.

um quadro. Se ele é capaz de notar relações proporcionais, por exemplo, ou se tem alguma prática em reduzir formas complexas transformando-as em conjuntos de formas mais simples, ou se possui um conjunto amplo de categorias para tonalidades diferentes de vermelho e de marrom, estas habilidades podem levá-lo a ordenar sua experiência da *Anunciação* de Piero della Francesca de uma maneira diferente daquela que seria utilizada por pessoas que não possuam estas habilidades, e de uma maneira muito mais rápida e profunda que a utilizada por pessoas cuja experiência de vida não incluiu tantas técnicas relevantes ao quadro. Pois é evidente que algumas qualidades perceptivas são mais relevantes para um determinado quadro que outras: um virtuosismo em classificar a maleabilidade de linhas flexíveis – uma técnica que muitos alemães, por exemplo, possuíam nessa época – não encontraria muito campo de ação na *Anunciação*. Muito daquilo que chamamos de "bom gosto" reside nisso, nessa conformidade entre as discriminações exigidas por um quadro e os talentos discriminatórios que o observador possui"[13].

O que, no entanto, é ainda mais importante, é que estas habilidades apropriadas, tanto no caso do observador como do pintor, não são, em sua maioria, inatas, como a sensibilidade retínica para distância focal, mas sim adquiridas através da experiência total de vida, neste caso, a de viver uma vida quatrocentista, vendo o mundo de um modo também quatrocentista:

> [...] parte da bagagem intelectual com a qual um homem ordena sua experiência visual é variável, e grande parte desta bagagem variável é culturalmente relativa, no sentido de que é determinada pela sociedade que influenciou a experiência de vida deste homem. Entre essas variáveis estão as categorias com as quais ele classifica seus estímulos visuais, o conhecimento que utilizará para complementar aquilo que a visão imediata lhe fornece, e a atitude que ele irá adotar com relação ao tipo de objeto artificial que vê. Ao olhar o quadro, o observador tem que utilizar todas as habilidades visuais que possui; poucas delas são normalmente específicas para a pintura, e provavelmente ele utilizará as habilidades que sua sociedade mais valoriza. O pintor reage a tudo isso; a capacidade visual de seu público deve ser seu veículo transmissor. Sejam quais forem suas habilidades e especializações profissionais, ele próprio é um membro da sociedade para a qual trabalha e partilha de sua experiência e costumes visuais[14].

13. Ibid., p. 34.

14. Ibid., p. 40.

O primeiro fator (embora, como dizem os abelam, somente o primeiro) a ser considerado neste argumento, é, obviamente, que a maior parte da pintura italiana do século XV era religiosa, não somente em seu tema, mas também nos fins que se destinavam a servir. Quadros tinham a função de tornar os seres humanos mais profundamente conscientes das dimensões espirituais da vida; eram um convite visual a reflexões sobre as verdades do cristianismo. Frente a uma imagem atraente da Anunciação, da Assunção da Virgem, da Adoração dos Reis Magos, da Exortação a São Pedro, ou da Paixão, o observador deveria complementá-la, refletindo sobre seu próprio conhecimento do evento, ou sobre seu relacionamento pessoal com os mistérios que a pintura registrava. "Pois uma coisa é adorar um quadro" – como se expressou um pregador dominicano defendendo a pureza da arte –, "e outra bem diferente é aprender o que adorar através de uma narrativa pintada"[15].

Apesar disso, a relação entre ideias religiosas e imagens pictóricas (e pessoalmente creio que isso se aplica à arte de um modo geral) não era meramente expositiva; quadros não eram ilustrações do catecismo. O pintor, ou pelo menos o pintor religioso, tinha como objetivo encorajar seu público a interessar-se pelas coisas primeiras e últimas, e não fornecer uma receita ou um substituto para este interesse, nem uma transcrição dele. Sua relação, ou mais exatamente a relação que sua pintura apresentava com a cultura a seu redor, era interativa, ou, como diz Baxandall, complementar. Referindo-se à *Transfiguração* de Giovanni Bellini, uma representação da cena que é bastante indefinida, quase tipológica, mas, ao mesmo tempo, maravilhosamente plástica, ele a chama de uma relíquia da cooperação entre Bellini e seu público – "a experiência que o século XV tem da *Transfiguração* era uma interação entre o quadro, a configuração na parede, e a atividade de visualização na mente do público – uma mente com equipamento e predisposições diferentes das nossas"[16]. Bellini podia contar com a colaboração de seu público, e desenhou seu painel para atrair essa colaboração, e não para representá-la. Sua vocação era construir uma imagem a que uma espiritualidade específica pudesse forçosamente reagir. Como observou Baxandall, o público não necessita aquilo que já possui. Necessita, sim, um objeto precioso, no qual lhe seja possível ver aquilo que sabe; precioso o bastante, para que, ao ver nele o que sabe, possa aprofundar esse seu conhecimento.

Existiam, na Itália do século XV, vários tipos de instituições culturais ocupadas em formar a sensibilidade do público, que convergiam com a pintura para criar o "olhar da época"; e nem todas eram religiosas, assim também como nem todos os quadros tinham motivos religiosos. Entre as instituições religiosas, talvez as mais importantes fossem os sermões populares, que classificavam e subclassificavam os eventos revelatórios e os personagens da mitologia cristã, e estabeleciam os tipos de

15. Apud em ibid., p. 41.

16. Ibid., p. 48.

atitude – inquietação, reflexão, questionamento, humildade, dignidade, admiração – apropriados para cada caso, bem como ofereciam máximas sobre como deveriam ser as representações visuais desses temas. "Pregadores populares [...] treinavam suas congregações em um conjunto de habilidades interpretativas que eram centrais para a resposta que o século XV dava à pintura"[17]. Os gestos eram classificados, as fisionomias caracterizadas, as cores transformadas em símbolos, e a aparência física das figuras principais discutida com um cuidado apologético. "*Vocês me perguntam*", um outro pregador dominicano anunciava,

> a Virgem era morena ou loura? Albertus Magnus diz que ela não era só morena, nem simplesmente ruiva, nem só loura. Pois qualquer uma dessas cores, sozinha, dá à pessoa uma certa imperfeição. É por essa razão que dizemos: "Deus me livre de um lombardo de cabelos ruivos" ou "Deus me livre de um alemão com cabelos negros" ou de um "espanhol com cabelos louros" ou "de um belga seja lá de que cor". Maria tinha uma fusão de cores na cútis, tendo uma parte de todas elas, porque uma face que tem parte de todas essas cores é uma face linda. Por essa razão, declaram as autoridades médicas que uma cútis que seja composta de vermelho e branco pálido fica melhor quando se adiciona uma terceira cor: o negro. Mas apesar disso, diz Albertus, temos que admiti-lo: ela estava mais para a cor escura. Há três razões para pensarmos assim – primeiro, por questão de cútis, pois os judeus tendem a ser morenos, e ela era judia; segundo, devido a testemunhas, já que São Lucas fez os três retratos que existem dela, hoje em Roma, Loreto e Bolonha, e esses são todos de tez escura; terceiro, por razões de afinidade. Um filho normalmente sai a sua mãe, e vice-versa; Cristo era moreno, portanto [...]"[18].

Entre as outras áreas da cultura renascentista que contribuíram para a maneira como os italianos do século XV olhavam a pintura, as duas que Baxandall considera mais importantes são uma outra arte, embora uma arte menor, a dança social; e uma atividade bastante prática que ele chama de "avaliação" – isto é, fazer estimativas de quantidades, volumes, proporções, razões e outras medidas semelhantes, com objetivos comerciais.

A dança era relevante para a observação de quadros porque não era, na época, uma arte temporal relacionada com a música como é entre nós, e sim uma arte mais gráfica, relacionada com espetáculos – procissões religiosas, festas de máscaras nas ruas, e assim por diante. Como tal, relacionava-se com o agrupamento de figuras, e não, ou pelo menos não principalmente, com o movimento rítmico. A dança,

---

17. Ibid.

18. Cf. BAXANDALL, M. Op. cit., p. 57.

portanto, não só dependia da capacidade de distinguir o intercâmbio psicológico entre figuras estáticas agrupadas em desenhos sutis, uma espécie de organização de corpos, como aguçava essa capacidade – uma habilidade que os pintores também possuíam e usavam para provocar uma resposta do público. Especialmente a *bassa danza*, uma dança de passos lentos e movimentos geométricos que era popular na Itália da época, tinha configurações de agrupamento de figuras que pintores tais como Botticelli, na sua *Primavera* (que, como sabemos, gira em torno da dança das Graças) ou em seu *Nascimento de Vênus*, utilizou para organizar seu trabalho.

A sensibilidade que a *bassa danza* representava, diz Baxandall, "compreendia uma capacidade por parte do público de interpretar as configurações de figuras, e uma experiência generalizada de arranjo semidramático [de corpos humanos] que permitiu a Botticelli e a outros pintores presumir que este mesmo público fosse igualmente capaz de interpretar os grupos que pintavam"[19]. Dada uma ampla familiaridade com formas altamente estilizadas de dança, que consistiam essencialmente em sequências individuais de *tableaux vivants*, o pintor podia contar com uma compreensão visual imediata do tipo de quadros de figuras, uma compreensão que não é tão comum em uma cultura como a nossa onde a dança é mais uma questão de movimento emoldurado entre poses que poses emolduradas entre movimentos, e onde não existe muita sensibilidade para o gesto tácito. "A transmutação de uma arte social e popular de agrupamentos em um tipo de arte onde um grupo de pessoas – pessoas que não estão gesticulando ou investindo, ou fazendo trejeitos – ainda consegue estimular um forte sentimento de [...] intercâmbio psicológico, é o problema: é pouco provável que nós tenhamos a predisposição adequada para perceber espontaneamente alusões tão sutis[20].

Na sociedade como um todo, e principalmente entre as classes mais educadas, existe uma tendência a considerar a maneira como as pessoas se agrupam, a posição de cada uma delas em relação às outras, os ordenamentos da postura em que se colocam quando na companhia de outro, não como acidental e sim como resultado do tipo de relacionamento que existe entre essas pessoas. É esta tendência que serve como pano de fundo e ao mesmo tempo aprofunda a concepção de danças e pinturas como padrões de agrupamentos de corpos com um significado específico e implícito. No entanto, esta penetração mais profunda dos hábitos visuais na vida social, e da vida social em hábitos visuais, é mais aparente na segunda atividade que, na visão de Baxandall, teve uma influência formativa na maneira como os renascentistas viam sua pintura: aquilo que chamamos de avaliação.

Foi importante para a história da arte, observa Baxandall, que só a partir do século XIX (e, ainda assim, só no Ocidente) começassem a embalar mercadorias em recipientes com um tamanho padrão. "Antes disso, um recipiente – barris, sacos ou

19. Ibid., p. 80.

20. Ibid., p. 76.

fardos – era único, e, portanto, a capacidade de calcular o volume de cada recipiente de forma rápida e precisa era uma condição essencial para que qualquer empresa progredisse"[21]. O mesmo acontecia com comprimentos, como no caso do comércio com tecidos; proporções, no caso da corretagem; ou índices, no caso de inspeções. Não era possível sobreviver no mundo do comércio sem essas técnicas, e na maioria das vezes eram os mercadores quem comissionavam os quadros, ou até mesmo os pintavam. Esse era o caso de Piero della Francesca que chegou a escrever um manual de matemática sobre avaliação.

De qualquer forma, tanto os pintores como os mercadores que os patrocinavam tinham formação semelhante nesses assuntos – não ser analfabeto significava também ter comando dos vários tipos de técnicas para avaliar a dimensão de objetos existentes na época. No caso de sólidos, essas técnicas compreendiam a capacidade de decompor massas irregulares ou desconhecidas em grupos de outras mais regulares e conhecidas – cilindros, cones, cubos, e assim por diante; no caso de objetos bidimensionais, era preciso uma capacidade semelhante para analisar superfícies não uniformes em termos de formas mais simples: quadrados, círculos, triângulos, hexágonos. Uma passagem do manual de Piero della Francesca, citada por Baxandall, mostra a que níveis de complexidade esse tipo de exercício podia chegar:

> Um barril tem, em cada uma de suas extremidades, um diâmetro de 2 *bracci*; o diâmetro na altura da rolha é de $2^{1/4}$ *bracci* e, a meio caminho entre a rolha e a extremidade, de $2^{2/9}$ *bracci*. O barril tem *2 bracci* de comprimento. Qual é sua medida cúbica?
>
> Trata-se de uma forma semelhante a dois cones cortados por um plano secante. Obtém-se o quadrado do diâmetro das extremidades: 2 x 2 = 4. A seguir obtém-se o quadrado do diâmetro mediano $2^{2/9}$ x $2^{2/9}$ = $4^{76/81}$. Soma-se os dois resultados, o que dá $8^{76/81}$. Multiplica-se 2 x $^{2/9}$ = $4^{4/9}$. A este valor, soma-se os $8^{76/81}$ = $13^{31/81}$. Divide-se por 3 = $4^{112/243}$... Agora obtém-se o quadrado de $2^{1/4}$ que seria $5^{1/16}$. Soma-se isto ao quadrado do diâmetro mediano: $5^{1/16}$ + $4^{76/81}$ = $10^{1/129}$. Multiplica-se $2^{2/9}$ x $2^{1/4}$ = 5. Soma-se este valor ao resultado anterior, obtendo-se $15^{1/129}$. Divide-se por 3 (o que dá) 5 e $^{1/3888}$. Some-se isto ao primeiro resultado obtido... = $9^{1792/3888}$. Multiplique-se este valor por 11 e a seguir divida-se o resultado por 14 (ou seja, multiplique por $^{pi/4}$): o resultado final é $7^{23600/54432}$. Esta é a medida cúbica do barril[22].

Como diz Baxandall, esse é um mundo intelectual muito específico; mas é nesse mundo, em lugares como Veneza e Florença, que viviam todas as classes cultas. A

21. Ibid., p. 86.

22. Cf. BAXANDALL, M. Op. cit., p. 86.

conexão deste tipo de habilidade com a pintura, e com a percepção de uma pintura, não depende tanto dos processos de cálculo propriamente ditos, mas principalmente de uma capacidade de ver a estrutura de formas complexas como combinações de formas mais simples, mais regulares e mais compreensíveis. Até os objetos incluídos nas pinturas – cisternas, colunas, torres de tijolo, assoalhos revestidos, entre outros – eram os mesmos que os manuais utilizavam para que estudantes praticassem a arte de avaliação. Portanto, quando Piero, em sua outra profissão de pintor, coloca a *Anunciação* em um pórtico de Perúgia, com colunas, em vários níveis, que avançam e recuam, ou a Madona em um pavilhão de tecido, arredondado e com cúpula, como uma segunda roupagem emoldurando o próprio manto da Virgem, ele apela para a capacidade que seu público tem de ver tais formas como uma composição de várias outras e, portanto, de interpretar – ou poderíamos dizer avaliar – seus quadros, captando seu significado.

> Para o comerciante, quase tudo se reduzia a figuras geométricas subjacentes às irregularidades da superfície – aquele monte de grãos passava a ser um cone, o barril um cilindro, ou um grupo de cones truncados, a coberta de um círculo de mercadorias podia transformar-se em um cone de mercadorias, a torre de tijolo passava a ser um corpo cúbico, composto de um número calculável de corpos cúbicos menores, e [...] esta forma de análise é muito semelhante à análise que um pintor faz de aparências. Assim como um homem qualquer avaliava um fardo, o pintor inspecionava figuras. Nos dois casos existe uma redução consciente de massas irregulares e vazios, em combinações de corpos geométricos passíveis de manipulação. Como [os italianos do século XV] tinham prática suficiente na manipulação de índices e em analisar o volume ou a área de objetos compostos, tinham também uma certa sensibilidade para pinturas que apresentassem traços de processos semelhantes[23]. A famosa inteligência lúcida da pintura renascentista originou-se pelo menos parcialmente em algo mais que as propriedades inerentes à representação de áreas planas, às leis da matemática e à visão binocular.

Na verdade, e este é o fator fundamental, todos esses temas culturais mais amplos e outros que não mencionei se entrelaçaram para gerar a sensibilidade na qual a arte do *quattrocento* foi criada e subsistiu. (Em um trabalho anterior, *Giotto and the orators,* Baxandall relaciona o desenvolvimento da composição pictórica a formas de narrativa da retórica humanista, especialmente à frase periódica; a hierarquia gramatical de um orador, isto é, período, oração, frase e palavra, foi conscientemente contraposta, por Alberti e outros, à hierarquia do pintor: quadro, corpo, membro e plano[24].) Pintores

---

23. Ibid., p. 87-89, 101.

24. BAXANDALL, M. *Giotto and the orators*. Oxford: [s.e.], 1971.

diferentes jogavam com aspectos diferentes dessa sensibilidade, porém o moralismo da pregação religiosa, as configurações da dança popular, a astúcia da avaliação comercial e a grandiloquência da oratória em latim, juntaram-se para formar aquilo que é o veículo genuíno de um pintor: a capacidade que seu público tenha de entender o significado de seus quadros. Um quadro antigo, disse Baxandall (embora a palavra "antigo" pudesse ter sido omitida), é um registro de atividade visual que temos que aprender a ler, exatamente como temos que aprender a ler um texto de uma cultura diferente da nossa. "Se observarmos que Piero della Francesca se inclina para um tipo de pintura relacionada com a avaliação, Fra Angelico com a pregação religiosa, e Botticelli com a dança, não só estaremos observando algo sobre esses artistas, mas também sobre a sociedade em que viveram"[25].

A capacidade de uma pintura de fazer sentido (ou de poemas, melodias, edifícios, vasos, peças teatrais, ou estátuas), que varia de um povo para outro, bem assim como de um indivíduo para outro, é, como todas as outras capacidades plenamente humanas, um produto da experiência coletiva que vai bem mais além dessa própria experiência. O mesmo se aplica à capacidade ainda mais rara de criar essa sensibilidade onde não existia. A participação no sistema particular que chamamos de arte só se torna possível através da participação no sistema geral de formas simbólicas que chamamos de cultura, pois o primeiro sistema nada mais é que um setor do segundo. Uma teoria da arte, portanto, é, ao mesmo tempo, uma teoria da cultura e não um empreendimento autônomo. E, sobretudo se nos referimos a uma teoria semiótica da arte, esta deverá descobrir a existência desses sinais na própria sociedade, e não em um mundo fictício de dualidades, transformações, paralelos e equivalências.

III

Não há melhor exemplo – para o argumento de que um artista trabalha com sinais que fazem parte de sistemas semióticos que transcendem em muito a arte que ele pratica – que o poeta no islã. Um muçulmano que escreve versos se depara com um conjunto de realidades culturais tão objetivas para seus propósitos como rochas ou chuva, não menos substanciais por serem abstratas, e não menos convincentes por serem criadas pelo próprio homem. Ele opera, e sempre operou, em um contexto onde o instrumento de sua arte, a linguagem, tem um *status* peculiar e elevado, e uma significância tão especial e tão misteriosa quanto a pintura para os abelam. Da metafísica à morfologia, da escritura à caligrafia, dos padrões com que se recita em público aos estilos de conversa informal, tudo conspira para dar à palavra e ao próprio falar uma importância que, se não é única na história humana, é certamente bastante fora do comum. O homem que desempenha o papel de poeta no islã faz o tráfico – não totalmente legítimo – da substância moral de sua cultura.

25. BAXANDALL, M. *Painting and experience*, p. 152.

Para que possamos sequer tentar demonstrar esta premissa é preciso primeiramente reduzir o assunto a um tamanho operacional. Não tenho a intenção de examinar todo o processo do desenvolvimento poético desde a Profecia em diante, e sim fazer uns poucos comentários gerais e não muito sistematizados, sobre o lugar que a poesia ocupa na sociedade tradicional islâmica – principalmente a poesia árabe, mais particularmente em Marrocos, e ainda mais particularmente com referência à poesia popular e oral. A relação entre a poesia e os estímulos centrais da cultura muçulmana é, creio eu, bastante similar em quase todas as regiões, e mais ou menos desde seu início. Ao invés de tentar demonstrar tal afirmação, tentarei apenas partir do princípio que ela é correta e prosseguir com o argumento, utilizando como base um material um tanto ou quanto especial, para sugerir quais parecem ser os termos desta relação incerta e difícil.

Desta perspectiva, existem três dimensões do problema a serem examinadas e inter-relacionadas. A primeira, como sempre quando se trata de temas islâmicos, é a natureza e o *status* peculiar do Corão, "o único milagre no islã". A segunda é o contexto em que a poesia é declamada, pois, como uma coisa viva, a poesia islâmica é uma arte tanto musical e dramática como literária. E a terceira, e também a mais difícil de esboçar em um espaço limitado, é a natureza mais geral da comunicação interpessoal na sociedade marroquina, que chamarei de agonística. Juntas, essas dimensões fazem da poesia uma espécie de ato paradigmático da expressão verbal, um arquétipo da fala, que para ser decifrado necessitaria, se tal coisa fosse concebível, uma análise de toda a cultura muçulmana.

Mas seja onde for que termine o assunto, ele se inicia com o Corão. O Corão (que não significa "testamento", ou "ensinamento" nem sequer "livro", mas sim "recitação") difere das outras escrituras mais importantes do mundo porque não contém relatos sobre Deus feitos por um profeta ou seus discípulos, e sim a palavra direta dele, as sílabas, palavras e frases de Alá. Como Alá, o Corão é eterno e não foi criado, é um de seus atributos, como Piedade ou Onipotência, e não uma de suas criaturas, como o homem na Terra. A metafísica é obtusa e elaborada de uma forma pouco consistente, e a justificativa é que o Corão seria a tradução feita por Alá de trechos de um texto eterno, a *Tábua Bem Guardada*, em prosa árabe rimada. Estes trechos traduzidos foram, por sua vez, ditados um por um, sem nenhuma ordem estabelecida e durante vários anos, por Gabriel a Muhammad, e mais tarde por Muhammad a seus seguidores, os chamados "recitadores do Corão", que os memorizaram e os transmitiram para a comunidade em geral. Estes últimos, repetindo-os diariamente, continuam a transmiti-los desde então. O mais importante, no entanto, é que os que cantam os versos do Corão – sejam eles Gabriel, Muhammad, os recitadores, ou qualquer muçulmano vivendo treze séculos à frente, nessa longa corrente – não cantam palavras *sobre* Deus, mas sim as palavras *dele,* e, portanto, como essas palavras são sua essência, cantam o próprio Deus. O Corão, como foi dito por Marshall Hodgson, não é um tratado ou uma declaração de fatos e normas, mas sim um evento e um ato:

> O Corão não foi criado para ser uma fonte de informação ou até mesmo de inspiração, mas sim para ser recitado como um ato de fé no culto religioso. Não se estudava o Corão, mas sim fazia-se um ato de devoção através dele; não era recebido passivamente, e sim, ao recitá-lo, fazia-se, para si mesmo, uma confirmação de sua existência: o ato da revelação se renovava cada vez que um fiel, em um ato de devoção, revivia [isto é, pronunciava uma vez mais] a afirmação nele contida[26].

Essa visão do Corão tem várias implicações, entre elas o fato de que seu equivalente mais próximo no cristianismo não é a Bíblia e sim o próprio Cristo. Para nossos propósitos, no entanto, a mais importante é que a linguagem em que foi escrito, o árabe da Meca do século VII, se destaca por ser não só o veículo da mensagem divina, como o grego, o pali, o aramaico ou o sânscrito, mas como sendo ela própria um objeto sagrado. Um texto específico do Corão, ou partes dele, são considerados entidades que nunca foram criadas, algo que intriga os devotos de outras religiões, cuja fé tem como base seres divinos. No caso da fé islâmica, cujo ponto central é a retórica divina, a linguagem é considerada sagrada porque é semelhante à palavra de Deus. Uma das consequências desta crença é a conhecida esquizofrenia linguística dos povos de língua árabe: a permanência de um árabe escrito "clássico" (*muḍāri*) ou "puro" (*fuṣḥā*), arquitetado para ser tão idêntico ao árabe corânico quanto possível, e nunca utilizado verbalmente a não ser em contextos relacionados ao culto religioso, ao lado de uma linguagem popular e oral, chamada de "vulgar" (*āmmīya*) ou "comum" (*dārija*), que é considerada incapaz de expressar verdades sérias. Uma segunda consequência é que o *status* daqueles que buscam criar através de palavras, especialmente com objetivos seculares, é profundamente ambíguo. Pois estes utilizam a linguagem de Deus para fins próprios, algo que não sendo exatamente um ato sacrílego, dele se aproxima; por outro lado, demonstram o poder incomparável das palavras em suas obras, algo que, não sendo propriamente um ato de devoção, dele se aproxima. A poesia, cujo único rival é a arquitetura, tornou-se a bela arte mais importante da civilização islâmica, principalmente nas regiões de língua árabe, mas sempre sob o risco de ser considerada, a qualquer momento, a forma mais séria de blasfêmia.

A percepção do árabe corânico como um modelo para a linguagem, aliada a uma crítica permanente da maneira como as pessoas realmente falam, é reforçada por toda a estrutura da vida muçulmana tradicional. Quase todos os meninos (e, mais recentemente, muitas meninas) são enviados a uma escola específica, onde aprendem a recitar e a decorar versos do Corão. Se a criança for competente e estudiosa, conseguirá decorar todos os 6.200 versos e tornar-se-á um *ḥāfiẓ* ou "decorador" trazendo uma certa fama para seus pais; se, como é mais provável, não é nem uma coisa nem outra, aprenderá pelo menos o suficiente para administrar suas próprias preces,

26. HODGSON, M.G.S. *The Venture of Islam*. Vol. 1. Chicago: [s.e.], 1974, p. 367.

ou matar galinhas, e para acompanhar sermões. Se especialmente devoto, poderá até ser enviado para uma escola secundária em algum centro urbano como Fez ou Marrakech e lograr obter um conhecimento mais preciso do significado daquilo que decorou. No entanto, se um homem termina com um punhado de versos mais ou menos entendidos, ou com um conhecimento razoável de todos eles, dá-se sempre mais importância a sua capacidade de recitá-los, e ao esforço mecânico que lhe foi necessário para aprendê-los. O que Hodgson disse do islã medieval – que todas as afirmações são consideradas ou verdadeiras ou falsas; que o saber é a soma de todas as afirmações verdadeiras, um corpo determinado que irradia do Corão, o qual, pelo menos implicitamente, conteria todas elas; e que para obter este saber é necessário memorizar as frases com que foram ditas estas afirmações verdadeiras – pode ser dito sobre a maior parte do Marrocos, onde a paixão pelas verdades recitáveis que a fé propaga não diminuiu, por mais que a própria fé se tenha enfraquecido[27].

Tais atitudes e tal formação fazem com que a vida cotidiana seja pontuada por linhas do Corão e outras citações clássicas. Além das situações especificamente religiosas – as preces diárias, o culto das sextas-feiras, os sermões nas mesquitas, os cânticos acompanhando os rosários nas irmandades místicas, a recitação completa do Corão em ocasiões especiais tais como o mês do Jejum, a oferenda de versos em funerais, casamentos e circuncisões – a conversa cotidiana é tão intercalada com fórmulas do Corão que até os assuntos mais mundanos parecem estar inseridos em uma moldura sacra. Os discursos públicos mais importantes – como por exemplo os do trono – são preparados em um tipo de árabe tão clássico que a maior parte daqueles que os escutam só são capazes de compreendê-los muito superficialmente. Como jornais, revistas e livros são também escritos em um árabe semelhante o número de pessoas que os podem ler é mínimo. A demanda por arabização – uma demanda popular, levada no roldão de paixões religiosas, que exige que o árabe clássico seja ensinado nas escolas e usado no governo e na administração – é uma força ideológica potencial que dá lugar a muita hipocrisia linguística por parte da elite política e a uma certa inquietação pública quando esta hipocrisia torna-se muito óbvia. É em um mundo como esse, onde a linguagem é tanto símbolo como veículo transmissor, onde o estilo verbal é uma questão moral, e onde a experiência da eloquência divina compete com a necessidade de comunicar-se, que o poeta oral vive, e cujo sentimento por cânticos e fórmulas ele explora, como Piero della Francesca explorava os sentimentos italianos por sacos e barris. "Eu decorei o Corão", disse um desses poetas, tentando desesperadamente explicar sua arte. "Depois esqueci os versos e só me lembrei das palavras."

Esqueceu-se dos versos em uma meditação de três dias de duração, ao lado do túmulo de um santo conhecido por seu poder de inspirar poetas, mas lembra as palavras quando tem que recitá-las. No contexto islâmico, a poesia não é escrita pri-

---

27. Ibid., vol. 2, p. 438.

meiro e depois declamada. Compõe-se à medida que se declama, e as várias partes vão sendo unidas no próprio ato de cantá-las em algum lugar público.

Normalmente este lugar público é um espaço, iluminado apenas por uma lâmpada, em frente à casa de alguém que celebra um casamento ou uma circuncisão. O poeta fica em pé, aprumado como uma árvore, no centro da área, tendo ajudantes que o acompanham tocando tamborim, à sua direita e à sua esquerda. O público masculino acocora-se a sua frente, e ocasionalmente algum dos homens se levanta e coloca dinheiro no turbante do poeta; enquanto isso as mulheres espiam discretamente das casas vizinhas, de dentro, pelas frestas das janelas, ou de cima, escondidas na escuridão dos telhados. Atrás do poeta, duas fileiras de homens dançam lateralmente, cada um apoiando suas mãos nos ombros dos companheiros a seu lado, balançando as cabeças enquanto dão dois meio-passos para a direita, e dois para a esquerda. O poema é cantado, verso a verso, com uma voz falseteada, metálica e chorosa, seu ritmo marcado pelos tamborins; as vozes dos ajudantes só acompanham o poeta no estribilho que é normalmente fixo e só vagamente relacionado ao texto; os dançarinos, como uma ornamentação extra, em determinados momentos soltam estranhos lamentos rítmicos.

Como os famosos iugoslavos de Albert Lord, é claro que o poeta não tira o texto de alguma mera fantasia sua, e sim que o constrói, molecularmente, pedaço por pedaço, como em algum processo de Markow artístico usando um número limitado de fórmulas estabelecidas. Algumas destas são temáticas: a inevitabilidade da morte ("mesmo que vivas sobre um tapete de preces"); a não confiabilidade das mulheres ("Deus lhe ajude, ó amante, que se deixa envolver pelos olhos"); a desesperança da paixão ("tantos foram para o túmulo por causa do ardor"); o orgulho do ensino religioso ("onde está o estudioso que é capaz de caiar o ar?"). Outras são figurativas: jovens mulheres são jardins, o amor, joias, os poetas, cavalos. Outras são formais – esquemas mecânicos e precisos de rima, metro, linha e estrofe. O canto, os tamborins, os dançarinos, o papel desempenhado pelo público segundo seu gênero, e os gritos de aprovação ou assobios de censura emitidos por este, dependendo do grau de sucesso com que todos esses elementos se combinaram ou não, formam um todo integrado do qual o poema não pode ser abstraído, assim como o Corão não pode ser abstraído de sua declamação. Temos, aqui também, um evento, um ato; constantemente novo, permanentemente renovável.

E, como ocorre com o Corão, também neste caso as pessoas, ou pelo menos muitas delas, intercalam sua fala cotidiana com linhas, versos, tropos e alusões extraídas da poesia oral, algumas vezes de um poema específico, outras associadas com um poeta cuja obra conhecem e apreciam, outras do *corpus* poético como um todo, o qual, embora extenso, concentra-se em um número limitado de fórmulas bastante definidas. Nesse sentido, e vista como um todo, a poesia, que é declamada e cantada nesse tipo de evento de forma regular e em todas as regiões, mas principalmente no campo e entre as classes menos privilegiadas das cidades menores, forma um tipo de "recitação" que lhe é própria, uma outra coleção de verdades a serem memorizadas, que, embora menos enaltecidas, não são menos preciosas que as verdades do Corão: a luxúria é uma doença incurável, as mulheres são uma cura ilusória; a controvérsia é a base da sociedade, a capacidade de reivindicar, sua virtude-mestra; o orgulho é a mola para a ação, a abstração do mundo, uma hipocrisia moral; o prazer é a flor da vida, a morte, o fim do prazer. Assim, a palavra para poesia, *š'ir*, significa "saber", e, ainda que nenhum muçulmano assim se expresse explicitamente, ela é uma espécie de contraparte secular, uma nota de rodapé mundana para a própria Revelação. Enquanto que, no Corão, o homem ouve sobre Deus e as obrigações que lhe são devidas, fatos que são estabelecidos pelas palavras, na poesia, ele ouve sobre os seres humanos e sobre as consequências de ser um deles.

A estrutura performática da poesia, seu caráter de ato de discurso coletivo, só é capaz de reforçar sua qualidade mista, intermediária – meio música ritual, meio conversa comum – porque, se suas dimensões formais e quase litúrgicas a fazem semelhante ao cântico corânico, seus elementos retóricos e quase populares a fazem semelhante à linguagem cotidiana. Como já mencionei anteriormente, não me é possível descrever aqui, com qualquer exatidão, o caráter geral das relações interpessoais no Marrocos; só podemos afirmar, e ter esperança de que me creiam, que essas relações são antes de tudo combativas, um testar constante de arbítrios, à medida que os indivíduos lutam para obter o que cobiçam, defender o que possuem, e recobrar o que perderam. No que se refere à linguagem, essa dá a todo tipo de conversa que não seja totalmente fútil uma qualidade de um pega-pega com palavras, uma colisão frontal de imprecações, promessas, mentiras, desculpas, rogos, ordens, provérbios, argumentos, analogias, citações, ameaças, evasões, lisonjas, que não só valoriza enormemente a fluência verbal como dá, à retórica, um poder inequivocamente coercivo: *'āndu klām,* "ele tem palavras, oratória, máximas, eloquência", também quer dizer, e não só metaforicamente, "ele tem poder, influência, peso, autoridade."

Este espírito polêmico está presente em todos os elementos do contexto poético. O conteúdo daquilo que o poeta diz é não só argumentativo – ataca a superficialidade dos citadinos, a desonestidade dos mercadores, a perfídia das mulheres, a avareza dos ricos, a traição dos políticos, e a hipocrisia dos moralistas –, mas dirige-se a alvos específicos, normalmente presentes e atentos. Um professor local que ensinava o Corão, e fez críticas às festas de casamento (e à poesia que se cantava nessas festas), considerando-as pecaminosas, foi severamente censurado e expulso da aldeia[28]:

Veja quantas coisas vergonhosas o professor fez;
Ele só trabalhava para encher seu bolso.
Ele é ambicioso e corrupto.
Por Deus, com toda essa confusão.

28. Agradeço a Hildred Geertz, que coletou a maior parte destes poemas, pela permissão de usá-los.

Dê-lhe logo seu dinheiro e diga-lhe que "vá embora";
"Vá comer carne de gato e depois coma carne de cachorro".
Descobriram que o professor só tinha decorado
quatro capítulos do Corão [uma referência a sua afirmação de que tinha decorado o Corão inteiro].
Se ele soubesse o Corão de cor, e pudesse se chamar de douto, Ele não diria as preces com tanta pressa.
Ele tem pensamentos maus em seu coração.
Pois, mesmo no meio de orações, ele só pensa em mulheres;
ele correria atrás de uma, se pudesse encontrar alguma.

Um anfitrião avarento não tem melhor sorte:
Quanto a ele que é avarento e fraco, que só fica ali sentado e não ousa dizer nada.
Os que vieram jantar, estavam como em uma cadeia [a comida estava tão ruim],
O povo teve fome a noite toda e ninguém lhes satisfez.
A esposa do anfitrião passou a noite fazendo o que bem queria,
Por Deus, ela nem queria se levantar para preparar o café.

E um curador, antes amigo do poeta, mas com quem este havia brigado, ganha trinta linhas do tipo de crítica que se segue:

Oh, o curador não é mais um homem razoável.
Ele seguiu a estrada que o faria poderoso,
E tornou-se um traidor enlouquecido.
Ele seguiu a profissão do diabo; ele disse que tinha sucesso, mas não creio nisso.

E assim por diante. O poeta não critica unicamente indivíduos (ou pode ser pago para criticá-los, pois a maioria desses assassinatos verbais são feitos sob contrato): critica os habitantes de uma aldeia rival, um grupo ou uma família; um partido político (o confronto poético entre membros destes partidos, cada um deles com seu próprio poeta, muitas vezes teve que ser interrompido pela polícia, pois as palavras levaram os presentes à luta corporal); até mesmo classes inteiras, como padeiros, ou funcionários públicos, podem ser alvo do poeta. Além disso, durante o espetáculo, ele pode selecionar, entre o público presente, aqueles a quem especificamente se dirige. Quando lamenta a inconstância das mulheres, fala para as sombras nos telhados; quando ataca a promiscuidade dos homens, seu olhar recai sobre o grupo a seus pés. Na verdade, em seu conjunto, o espetáculo poético tem um caráter agonístico na medida em que o público grita em aprovação (e cobre o poeta de dinheiro) ou assobia e vaia, desaprovando-o, às vezes até obrigá-lo a sair de cena.

Talvez a expressão mais genuína deste caráter seja os combates entre poetas que tentam superar um ao outro com seus versos. Escolhe-se qualquer assunto – um simples objeto como um copo ou uma árvore – para dar início ao processo, e a seguir os poetas se alternam em seus cânticos, algumas vezes durante toda a noite, enquanto a multidão grita seu parecer, até que, sobrepujado pelo outro, um dos poetas desiste. Cito, a seguir, uns poucos trechos extraídos de um combate de três horas. Infelizmente, perde-se quase tudo na tradução, exceto o espírito da atividade.

Já no meio da batalha, o poeta A, desafiante, "fica de pé e diz":

Aquilo que Deus lhe concedeu [ao poeta rival] ele gastou para comprar roupas de *nylon*
para uma garota; ele encontrará
o que está procurando,
E ele comprará o que quer [isto é, sexo] e
irá a muitos tipos de lugares [de má reputação].

O Poeta B responde:

Aquilo que Deus lhe concedeu [isto é, concedeu a ele próprio,
poeta B] ele usou em oração, dízimos e caridade
E ele não seguiu as más tentações, nem as garotas elegantes
nem garotas tatuadas; ele se lembrou de correr do fogo do inferno.

Quase uma hora depois, o Poeta A, ainda desafiante, e ainda recebendo respostas à altura, muda o estilo para enigmas metafísicos:

De um céu ao outro céu levaríamos 500.000 anos,
e depois disso, o que iria acontecer?

Pego de surpresa, o Poeta B não responde diretamente, e, para ganhar tempo, irrompe em ameaças:

Leve-o [o Poeta A] para longe de mim,
ou eu pedirei bombas
eu pedirei aviões
e soldados de aparência assustadora.
Eu farei, oh senhores, eu farei guerra agora,
Mesmo que seja uma guerra pequena.
Vejam, eu tenho maior poder.

Ainda mais tarde, o Poeta B, que tinha sido provocado, se recupera e dá uma resposta ao enigma sobre os céus, sem responder diretamente mas sim com uma sátira contendo uma série de contra-enigmas, cujo objetivo seria expor o tipo de tolice de "anjos-em-cabeça-de alfinete" dos enigmas de seu adversário.

Eu ia responder ao que disse: "Suba até o céu e veja qual é a distância de céu a céu,
pela estrada".
Eu ia lhe dizer, "Conte todas as coisas que estão na Terra para mim":
Vou responder ao poeta, embora ele seja louco.
Diga-me, quanta opressão já tivemos, quem será punido na vida depois desta?
Diga-me, quantos grãos existem no mundo, com os quais podemos nos banquetear?
Diga-me, quanta madeira existe na floresta, que pode ser queimada?
Diga-me, quantas lâmpadas elétricas existem do oeste ao leste?
Diga-me quantos bules estão cheios de chá?

A essa altura, o Poeta A, insultado, vaiado, furioso e vencido, diz:

Me dê o bule de chá
Vou banhar-me para as preces
Já me cansei desta festa.

e se retira.

Em suma, em termos de linguagem, ou mais precisamente em termos de linguagem atuada, a poesia se encontra entre os imperativos divinos do Corão e o empurra-empurra da vida cotidiana, e é isso que lhe outorga seu *status* incerto e seu estranho poder. Por um lado, ela forma uma espécie de complemento do Corão, cantando verdades que são mais que transitórias e menos que eternas em um estilo linguístico mais culto que o coloquial e menos erudito que o clássico. Por outro, ela faz com que o espírito da vida cotidiana atinja, se não a esfera do sagrado, pelo menos aquela dos inspirados. A poesia é moralmente ambígua porque não é sacra o suficiente para justificar o poder que realmente tem, nem secular o bastante para ser comparada com a eloquência comum. O poeta oral marroquino habita uma região entre espécies de linguagem que é, simultaneamente, uma região entre mundos, entre o discurso de Deus e a briga dos homens. E, sem compreender isso, nem ele nem sua poesia podem ser compreendidos, por mais que nos ocupemos em deslindar estruturas latentes ou em analisar gramaticalmente as formas do verso. Poesia, ou pelo menos esta poesia, constrói uma voz com as vozes que a rodeiam. Se é possível dizer que ela tem uma função, esta é a sua função.

"A arte", diz meu dicionário, que por sinal é apropriadamente medíocre, é "a produção consciente, ou arranjo de cores, formas, movimentos, sons ou outros elementos de uma forma que toca o sentido de beleza", uma maneira de expressar que parece sugerir que os homens nascem com o poder de apreciar, como nascem com o poder de entender piadas, e só precisam que se lhes dê ocasiões para exercitar esse poder. Como o que disse aqui deve demonstrar, não creio que isso seja verdade (nem sequer creio ser verdade no caso do humor); ao contrário, o dito "sentido de beleza", ou seja lá que nome se dê, a essa habilidade de responder inteligentemente a cicatrizes em faces, a formas ovais pintadas, a pavilhões com cúpulas, ou a insultos rimados, não é menos um artefato cultural que os objetos e instrumentos inventados para "sensibilizá-la". O artista trabalha com a capacidade de seu público – capacidade de ver, de ouvir, de tocar, às vezes até de sentir gosto e de cheirar, com uma certa compreensão. E embora alguns elementos destas capacidades possam ser realmente inatos – normalmente é uma vantagem não ser daltônico –, elas são ativadas e passam a existir verdadeiramente com a experiência de uma vida que se passa entre determinados tipos de coisas para serem olhadas, ouvidas, tocadas, administradas, e sobre as quais se possa pensar, ou às quais se possa reagir; variedades específicas de repolho, tipos individuais de reis. A arte e os instrumentos para entendê-la são feitos na mesma fábrica.

Esta visão da arte sugere que, para que uma abordagem da estética possa ser chamada de semiótica – ou seja, uma abordagem cujo objetivo seja explicar o significado de determinados indicadores –, ela não pode ser uma ciência formal como a lógica ou a matemática, e sim uma ciência social como a história ou a antropologia. Neste caso, a harmonia e a prosódia são tão importantes como a composição e a sintaxe, e não podem ser dispensadas. No entanto, expor a estrutura de uma obra artística e explicar seu impacto são coisas bem diferentes. Aquilo que Nelson Goodman chamou de "o mito absurdo e inoportuno da insularidade da experiência estética", a ideia de que a mecânica da arte gera seu significado, não será capaz de produzir uma ciência de indicadores ou de qualquer outra coisa a não ser um virtuosismo de análise verbal sem nenhum sentido[29].

Se quisermos elaborar uma semiótica da arte (ou de qualquer sistema de indicadores que não seja axiomaticamente independente) teremos que nos dedicar a uma espécie de história natural de indicadores e de símbolos, uma etnografia dos veículos que transmitem significados. Tais indicadores e símbolos, tais transmissores de significado, desempenham um papel na vida de uma sociedade, ou em algum setor da sociedade, e é isso que lhes permite existir. Neste caso significado também é uso, ou, para ser mais preciso, surge graças ao uso. Somente pesquisando esses usos com o mesmo afinco com que estamos acostumados a estudar técnicas de irrigação ou costumes matrimoniais, seremos capazes de descobrir algo mais profundo sobre eles. E isso não é uma defesa do indutivismo, pois não temos a menor necessidade de um catálogo de instâncias. O que desejamos é que os poderes analíticos da teoria semiótica – sejam esses os de Peirce, Saussure, Lévi-Strauss, ou Goodman – não sejam utilizados em uma investigação de indicadores abstratos, e sim no tipo de investigação que os examine em seu *habitat* natural – o universo cotidiano em que os seres humanos olham, nomeiam, escutam e fazem.

Tampouco é um argumento em defesa da negligência pela forma. Trata-se, ao contrário, de buscar a raiz das formas não em alguma versão atualizada da psicologia acadêmica, mas sim naquilo que, no segundo capítulo deste livro, chamei de "história

29. GOODMAN, N. *Languages of art*. Indianápolis: [s.e.], 1968, p. 260.

social da imaginação" – ou seja, na construção e destruição de sistemas simbólicos, à medida em que indivíduos, ou grupos de indivíduos tentam fazer sentido da profusão de coisas que lhes acontece. Quando um chefe Bamileke tomou posse, nos relata Jacques Maquet, ordenou que lhe esculpissem uma estátua; "após sua morte, a estátua ainda era respeitada, mas pouco a pouco foi destruída pela intempérie, à medida em que a memória do chefe ia sendo apagada das mentes do povo"[30]. Onde está a forma neste caso? No formato da estátua, ou no formato de sua trajetória? É claro que está em ambos. Mas nenhuma análise da estátua que não leve em consideração seu destino, um destino tão intencional como tinha sido o cálculo de seu volume ou o brilho em sua superfície, poderá entender seu significado ou captar sua importância.

Afinal de contas, não é só com estátuas (ou pinturas, ou poemas) que temos que trabalhar, mas sim com os fatores que tornam esses objetos importantes – melhor dito, que "afetam" de maneira importante aqueles que os fazem ou os possuem – e esses são tão variáveis como a própria vida. Se é que existe algo em comum entre todas as artes em todos os locais onde as descobrimos (em Bali fazem estátuas com moedas, na Austrália desenhos com lixo) que justifique incluí-las sob uma única rubrica inventada no mundo ocidental, certamente não será o fato de que afetam algum sentido universal de beleza. Esse sentido pode ou não existir, mas se existe, em minha experiência, não parece tornar as pessoas capazes de reagir às artes exóticas com outra coisa além de um sentimentalismo etnocêntrico, na ausência de qualquer conhecimento sobre o que significam aquelas artes, ou qualquer compreensão da cultura onde se originaram. (O uso que o Ocidente faz das obras de "primitivos", deixando de lado o valor que essas obras certamente possuem em seus próprios termos, contribuiu para acentuar essa ausência de conhecimento; estou certo de que a maioria das pessoas considera a escultura africana como um Picasso do mato, ou ouve a música javanesa como se fosse um Debussy barulhento.) Se é que existe algo em comum, é que em qualquer lugar do mundo certas atividades parecem estar especificamente destinadas a demonstrar que as ideias são visíveis, audíveis e – será preciso inventar uma palavra – *tactíveis; que podem ser contidas em formas que permitem aos sentidos, e, através destes, às emoções, comunicar-se com elas de uma maneira reflexiva. A variedade da expressão artística é resultado da variedade de concepções que os seres humanos têm sobre como são e funcionam as coisas. Na realidade, são uma única variedade.*

Para que possa estudar a arte de forma eficaz, a semiótica terá que ir além do estudo de sinais como meios de comunicação, como um código a ser decifrado, e considerá-los como formas de pensamento, um idioma a ser interpretado. O que necessitamos não é uma nova criptografia, principalmente se esta consistir em substituir uma cifra por outra ainda menos inteligível, mas sim um novo diagnóstico, uma ciência que seja capaz de determinar o sentido que as coisas têm para a vida a seu

---

30. MAQUET, J. Introduction to Aesthetic Anthropology. In: *A Macaleb Module in Anthropology*. Reading, Mass.: [s.e.], 1971, p. 14.

redor. Os que elaborarem este diagnóstico terão que ser treinados em significação e não em patologia, e o tratamento terá que ser feito com ideias, não com sintomas. Relacionando estátuas cinzeladas, folhas de sagu pigmentadas, paredes cobertas de afrescos, ou versos cantados, com a limpeza da floresta, os ritos totêmicos, a inferência comercial ou a discussão de rua, é possível que este diagnóstico comece por fim a localizar, no significado do contexto onde surgem essas artes, as origens de seu poder.

Capítulo 6
Centros, reis e carisma: reflexões sobre o simbolismo do poder

Introdução

Como tantas outras ideias-chave na sociologia weberiana, *verstehen*, legitimidade, ascetismo do mundo interno, racionalização, o conceito de carisma não é explícito com relação ao seu referente: o que denota, afinal? um fenômeno cultural ou um fenômeno psicológico? Como o carisma ora é definido como "uma certa qualidade" que destaca um indivíduo, colocando-o em uma relação privilegiada com as origens do ser, e ora considerado um poder hipnótico que "certas personalidades" parecem possuir e que lhes torna capazes de provocar paixões e dominar mentes, não é possível saber ao certo se ele é um *status*, um estímulo ou uma fusão ambígua dos dois. A tentativa de escrever uma sociologia da cultura e uma psicologia social em um único conjunto de frases é o que dá à obra de Weber sua complexidade orquestral e sua profundidade harmônica. Mas é, também, o que dá origem a sua intangibilidade crônica, sobretudo para ouvidos pouco acostumados à polifonia.

Em Weber, um exemplo clássico de sua própria categoria, a complexidade é bem-administrada, e a indefinição contrabalançada por sua habilidade extraordinária em manter unidas ideias conflitantes. Em tempos mais recentes e menos heroicos, no entanto, a tendência tem sido a de aliviar o peso que seu pensamento carrega, reduzindo-o a apenas uma de suas dimensões, mais comumente a psicológica. Em nenhum outro caso isso é tão verdadeiro como no conceito de carisma[1]. Desde

1. Para uma excelente revisão geral dessa questão, cf. a introdução de S.N. Eisenstadt para sua coletânea dos trabalhos de Weber sobre carisma, *Max Weber on charisma and institution building*. Chicago, 1968, p. ix-lvi. Sobre a "psicologização" da legitimidade, cf. PITKIN, H. *Wittgenstein and justice*. Berkeley/Los Angeles, 1972; sobre "ascetismo do mundo interno", cf. McCLELLAND, D. *The achieving society*. Princeton, 1961; sobre "racionalização", MITZAMAN, A. *The iron Cage*. Nova York, 1970. Toda essa ambiguidade e até confusão nas interpretações, cabe-nos dizer, não deixam de ter alguma justificativa, devido aos próprios erros de Weber.

John Lindsay até Mick Jagger, muita gente já foi chamada de carismática, devido a sua capacidade de atrair um determinado número de pessoas com o brilho de sua personalidade: e a interpretação mais comum que se dá ao aparecimento – este um pouco mais genuíno – de líderes carismáticos nos Estados Novos é que esses seriam um produto da psicopatologia que a desordem social alimenta[2]. No psicologismo generalizado desta era, tão bem observado por Phillip Rieff, o estudo da autoridade pessoal se estreita para transformar-se em uma investigação do exibicionismo e da neurose coletiva; seu aspecto espiritual desaparece de vista[3].

Alguns estudiosos, e entre estes Edward Shils é um dos mais proeminentes, procuraram evitar essa redução da valiosa complexidade weberiana a clichês neofreudianos, ao admitir que existem temas múltiplos no conceito weberiano de carisma, que quase todos eles foram afirmados, mas não desenvolvidos, e que, para preservar a força do conceito é preciso elaborá-los e descobrir qual é, precisamente, a dinâmica de sua interação. Entre a falta de clareza que resulta quando se tenta dizer muita coisa ao mesmo tempo, e a banalidade que é fruto de um repúdio do desconhecido, existe a possibilidade de tentar definir a razão pela qual alguns seres humanos veem transcendência em outros, e exatamente o que significa esta transcendência.

No caso de Shils, as dimensões do carisma previamente negligenciadas são retomadas quando ele focaliza a conexão entre o valor simbólico de indivíduos e a relação que estes mantêm com os centros ativos da ordem social[4]. Tais centros, que "não têm qualquer relação com geometria e muito pouco com geografia", são, em essência, locais onde se concentram atividades importantes; consistem em um ponto ou pontos de uma sociedade, onde as ideias dominantes fundem-se com as instituições dominantes para dar lugar a uma arena onde acontecem os eventos que influenciam a vida dos membros desta sociedade de uma maneira fundamental. É o envolvimento – mesmo quando este envolvimento é resultado de uma oposição – com tais arenas e com os eventos ocasionais que nelas ocorrem, que confere o carisma. O carismático não é necessariamente dono de algum atrativo especialmente popular, nem de alguma loucura inventiva; mas está bem próximo ao centro das coisas.

Esta proposição de que a origem do carisma relaciona-se a um ponto central privilegiado tem uma série de implicações. A primeira delas é que figuras carismáticas podem surgir em qualquer parte da vida social – tanto na ciência ou na arte, como na religião ou na política –, desde que esta área esteja suficientemente em evidência, e, por esta razão, pareça imprescindível à sociedade. A segunda é que o carisma

2. Para alguns exemplos, cf. "Philosophers and kings: studies in leadership". *Daedalus*, verão, 1968.

3. RIEFF, P. *The triumph of the therapeutic.* Nova York: [s.e.], 1966.

4. SHILS, E. "Charisma, Order, and Status". *American Sociological Review*, abril, 1965. • Id. The Dispersion and Concentration of Charisma. In: HANNA, W.J. (org.). *Independent Black Africa.* Nova York: [s.e.], 1964. • Id. "Centre and Periphery". In: *The Logic of Personal Knowledge*: Essays Presented to Michael Polanyi. Londres: [s.e.], 1961.

não aparece apenas sob formas extravagantes ou em momentos passageiros, mas, ao contrário, é, ainda que inflamável, um aspecto permanente da vida social, que, ocasionalmente, explode em chamas. Assim como não existe um único sentimento moral, estético, ou científico, também não há uma única forma de emoção carismática; embora as paixões, e muitas vezes paixões distorcidas, sejam certamente parte integrante deste sentimento, essas variam radicalmente de um caso para outro. No entanto, não é minha intenção prosseguir aqui com esse tema, apesar de sua importância para uma teoria geral sobre o autoritarismo social. Meu objetivo é investigar uma nova luz que se acendeu com a abordagem de Shils: o conteúdo sagrado do poder do soberano.

O reconhecimento do simples fato de que governantes e deuses têm certas propriedades em comum é bastante antigo. "O desejo de um rei é profundamente espiritual", escreveu um teólogo político do século XVII, que, aliás, não foi o primeiro a fazer tal afirmação; "ele contém uma espécie de universalidade total." O tema já foi também objeto de vários estudos: o livro extraordinário de Ernst Kantorowicz, *The King's Two Bodies* – um debate magistral sobre o que o autor chamou de "teologia política medieval" – esboçou as vicissitudes do carisma de monarcas no mundo ocidental em um período de duzentos anos e em uma meia dúzia de países, e, mais recentemente, houve uma pequena explosão de livros com uma certa sensibilidade para o que hoje tende a ser chamado, de forma um tanto ou quanto vaga, de aspectos simbólicos do poder[5]. No entanto, o contato entre esse trabalho essencialmente histórico e etnográfico e os interesses analíticos da sociologia moderna é, no mínimo, superficial; uma situação que o historiador de arte Panofsky, em outro contexto, comparou à de dois vizinhos que têm o direito de caçar na mesma área, mas um deles é dono da espingarda e o outro de toda a munição.

As reformulações de Shils, embora ainda em estágio inicial, e algumas vezes apresentadas em um tom excessivamente apodítico, prometem ser de grande im-

5. KANTOROWICZ, E. *The king's two bodies*: a study in medieval political theology. Princeton: [s.e.], 1957. • GIESEY, R.E. *The royal funeral ceremony in Renaissance France*. Genebra: [s.e.], 1960. • STRONG, R. *Splendor at court*: Renaissance spetacle and the theater of power. Boston: [s.e.], 1973. • WALZER, M. *The Revolution of the Saints*. Cambridge, Mass.: [s.e.], 1965. • WALZER, M. *Regicide and Revolution*. Cambridge: [s.e.], 1974. • ANGLO, S. *Spetacle, pageantry, and early Tudor policy*. Oxford: [s.e.], 1969. • BERGERON, D.M. *English civic pageantry*, 1558-1642. Londres: [s.e.], 1971. • YATES, F.A. *The Valois Tapestries*. Londres: [s.e.], 1959. • STRAUB, E. *Repraesentation Maiestatis oder Churbayerische Freudenfeste*. Munique, 1969. • KERNODLE, G.R. *From art to theatre*. Chicago: [s.e.], 1944. Para um livro popular recente sobre a presidência dos Estados Unidos sobre tema semelhante, cf. NOVAK, M. *Choosing our king*. Nova York: [s.e.], 1974. Estudos antropológicos, especialmente aqueles cujo tema era a África, vêm sendo bastante sensíveis a esses assuntos, já há bastante tempo (como exemplo, cabe-nos mencionar, como obras essenciais: EVANS-PRITCHARD, E.E. *The divine kingship of the Shilluk of the Nilotic Sudan*. Cambridge: [s.e.], 1948, e tanto *Myth of the State*. New Haven, 1946, de E. Cassirer, como *Les rois thaumaturges*. Paris, 1961, de M. Bloch e também o próprio Kantorowicz). A citação no texto é de N. Ward, reproduzida no dicionário de inglês *Oxford* sob a palavra *numinous* [espiritual].

portância na luta contra esta separação tão pouco frutífera, principalmente porque elas nos estimulam a buscar a universalidade do desejo dos reis (ou presidentes, generais, *führers*, e secretários do partido) naquele mesmo lugar onde buscamos a dos deuses: isto é, nos ritos e nas imagens em que ela se exerce. Mais precisamente, se o carisma é sinal de envolvimento com os centros que dão vida à sociedade, e se tais centros são fenômenos culturais e, portanto, historicamente construídos, a investigação do simbolismo do poder e a da natureza deste poder são, na verdade, empreendimentos muito semelhantes. A distinção que se faz levianamente entre a aparência externa de um governo, e a própria substância deste governo, torna-se, assim, menos aguda, e até mesmo menos verdadeira; como acontece com a massa e a energia, o que importa é a maneira pela qual uma se transforma na outra.

No centro político de qualquer sociedade complexamente organizada (para reduzir, agora, o foco de nossa visão) sempre existem uma elite governante e um conjunto de formas simbólicas que expressam o fato de que ela realmente governa. Não importa o grau de democracia com que essas elites foram escolhidas (normalmente não muito alto) nem a extensão do conflito que existe entre seus membros (normalmente bem mais profundo do que imaginam aqueles que não são parte da elite); elas justificam sua existência e administram suas ações em termos de um conjunto de estórias, cerimônias, insígnias, formalidades e pertences que herdaram, ou, em situações mais revolucionárias, inventaram. São esses símbolos – coroas e coroações, limusines e conferências – que dão ao centro a marca de centro e ao que nele acontece uma aura não só de importância, mas, algo assim como se, de alguma estranha maneira, ele estivesse relacionado com a própria forma em que o mundo foi construído. A seriedade da alta política e a solenidade dos altos cultos são resultados de impulsos que são, na realidade, bem mais semelhantes do que parecem ser à primeira vista.

Essa semelhança é mais visível (embora, como irei argumentar eventualmente, não seja nem um pouco mais verdadeira) em monarquias tradicionais que em regimes políticos, pois, nestes últimos, disfarça-se melhor a tendência natural dos seres humanos para antropomorfizar o poder. A intensidade com que se focaliza a figura do rei e o estabelecimento óbvio de um culto, às vezes até mesmo de uma religião, ao seu redor, tornam o caráter simbólico da dominação demasiado palpável e, portanto, impossível de ser ignorado mesmo por seguidores de Hobbes ou pelos utilitarianistas. A visibilidade é tanta, que acaba deixando a descoberto aquela verdade que todo o misticismo do cerimonial da corte deveria supostamente esconder – ou seja, que a majestade não é inata, e sim construída. "Uma mulher não é uma duquesa se está a cem jardas de uma carruagem." Chefes transformam-se em rajás, pela aparência estética de seu governo.

Tudo isso surge com maior clareza que em qualquer outra situação nas formas cerimoniais onde os reis tomam posse simbólica de seu domínio. Em particular, os cortejos reais (entre os quais, onde existem, a coroação é apenas o primeiro) identificam o centro da sociedade e confirmam sua conexão com coisas transcendentes ao demarcar um território com os sinais rituais de dominação. Quando reis viajam pelo campo, mostrando-se a seus súditos, presenciando quermesses, conferindo honras, intercambiando presentes, ou desafiando seus adversários, estão marcando seu território, como o fazem lobos e tigres com seus odores, como se esse fosse quase uma parte física deles próprios. Como veremos, este processo pode ser executado através de estruturas de expressão e de crença tão variadas como o protestantismo anglicano do século XVI, o hinduísmo javanês do século IV, ou o islamismo marroquino do século XIX; mas, seja onde for que ele aconteça, é irreversível: a ocupação real passa a ser vista como se a sua volta tivesse sido construído algo ainda mais poderoso que uma cerca divina.

A Inglaterra de Elizabete Tudor: virtude e alegoria

No dia 14 de janeiro de 1559, véspera de sua coroação, Elizabete Tudor – "uma filha cujo nascimento foi uma desilusão para seu pai, ao destruir suas expectativas de sucessão, e que por isso tornou-se, indiretamente, a causa da morte prematura de sua mãe; uma princesa ilegítima, cujo direito ao trono era, entretanto, quase tão válido quanto o de seu meio-irmão e o de sua meia-irmã; um pomo de discórdia durante o reinado de Mary Tudor; e uma sobrevivente do alvoroço constante que faziam os emissários imperiais e espanhóis em seus esforços para que fosse assassinada" – desfilava em um enorme cortejo (havia mil cavalos, enquanto ela, coberta de joias e tecidos de ouro, ia sentada em sua liteira descoberta) pelas ruas da cidade de Londres. Enquanto passava, um espetáculo didático gigantesco se desdobrava a sua frente, ato após ato, estabelecendo-a como soberana na paisagem moral daquela alegre capital que cinco anos antes tinha feito o mesmo, ou tentado fazer o mesmo, pelo Rei Felipe da Espanha[6]. [Começando na Torre de Londres (onde apropriadamente comparou sua visão do dia com o episódio em que Deus liberta Daniel dos leões) ela seguiu para a Rua Fenchurch, onde uma criancinha lhe ofereceu, em nome da cidade, dois presentes – línguas bentas para elogiá-la e corações sinceros para servi-la. Na Rua Gracechurch, deparou com um *tableau vivant* chamado "A união das dinastias de Lancaster e York". Tinha o formato de um arco que ia de um lado ao

6. Há várias descrições da procissão de Elizabete em Londres (ou sua "entrada" em Londres) das quais a mais completa é a de BERGERON. *English civic pageantry*, p. 11-23. Cf. tb. WITHINGTON, R. *English pageantry, an historical outline*. Vol. 1. Cambridge, Mass. : [s.e.], 1918, p. 199-202; e ANGLO. *Spetacle, pageantry*, p. 344-359. O texto citado é de ANGLO. *Spetacle, pageantry*, p. 345. A cidade também estava resplandecente: "pelo caminho, todas as casas estavam ornamentadas; de cada lado da rua, havia barricadas de madeira nas quais se debruçavam mercadores e artistas de todos os ramos, vestidos com longas capas negras e cobertos com capuzes de tecido vermelho e negro [...] com todos seus símbolos, bandeiras e estandartes" (apud BERGERON. *English civic pageantry*, p. 14, da descrição feita pelo embaixador de Veneza em Londres). Para a entrada de Mary e Felipe, em 1554, cf. ANGLO. *Spetacle, pageantry*, p. 324-343, e WITHINGTON. *English pageantry*, p. 189.

outro da rua, e este estava coberto de rosas vermelhas e brancas e dividia-se em três níveis. Na parte mais baixa havia duas crianças, cercadas por uma rosa feita de rosas vermelhas, representando Henrique VII e sua esposa Elizabete; na parte central, duas outras crianças representavam Henrique VIII e sua esposa Ana Bolena; nesse nível, uniam-se sobre as crianças o banco de rosas vermelhas que se originava no nível superior – o dos Lancaster – e o de rosas brancas que desciam do nível inferior – o dos York. No nível superior, entre rosas vermelhas e brancas, empoleirava-se uma só criança, representando a própria homenageada (e legítima) Elizabete. Em Cornhill, havia um outro arco, também com uma criança representando a nova rainha, mas, neste caso, a criança estava sentada em um trono levado por quatro homens da cidade, vestidos para representar as quatro virtudes – religião pura, amor dos súditos, sabedoria e justiça. As quatro virtudes, por sua vez, pisavam os quatro vícios a elas opostos – superstição e ignorância, rebelião e insolência, loucura e vanglória, adulação e chantagem (também personificados por citadinos fantasiados). E se acaso a iconografia fosse demasiado complexa, a criança endereçava à rainha que ela representava versos admonitórios, que deixavam bem clara sua mensagem:

A verdadeira religião suprimirá a ignorância
e, com seus pesados pés, quebrará a cabeça da superstição.
O amor aos súditos destruirá a rebelião
e, zelando pelo príncipe, pisará sobre a insolência.
A justiça pode desfazer as línguas bajuladoras e a chantagem.
Enquanto que a loucura e a vanglória cederão suas mãos à sabedoria.
Assim por muito tempo permanecerá o governo que não se desvie
do curso correto,
que deixe o mal apodrecer, que pratique a sabedoria[7].

Assim instruída, a rainha seguiu para Sopers-Lane, onde estavam não menos que oito crianças, distribuídas em três níveis. Como anunciavam as pequenas tabuletas penduradas sobre suas cabeças, seu papel era representar as oito bem-aventuranças de São Mateus, as quais, segundo um poema recitado pelas crianças, tinham-se cristalizado no caráter da rainha, graças ao sofrimento e aos perigos por ela vencidos em seu caminho até ao trono ("Fostes oito vezes abençoada / ó ilustre rainha / com a humildade de vosso espírito / quando tantas dificuldades vos assediaram")[8]. Dali, seguiu para Cheapside, e, chegando ao Standard, deparou-se com os retratos de todos os reis e rainhas do passado, organizados em ordem cronológica, até chegar a seu próprio retrato, no Upper End recebeu dois mil marcos em ouro dos dignitários da cidade ("Fiquem certos", ela lhes disse em agradecimento, "que para a segurança e tranquilidade de todos vocês, não economizarei, e, se for necessário, gastarei meu

7. Apud BERGERON. *English civic pageantry*, p. 17. Diz-se que a rainha respondeu: "Ouvi com cuidado os bons sentimentos que me são dirigidos, e tentarei responder às vossas muitas expectativas" (ibid., p. 18).

8. ANGLO. *Spetacle, pageantry*, p. 349.

próprio sangue")[9]; e, chegando ao Little Conduit, deparou-se com a mais estranha das imagens – duas montanhas artificiais, uma "íngreme, nua e cheia de pedras", representando "o bem-estar comum em decadência"; outra, clara, fresca, verdejante, e bela, "representando "o bem-estar comum em prosperidade." Na montanha sem vegetação, havia uma única árvore morta, e um homem mal vestido, obviamente desconsolado, sentado sob ela; na montanha verde, uma árvore cheia de flores, e, a seu lado, de pé, um homem bem vestido e obviamente feliz. Nos ramos dessas árvores haviam pendurado tabuletas que continham uma lista das razões morais que levaram aos dois estágios de saúde política: em uma árvore, a ausência de temor a Deus, a bajulação dos príncipes, a falta de compaixão dos governantes, e a ingratidão dos súditos; na outra, um príncipe sábio, governantes cultos, súditos obedientes, temor de Deus. Entre as montanhas havia uma pequena caverna, de onde saía um homem que representava o Tempo, vestido a caráter e com sua foice. Acompanhava-o sua filha, a Verdade, que presenteou a rainha com uma Bíblia inglesa ("Ó ilustre rainha [...] as palavras sempre voam, mas a escrita sempre permanece") que Elizabete aceitou, e a seguir beijou, elevou sobre sua cabeça e, dramaticamente, apertou contra seu peito[10].

Após um discurso em latim pronunciado por um estudante no cemitério da igreja de São Paulo, a rainha prosseguiu para Fleet Street, onde encontrou nada menos que Débora, "a juíza e restauradora da dinastia de Israel", em um trono colocado em uma torre, sob a sombra de uma palmeira. Rodeavam-na seis pessoas, cada duas delas representando respectivamente a nobreza, o clérigo e o povo. A legenda inscrita na tabuleta à frente destas figuras dizia: "Débora com seus estados em consultas para o bom governo de Israel". Tudo isso, escreve o criador da alegoria, tinha sido preparado para encorajar a rainha a não temer, "embora seja uma mulher; pois, com o espírito e o poder do Deus Todo-Poderoso, mulheres governaram honradamente e politicamente, e durante muito tempo, como o fez Débora"[11]. Na Igreja de Saint Dunstan, outra criança, esta do Hospital de Cristo, fez outro discurso. Finalmente, em Temple Bar dois gigantes – Gogmagog, o albião [da Inglaterra] e Corineu, o bretão – levavam tabuletas onde versos faziam um sumário de todas as alegorias que tinham desfilado, e aí terminava o cortejo.

O mesmo cortejo vai, em 1565, para Coventry; em 1566 para Oxford; em 1572 a rainha faz uma longa viagem por todas as províncias, parando para "festas de máscaras e desfiles" em um grande número de casas nobres. Ela "entra" também em Warwyck, no mesmo ano, e no ano seguinte vai a Sandwich, onde é recebida com dragões dourados e leões, uma taça de ouro e uma cópia do testamento grego. Em 1574, é a vez de Bristol (onde tem lugar uma batalha simulada na qual um pequeno forte chamado "Políticas frágeis" é capturado por outro maior, chamado "Beleza

9. BERGERON. *English civic pageantry*, p. 15.

10. A citação encontra-se em ANGLO. *Spetacle, pageantry*, p. 350.

11. GRAFTON, citado em ibid., p. 352. Sua previsão não estava errada: Débora governou por quarenta anos, Elizabete por quarenta e cinco.

perfeita"). Em 1575, visita o castelo do duque de Kenilworth, perto de Coventry, onde há uma alegoria com Triton em uma sereia, Arion em um golfinho, a Dama do Lago, e uma ninfa chamada Zabeta que transforma seus amantes em árvores; e mais tarde "entra" em Worcester. Em 1578, as rosas vermelhas e brancas e Débora reaparecem em Norwich, acompanhadas pela Castidade e pela Filosofia que põe Cupido em debandada. E elas continuam, "essas peregrinações sem fim, que muitas vezes levavam seus ministros ao desespero" – em 1591 vai a Sussex e Hampshire, em 1592 a Sudeley, e uma vez mais a Oxford[12]. Em 1602, um ano antes de sua morte, há um último cortejo, em Harefield Place. O Tempo aparece, como naquele primeiro dia em Cheapside, mas desta feita com as asas aparadas e uma ampulheta onde a areia não se movia[13]. Seus cortejos reais, observa Strong sobre Elizabete – "os mais legendários e bem-sucedidos de todos (seus) exponentes" – eram "os meios através dos quais o culto da virgem imperial era sistematicamente promovido"[14]. O carisma que o centro havia inventado (aliás, de forma bastante deliberada) para ela, utilizando os símbolos populares da virtude, da fé, e da autoridade, ela levava para o campo, com um talento para a arte de governar bem maior do que aquele de seus pragmáticos ministros que a isto se opunham, fazendo de Londres não só a capital da imaginação política britânica, mas também de seu governo.

Essa imaginação era alegórica, protestante, didática e pictórica; alimentava-se de abstrações morais transformadas em emblemas. Elizabete era Castidade, Sabedoria, Paz, Beleza Perfeita e Religião Pura, tanto quanto rainha (em uma propriedade de Hertford ela chegou a ser Segurança no Mar); e, sendo rainha, ela era todas essas coisas. Toda sua vida pública – ou, mais precisamente, a parte de sua vida que o público via – foi transformada em uma espécie de máscara filosófica na qual tudo representava alguma ideia ampla, e nada acontecia sem ser imediatamente associado a parábolas. Até seu encontro com Anjou, provavelmente o homem com quem Elizabete chegou mais perto do casamento, tornou-se uma reflexão moral alegórica; ele chegou a sua presença sentado em um rochedo, que foi levado até ela pelo Amor e pelo Destino, arrastando correntes douradas[15]. Pouco importa se chamamos a isso de romantismo ou de neoplatonismo: o que importa é que Elizabete governou um território onde as crenças eram visíveis; e, entre essas, ela era apenas a mais visível de todas.

---

12. A citação vem de STRONG. *Splendor at court*, p. 84.

13. Para as procissões de Elizabete fora de Londres, cf. BERGERON. *English civic pageantry*, p. 25s.; e WITHINGTON. *English pageantry*, p. 204s.

14. STRONG. *Splendor at court*, p. 84. Cortejos eram, é claro, um fenômeno comum em toda a Europa. O Imperador Carlos V, por exemplo, fez dez cortejos nos Países Baixos, nove na Alemanha, sete na Itália, quatro na França, dois na Inglaterra e dois na África, como ele mesmo lembrou a seu público quando abdicou (ibid., p. 83). Nem eram unicamente um fenômeno do século XVI. Para os cortejos dos Tudor do século XV, cf. ANGLO. *Spetacle, pageantry*, p. 21s.: para os dos Stuarts, no século XVII, cf. BERGERON. *English civic pageantry*, p. 65s., e STRONG. *Splendor at court*, p. 213s.

15. YATES. *The Valois Tapestries*, p. 92.

O centro do centro, Elizabete não só aceitou essa metamorfose de si mesma em uma ideia moral, como contribuiu para que isso acontecesse. E foi graças a isso – a essa sua disposição para ser representante, não necessariamente de Deus, mas das virtudes que Ele ordenava, e especialmente da versão protestante dessas virtudes – que seu carisma se ampliou. Foi a alegoria que lhe deu uma aura mágica, e foi a repetição da alegoria que manteve viva essa mágica. "Como deve ter sido emocionante e importante para os espectadores", escreve Bergeron com referência ao presente de uma cópia da Bíblia inglesa, entregue a Elizabete pela filha do Tempo, "ver a Verdade em uma união visível com sua soberana... Moralmente, a Verdade escolheu entre o bem – a montanha florida, o futuro, Elizabete – e o mal – a montanha árida, o passado, falsas religiões e uma falsa rainha. Tal é o caminho da salvação"[16].

A Java de Hayam Wuruk: esplendor e hierarquia

Existem outros meios de relacionar a personalidade de um soberano com a de seu domínio, além daquele que o envolve em homilias ilustradas; assim como a imaginação moral, a imaginação política também é variável, e nem todos os cortejos são como os dos puritanos ingleses. Nas culturas índicas da Indonésia Clássica, o mundo era um local um pouco menos improvável, e o aparato real tinha um caráter hierárquico e místico em vez de religioso e didático[17]. Deuses, reis, nobres e plebeus formavam uma corrente contínua de *status* religioso que se estendia desde Siva-Buda – "o soberano dos soberanos do mundo [...] o espiritual dos espirituais [...] o inconcebível dos inconcebíveis" – até o mais humilde dos camponeses, que mal podia levantar seus olhos para a luz, já que a relação entre os níveis mais altos e os mais baixos era a mesma que entre realidades mais e menos importantes[18]. Se a Inglaterra de Elizabete era um turbilhão de paixões idealizadas, a Java de Hayam Wuruk era um contínuo de orgulho espiritualizado. "Camponeses reverenciam os chefes", diz um texto clerical do século XIV, "os chefes reverenciam os senhores, os senhores reverenciam os ministros, os ministros reverenciam o rei, os reis reverenciam os sacerdotes, os sacerdotes reverenciam os deuses, os deuses reverenciam os poderes sagrados, e os poderes sagrados reverenciam o Nada Supremo"[19].

---

16. BERGERON. *English civic pageantry*, p. 21.

17. Java foi hindu mais ou menos desde o século IV até o século XV, quando, pelo menos em nome, tornou-se islâmica. Bali permanece hindu até nossos dias. Muito do que se segue neste ensaio é baseado em meu próprio trabalho: cf. GEERTZ, C. *Negara*: The theatre state in nineteenth-century Bali. Princeton: [s.e.], 1980. Para um estudo mais geral da Java hindu, cf. KROM, N.J. *Hindoe-Javaansche Geschiedenis*. 2. ed. Haia: [s.e.], 1931.

18. PIGEAUD, T. *Java in the 14th century*: a study in cultural history. 5 vols. Haia: [s.e.], 1963. 1:3 (javanês); 3:3 (inglês). Na realidade a corrente continua descendo até chegar aos animais e demônios.

19. Ibid., 1:90 (javanês); 3:135 (inglês). Fiz algumas mudanças na tradução para tornar o texto mais claro. Mesmo assim, "poderes sagrados" e "o Nada Supremo" (isto é, Siva-Buda) são traduções pouco adequadas

Mesmo neste cenário tão pouco populista, o cortejo real era uma instituição de peso, como pode-se deduzir pela leitura do texto político mais importante de Java, um poema narrativo do século XIV, o *Negarakertagama*, que não só se baseia em um cortejo real, como também é parte dele.[2020] O princípio básico da arte indonésia de governar – que a corte deve ser uma cópia fiel do cosmos e o reino uma cópia da corte, e o rei, liminarmente suspenso entre deuses e homens, a imagem mediadora de uns para os outros – pode ser representada de uma forma quase diagramática. No centro e ápice, o rei; a seu redor e a seus pés, o palácio; ao redor do palácio, a capital, "confiável e submissa"; ao redor da capital, o reino, "indefeso, servil, condescendente, humilde"; ao redor do reino, "preparando-se para mostrar obediência" o resto do mundo – todos os elementos dispostos segundo os pontos cardeais, uma configuração de círculos concêntricos que retrata não só a estrutura da sociedade mas também uma mandala política, a do universo como um todo:

A capital do reino em Majaphit é o Sol e a Lua,
sem nobres;
Os domínios feudais com os bosques que as rodeiam
são auréolas em volta do sol e da lua;
As muitas outras cidades do reino... são estrelas e planetas;
E as muitas outras ilhas do arquipélago
são reinados de anel, estados dependentes,
atraídos pela Presença real[21].

É essa estrutura, a profunda geometria do cosmos, que o poema celebra e na qual, parte como rito e parte como política, ele se encaixa no cortejo real.

---

para conceitos religiosos bastante difíceis, um assunto que não podemos tratar com profundidade neste contexto. Para uma hierarquia ainda mais diferenciada, cf. o texto *Nawantaya*. Ibid, 3:119-128.

20. Ibid. (apesar do título, a obra é basicamente um texto, uma tradução e um comentário do *Negarakertagama*). Das 1.330 linhas do poema, não menos que 570 são dedicadas a descrições dos cortejos reais, e a maior parte das linhas restantes são subordinadas às primeiras. Literalmente, "Negarakertagama" significa "manual para a ordenação cósmica do estado", e este é o seu verdadeiro tema e não a história do Majapahit, como frequentemente se presume. Foi escrito em 1365 por um clérigo budista que residia na corte do rei Hayam Wuruk (que reinou de 1350 a 1389).

21. *Negarakertagama*, canto 12, estrofe 6. Uma vez mais reconstruí o inglês de Pigeaud, desta vez com mais cuidado, para melhor expressar o que considero ser o sentido do trecho. Sobre o conceito de mandala na Indonésia, onde significa ao mesmo tempo "círculo sagrado", "região sacra" e "comunidade religiosa", sendo também um símbolo do universo propriamente dito, cf. J. GONDA. *Sanskrit in Indonesia*. Nagpur, 1952, p. 5, 131, 218, 227. • PIGEAUD. *Java*, 4:485-86. Sobre este tipo de imaginário nos países asiáticos tradicionais de um modo geral, cf. WHEATLEY, P. *The pivot of the four quarters*. Chicago, 1971.

O poema se inicia com a glorificação do rei. Este é, simultaneamente, Siva em uma forma material – "O igual daquele que faz o dia", em cujo nascimento vulcões entraram em erupção e a terra tremeu – e um nobre vitorioso que conquistou toda a escuridão existente no mundo ("Exterminados estão os inimigos... Recompensados os bons... Reformados os maus")[22]. A seguir, descreve-se o palácio: ao norte, as áreas de recepção; a leste, os templos religiosos; ao sul, os aposentos da família; a oeste, os aposentos dos empregados; no centro, "O Interior do Interior", o pavilhão pessoal do rei. Depois, com o palácio ao centro, descreve-se o complexo que o cerca: leste, o clérigo xivaíta; sul, o clérigo budista; oeste, os parentes do rei; norte, a praça pública. Segue-se, com o complexo ao centro, a capital propriamente dita: ao norte, os ministros mais importantes; a leste, o rei jovem; ao sul, os bispos xivaítas e budistas; a oeste, provavelmente as várias camadas do povo, embora isso não seja mencionado[23]. O próximo círculo, com a capital ao centro, contém as noventa e oito regiões do reino, que se estende da Malásia e Bornéu ao norte e ao leste até o Timor e a Nova Guiné, no sul e oeste; e, finalmente, o círculo mais externo, Sião, Cambodja, Campa e Annam – "Outros países protegidos pelo Ilustre Príncipe"[24]. Praticamente todo o mundo conhecido (partes da China e da Índia também são mencionadas mais tarde) é representado como se estivesse voltado para Java; Java inteira, como se estivesse voltada para Majapahit; e Majapahit inteira como se estivesse voltada para o Rei Hayam Wuruk – "O Sol e a Lua brilhando sobre o círculo da Terra"[25].

Na fria realidade, apenas a região ao leste de Java estava voltada para o centro desta maneira, e, em grande parte, com uma atitude que não poderia ser propriamente descrita como indefesa ou humilde[26]. Era para essa região, onde o sentido do

---

22. Cantos 1-7. A família real, como o primeiro círculo a partir do rei, também recebe elogios. "Aquele que faz o dia", é obviamente uma metonímia para o sol, que é o próprio Siva-Buda, "A não entidade suprema" na Indonésia índica.

23. Cantos 8-12. Existe bastante controvérsia com respeito aos detalhes deste trecho. (Cf. STUTTERHEIM, W.F. *De Kraton van Majapahit.* Haia: [s.e.], 1948; • KERN, H. *Het Oud-Javaansche Lofdicht Negarakertagama van Prapanca.* Haia: [s.e.], 1919, e nem todos esses detalhes são claros. O desenho foi obviamente simplificado neste texto (na realidade é um sistema de 16-8-4 pontos ao redor de um centro, e além disso é cosmológico e não exatamente geográfico). "As camadas do povo" é uma interpolação minha, com base em conhecimento adquirido mais tarde, em outros exemplos. "O jovem rei" não indica o delfim, mas sim a linha da segunda ordem no reino. Este sistema de "rei duplo" é comum nos estados da Indonésia índica mas é demasiado complexo para ser explicado aqui. Conferir meu livro *Negara* para uma discussão mais completa do assunto.

24. Cantos 13-16.

25. Canto 92.

26. Sobre o exagero no tamanho de Majapahit, cf., com precaução, BERG, C.C. "De Sadèng oorlog en de mythe van Groot Majapahit". *Indonesie* 5 (1951), p. 385-422. Cf. tb. meu artigo "Politics past, politics present: some notes on the uses of anthropology in understanding the New States". In: GEERTZ, C. *The Interpretation of cultures.* Nova York, 1973, p. 327-341.

reino, por mais fraco que fosse, era pelo menos algo mais que mera presunção poética, que os cortejos reais eram enviados: oeste para Pajang, próxima à Surakarta de nossos dias, em 1353; norte para Lasem no Mar de Java em 1354; sul para Lodaya e o Oceano Índico, em 1357; leste para Lumajang, quase Bali, em 1359[27].

Só o último destes cortejos, entretanto, provavelmente o maior de todos, foi descrito em detalhe – mais de quatrocentas linhas lhe foram dedicadas. O rei deixou a capital no começo da estação seca, visitou cerca de 210 localidades espalhadas em uma área de entre dez a quinze mil milhas quadradas, e retornou pouco antes que a monção do oeste trouxesse as chuvas. Eram cerca de quatrocentos carros, com rodas sólidas, puxados por bois; mais para efeito do que para qualquer outra coisa, havia elefantes, cavalos, burros e até camelos (importados da Índia); e também bandos de pessoas a pé, algumas carregando fardos, outras exibindo as insígnias reais, outras certamente dançando e cantando – o cortejo todo movimentando-se lentamente, a uma milha ou duas por hora, como um engarrafamento arcaico, pelas estradas estreitas e esburacadas em cujas margens alinhavam-se multidões de camponeses embevecidos. O setor mais importante da procissão, que vinha aparentemente no meio dela, tinha a sua frente o carro do ministro de maior categoria, o conhecido Gajah Mada. A este seguiam-se, em ordem hierárquica, as quatro princesas do reino – a irmã, a prima, a tia e a mãe do rei – com seus respectivos cônjuges. Depois delas, sentado em um palanquim e rodeado por dezenas de esposas, guarda-costas e empregados, vinha o rei "enfeitado com ouro e joias, brilhando". Como cada uma das princesas representava um dos pontos cardeais (assinalados com símbolos tradicionais em seu carro e nela própria através de seu título que a associava com o quarto do país que, em relação à capital, ficava naquela direção), e o rei representava o centro no qual todas se resumiam, a própria ordem da marcha para o interior do reino representava a estrutura do cosmos, estrutura que, aliás, a organização da corte também refletia[28]. Para que esta aplicação da simetria dos céus à confusão da terra estivesse completa, era preciso que o campo, seguindo o mesmo exemplo, e o mesmo desenho, também adotasse essa estrutura.

As paradas desta caravana desajeitada – em ermidas na floresta, lagos sagrados, santuários nas montanhas, acampamentos de sacerdotes, templos ancestrais ou estatais, ou nas praias da costa (onde o rei "acenando para o mar", compunha alguns versos para aplacar os demônios marítimos – não tinham outra função senão a de reforçar esta imagem de espetáculo ambulante metafísico[29]. Aonde quer que Hayam

27. Canto 17. Outros cortejos menores e com objetivos específicos são também mencionados nos anos 1360. Cf. os cantos 61 e 70.

28. Cantos 13-18. O sistema direcional se integrava com o simbolismo das cores, já que as quatro cores primárias – vermelho, branco, preto e amarelo – eram dispostas ao redor de um centro matizado. Os cinco dias da semana, os cinco períodos do dia, e os cinco estágios do ciclo vital, bem assim como as plantas, os deuses, e um número de outras formas simbólicas naturais ou sociais, se fundiam nessa mesma estrutura, tornando-a, portanto, extremamente complexa, uma representação pictórica da totalidade do cosmos.

29. Cantos 13-38, 55-60. Quatro ou cinco destas paradas são descritas detalhadamente; mas, certamente o número total de paradas seria de dez a quinze vezes maior que isso.

Wuruk fosse, cobriam-no com presentes luxuosos – tecidos, especiarias, animais, flores, tambores, dispositivos para fazer fogo, virgens. À exceção das virgens, a maior parte destes objetos ele redistribuía, quanto mais não fosse, porque seria inviável transportá-los todos. Organizavam-se cerimônias em todos os lugares, e nestas eram numerosas as oblações: em território budista, ofertas budistas, em território xivaíta, ofertas xivaítas, e, em muitas áreas, um pouco de ambas. Eremitas, doutores, sacerdotes, abades, feiticeiros, sábios, vinham a sua presença, buscando contato com energias sagradas; e praticamente em todas as cidades, e às vezes até em acampamentos, dava audiências públicas, também cercadas de cerimonial, para autoridades locais, mercadores e membros mais importantes da população em geral. Quando não lhe era possível chegar a certos lugares – tais como Bali, Madura, Balmbangan – os chefes vinham ao seu encontro trazendo presentes, em sinal de deferência, e "tentando superar uns aos outros." Tudo fazia parte de um vasto ritual que buscava ordenar o mundo social confrontando-o com a magnificência vinda de planos mais altos, e com um rei que, ao imitar os deuses com tanta perfeição, chegava a parecer, ele próprio, um deus, aos olhos de seus subordinados.

Em suma, no lugar do moralismo cristão, a estética índica. Na Inglaterra do século XVI, o centro político da sociedade era o ponto no qual a tensão entre as paixões que o poder incitava e os ideais a que este poder deveria supostamente servir tinha chegado a seu limite máximo; portanto, o simbolismo dos cortejos era admonitório e convencional: os súditos advertiam, e a rainha prometia. Na Java do século XIV, o centro era o ponto no qual esta tensão tinha desaparecido no esplendor da simetria cósmica: por consequência, o simbolismo era exemplar e mimético: o rei exibia, e os súditos copiavam. O cortejo em Majapahit, da mesma forma que o cortejo elizabetano, propagava os temas dominantes no pensamento político – a corte reflete o mundo que o mundo deve imitar; a sociedade se desenvolve à medida que assimila este fato; e é função do rei, que empunha o espelho, garantir que essa assimilação se processe. Neste caso, é a analogia, não a alegoria, que produz a magia:

> Java inteira será como a capital dos domínios do Rei;
> Os milhares de cabanas de camponeses serão como as propriedades cortesãs que cercam o palácio;
>
> As outras ilhas serão como as terras cultivadas, felizes e tranquilas;
> As florestas e montanhas serão como os parques, e Ele irá a todas, com paz em seu espírito[30].

---

30. Canto 17, estrofe 3. Uma vez mais alterei a tradução; especificamente, traduzi *negara* como "capital" em vez de "cidade". Sobre os vários sentidos dessa palavra, cf. meu *Negara*.

O Marrocos de Hasan: movimento e energia

Não é necessário que o poder seja disfarçado de virtude ou cercado de cosmologia para ser visto como um poder a serviço de interesses específicos: sua espiritualidade pode ser simbolizada de uma forma direta. No Marrocos tradicional, "o Marrocos que existiu" como Walter Harris o chama, o poder pessoal, a habilidade de fazer com que as coisas aconteçam como queremos que aconteçam – prevalecer – era por si só o sinal mais indisputável de graça[31]. Em um mundo de vontades dominando vontades, e a de Alá dominando todas as outras, o poder não precisava ser representado como outra coisa além de si mesmo para que se inundasse de significados transcendentes. Como Deus, os reis desejavam e exigiam, julgavam e decretavam, castigavam e recompensavam. *C'est son métier*: Não era preciso ter justificativas para reinar.

É claro que era preciso ter capacidade, e isso não era tão fácil de encontrar em um campo imenso e mutante de, literalmente, centenas de aventureiros políticos, todos interessados em construir uma maior ou menor configuração de apoio pessoal a seu redor. Em Marrocos não havia nem a hierarquia do hinduísmo medieval nem o salvacionismo do cristianismo da Reforma para canonizar o soberano; havia somente um sentido aguçado do poder de Deus e a crença de que, no mundo, este poder se manifestava através dos empreendimentos de homens poderosos, entre os quais os mais notáveis eram os reis. A vida política é uma batalha de personalidades em qualquer parte do mundo, e mesmo nos estados onde o poder é mais centralizado figuras secundárias resistem às imposições do centro; mas no Marrocos não se considerava esta resistência como algo que estivesse em conflito com a ordem das coisas, um elemento desintegrador da forma ou subversivo da virtude, mas sim como a expressão mais pura daquela ordem. A sociedade era agonística – um torneio de vontades; portanto, a própria monarquia e o simbolismo que a exaltava também o eram. Neste contexto, não era tão fácil distinguir entre cortejos reais e ataques de surpresa.

Do ponto de vista político, o Marrocos dos séculos XVIII e XIX era uma monarquia de guerreiros, cujo centro se situava na planície Atlântica, com um número de "tribos" pelo menos esporadicamente submissas, assentadas nas regiões férteis mais próximas, e um número menor delas espalhadas pelas montanhas, estepes e oásis que cercam o país[32]. Do ponto de vista religioso, compreendia uma dinastia

31. HARRIS, W.B. *Morocco that was.* Boston: [s.e.], 1921. A discussão que se segue limita-se ao período da dinastia Alawita, isto é, do século XVII ao século XX (ainda está no poder), e a maior parte do conteúdo refere-se ao século XVIII e XIX. Uma vez mais, dependi fortemente de minha própria pesquisa (cf. GEERTZ, C. *Islam observed*: religious development in Morocco and Indonesia. New Haven: [s.e.], 1968. • GEERTZ, C.; GEERTZ, H. & ROSEN, L. *Meaning and order in moroccan society.* Cambridge/Nova York: [s.e.], 1979.

32. O melhor trabalho sobre o estado marroquino tradicional é o de AUBIN, E. *Morocco of Today.* Londres: [s.e.], 1906. O termo "tribo" é de difícil aplicação em Marrocos, onde os grupos sociais não são estáveis e de-

"xarifiana" , ou seja, que se diz descendente de Maomé, um número de especialistas no Corão, juristas, professores, escribas (ulemá) e os famosos *marabus*, um grupo de homens que, mortos ou vivos, eram considerados sagrados, e com poderes milagrosos[33]. Em teoria, isto é, na teoria islâmica, os reinos religioso e político eram um só, e o rei, o califa, chefe de ambos; o estado, portanto, era uma teocracia. Esta teoria, no entanto, nem para o próprio rei poderia ser mais que um ideal perdido, em um contexto onde aventureiros carismáticos surgiam de todos os lados e a qualquer momento. Se é que a sociedade marroquina tem algum princípio geral que a orienta, este deve ser um que reza que as pessoas só possuem verdadeiramente aquilo que têm a capacidade de defender, seja essa propriedade terra, água, mulheres, sócios comerciais, ou autoridade pessoal: qualquer que fosse a magia do rei, ele era forçado a protegê-la arduamente.

A visão dessa magia era relacionada com outro famoso conceito norte-africano: o *baraka*[34]. O termo já foi comparado a inúmeros outros conceitos na tentativa de explicá-lo – maná, carisma, "eletricidade espiritual"; trata-se de algo assim como um dom de poder sobrenatural que pode ser utilizado por aqueles que o recebem a seu bel-prazer, de uma forma natural e pragmática, com propósitos mundanos e de interesse próprio. Mas o que melhor define baraka, e o diferencia de outros conceitos semelhantes, é que é radicalmente individualista, algo que um indivíduo simplesmente tem, como tem força, coragem, energia ou agressividade, e, como o são estes atributos, é também distribuído arbitrariamente. Na verdade, e em um certo sentido, baraka poderia ser considerado um resumo destes atributos, as virtudes que, ao serem ativadas, dão a alguns seres humanos o poder de prevalecer sobre outros. Para triunfar, fosse na corte ou em um acampamento na montanha, era necessário demonstrar que se tinha o baraka, que Deus nos tinha dado essa capacidade de dominar, e esconder esse dom poderia literalmente significar a morte. Não era uma condição, como a caridade, ou um traço do caráter, como o orgulho, que transparecem por si mesmos, e sim um movimento, como a vontade, que existe através do impacto que provoca. Como tudo mais que o rei fazia, os cortejos reais tinham como função provocar esse impacto, principalmente para atingir aos que julgassem que seu próprio baraka era comparável ao do rei.

Em Marrocos, os cortejos aconteciam quase continuamente, e não de forma esporádica ou periódica, determinada em qualquer programa preestabelecido. "O

---

finidos. Cf. BERQUE, J. Qu'est-ce qu'une tribu nord-africaine?. In: *Eventail de L'histoire vivante*: hommage à Lucien Febvre. Paris: [s.e.], 1953.

33. Cf. BEL, A. *La religion musulmane en Berbérie*. Vol. 1. Paris: [s.e.], 1938. • GELLNER, E. *Saints of the Atlas*. Chicago: [s.e.], 1969. • GEERTZ, C. *Islam observed*. Muitos dos *ulemás* e *marabus* eram também *xarifes*. Sobre os xarifes marroquinos de um modo geral, cf. LÉVI-PROVENÇAL, E. *Les historiens des Chorfa*. Paris: [s.e.], 1922.

34. Sobre o conceito de *baraka* cf. WESTERMARCK, E. *Ritual and belief in Morocco*. 2 vols. Londres: [s.e.], 1926. • GEERTZ, C. *Islam observed*.

trono do rei é sua sela", rezava um dito popular, "e o céu seu pálio". E outro: "As tendas reais nunca são armazenadas". Diz-se de Mulay Ismail, o famoso consolidador da dinastia, o homem que, no fim do século XVII e começo do século XVIII, tornou o seu *baraka* realidade, passando a maior parte do seu reinado "sob lona" (na primeira parte de seu reinado, observa um historiógrafo da época, o rei não passou um só ano inteiro em seu palácio); e mesmo Mulay Hasan (d. 1894), o último dos reis do antigo regime no Marrocos, normalmente passava seis meses do ano viajando, mostrando soberania aos céticos[35]. Os reis nem sequer mantinham uma capital única: mudavam a corte incessantemente entre todas as chamadas cidades imperiais – Fez, Marrakech, Meknes e Rabat – e não se sentiam totalmente em casa em nenhuma delas. Viajar era a regra, não a exceção; e embora o rei não pudesse, como Deus, estar em todas as partes ao mesmo tempo, podia pelo menos tentar dar esta impressão: "Ninguém podia estar seguro de que o sultão não chegaria à frente de suas tropas pela manhã. Nestas ocasiões, as pessoas mais inflexíveis se dispunham a negociar com [seus] representantes e aceitar condições que beneficiassem o soberano"[36]. Como seus adversários, o centro perambulava: "Cruze terras e mares e você destruirá seus inimigos", diz outro provérbio marroquino, "fique sentado e eles o destruirão."

Referiam-se a essa corte ambulante como *mehalla*, cujo significado literal era "estação intermediária", "acampamento", "escala", ou como *ḥarka*, que literalmente significava "movimento", "agitação", "ação", dependendo do aspecto – governamental ou militar – a que se queria dar maior ênfase. Normalmente o rei permanecia acampado em uma área por um período que poderia durar vários dias ou vários meses, e depois mudava-se, pouco a pouco, para outra, onde permaneceria por períodos semelhantes, recebendo os chefes locais e outros notáveis, organizando festas, enviando expedições punitivas quando necessário, e, de alguma forma, marcando sua presença. O que, aliás, não deveria ser muito difícil, pois um acampamento real era um espetáculo impressionante, um mar imenso de tendas, soldados, escravos, animais, prisioneiros, armas, e seguidores. Na estimativa de Harris, o acampamento de

35. Sobre a mobilidade surpreendente de Mulay Ismail, cf. HOUDAS, O.V. *Le Maroc de 1631-1812 par Ezziani.* Amsterdam: [s.e.], 1969, p. 24-55; a referência do texto na p. 46. Sobre Mulay Hasan, cf. BONSAL, S. *Morocco as it is.* Nova York /Londres: [s.e.], 1893, p. 47s.; cf. HARRIS. *Morocco that was*, p. 1s.

36. SCHAAR, S. *Conflict and Change in Nineteenth-Century Morocco* (Dissertação de doutorado, Universidade de Princeton, 1964), p. 72. A mobilidade constante também marcava, e de forma semelhante, a natureza da corte: "O próprio tipo de vida que a maioria dos membros [da corte] são forçados a levar os desarraiga, e os impede de ter contato com sua tribo ou sua aldeia nativa, vinculando-os à instituição da qual são dependentes, à exclusão de qualquer outros laços. A maior parte [da corte] se concentra ao redor do sultão, e se torna nômade como ele. Passam a vida sob lonas, ou então, em épocas variadas, em uma das cidades imperiais – mudanças constantes, na verdade, e nenhum laço em lugar algum. Seus horizontes se estreitam, as coisas externas perdem importância, e os membros da [corte] não têm olhos para outra coisa senão este mecanismo poderoso, mestre de suas vidas e de seu destino" (AUBIN. *Morocco of today*, p. 183).

Mulay Hasan em Tafilalt, em 1893, teria cerca de 40.000 pessoas ("uma estranha mistura em que a confusão total e a mais perfeita ordem se sucediam uma a outra [...] rápida e constantemente"), e de cinquenta a sessenta tendas, só no complexo real. E mesmo já no final de 1898, quando toda essa movimentação ia chegando ao fim, Weisgerber fala de "milhares de homens e de animais" no acampamento de Mulay Abdul Aziz em Chaouia, que ele também descreve, mais realisticamente, como um imenso lago de lama contaminada[37].

A mobilidade do rei era, portanto, um fator essencial de seu poder; unificava-se o reino – na medida, bastante parcial, em que este pudesse ser unificado ou mesmo chamado de reino – através de uma busca constante de contatos, sobretudo contatos competitivos, com, literalmente, centenas de centros de poder menores que nele se encontravam. O conflito com os poderosos locais não era necessariamente e nem frequentemente violento (Schaar cita a máxima popular segundo a qual o rei usava noventa e nove estratagemas, dos quais o uso de armas de fogo era só o centésimo) mas era contínuo – rixas, intrigas e negociações, umas atrás das outras – principalmente para um rei ambicioso que desejasse criar um estado[38]. Era uma ocupação exaustiva, a que só os incansáveis podiam se dedicar. O que a castidade significava para Elizabete, e a magnificência para Hayam Wuruk, a energia era para Mulay Ismail ou Mulay Hasan: enquanto estivesse em movimento, castigando um adversário aqui, obtendo um aliado acolá, o rei conseguia dar mais credibilidade à asserção de que seu poder tinha-lhe sido concedido por Deus. Porém, só enquanto durasse esse movimento. O grito tradicional com que as multidões saudavam o rei que passava – *Allāh ybarak f-ʿamer Sīdī* – "Deus lhe dê *baraka* para sempre, meu Senhor", era mais ambíguo do que parece: "para sempre" terminava quando o controle acabasse.

Não há exemplo mais comovedor do quanto a consciência dos governantes marroquinos era dominada por esta realidade, nem testemunho mais cruel de sua veracidade, do que o terrível e último cortejo de Mulay Hasan. Frustrado em suas tentativas de que

37. HARRIS, W.B. *Tafilet*. Londres, 1895, p. 240-243. • WEISGERBER, F. *Au Seuil du Maroc modern*. Rabat, 1947, p. 46-60 (onde também pode-se encontrar um mapa do campo). Em movimento, não era menos impressionante; para uma descrição vívida e completa, com encantadores de serpentes, acrobatas, leprosos e homens abrindo suas cabeças com machadinhas, cf. HARRIS. *Morocco that was*, p. 54-60. Os *harkas* eram empreendimentos multitribais, cuja parte mais importante era constituída pelas chamadas tribos militares – *jaysh* – que serviam à corte como soldados em troca de terra e outros privilégios. Não podemos resistir a mais um provérbio aqui: *f-l-harka, baraka*: "Há bênção na mobilidade".

38. SCHAAR. *Conflict and change in Morocco*, p. 73. A violência consistia principalmente em incendiar os acampamentos e cortar as cabeças de inimigos particularmente recalcitrantes (as quais, salgadas pelos judeus, eram exibidas à entrada da tenda ou do palácio do rei). A meditação, que era mais comum, era conduzida pelos funcionários reais ou, frequentemente, por vários tipos de figuras religiosas especialmente treinadas para esta tarefa. Schaar (ibid., p. 75) observa que os reis, ou pelo menos os que fossem sábios, procuravam não ser demasiado severos: "O ideal era atacar o inimigo de forma ágil, recolher os pagamentos de tributos, estabelecer uma administração rigorosa em seu meio, e seguir adiante na direção do próximo alvo".

reformas administrativas, militares e econômicas produzissem resultados, ameaçado de todos os lados pelos poderes europeus que se introduziam no reino, e desgastado pelo esforço de tentar manter o país unido durante vinte anos só com o poder de sua personalidade, Mulay Hasan decidiu comandar, em 1893, uma expedição gigantesca ao templo do fundador de sua dinastia, em Tafilalt, um oásis à margem do deserto a umas trezentas milhas ao sul de Fez. Uma viagem longa, árdua, perigosa e cara, que foi realizada apesar das opiniões quase que unanimemente contrárias, esta expedição foi provavelmente a maior *mahalla* jamais organizada no Marrocos – um esforço dramático, desesperado, e, no final, desastroso, de autorrenovar-se.

A expedição, composta por trinta mil homens convocados entre os membros das tribos leais ao rei da planície Atlântica, montados principalmente em mulas, saiu de Fez em abril, atravessou o Atlas médio e alto no verão e no começo do outono, e chegou a Tafilalt em novembro[39]. Como só um europeu, um médico francês, teve permissão de participar da expedição, e ele era um observador indiferente (parecem não existir relatos nativos), não sabemos muito sobre a viagem, a não ser que foi extenuante. Além dos obstáculos puramente físicos (os desfiladeiros mais altos têm uma altitude de quase oito mil pés, e a estrada era pouco mais que uma trilha escavada nas rochas), o fardo de bagagem, tendas e armamentos (até canhões foram arrastados) e a dificuldade logística de alimentar tantas pessoas e animais, toda a região estava semeada com tribos berberes em conflito, que tinham que ser impedidas, meio com ameaças, meio com chantagem, e algumas vezes à força, de "comer a caravana". Porém, embora houvesse alguns momentos difíceis, e a expedição se atrasasse bastante, nada particularmente terrível parece ter acontecido durante a viagem. Os *sheiks* vieram, acompanhados de dezenas de seus homens; a hospitalidade real foi oferecida a todos; e entre um cavalgar primoroso, e demonstrações de tiro ao alvo, trocaram-se presentes, bebeu-se chá, sacrificaram-se bois, recolheram-se impostos, e prometeu-se lealdade. Todo o problema começou realmente após a chegada ao templo e ao término das preces.

É provável que o rei, ao perceber o atraso que a lenta travessia do Atlas causara, e ao ver seus exércitos febris e famintos, quisesse permanecer no oásis durante todo o inverno. Porém, um conjunto de fatores fez com que ali permanecesse menos de um mês. As tribos berberes ainda representavam um perigo, especialmente as do sul, que eram as mais beligerantes; temia-se que agentes franceses, enviados do sul da

---

39. Material sobre a *mehalla* a Tafilalt pode ser encontrado em HARRIS. *Tafilet*, p. 213s. • LEBEL, R. *Les Voyageurs français du Maroc.* Paris: [s.e.], 1936, p. 215-220. • CRUCHET, R. *La conquête pacifique du Maroc et du Tafilalet.* 2. ed. Paris: [s.e.], 1934, p. 223-241. • MAXWELL, G. *Lords of the Atlas.* Nova York: [s.e.], 1966, p. 31-50. • LINARÈS, F. "Voyage au Tafilalet". *Bulletin de l'Institut de la Hygiène du Maroc*, n. 3-4, 1932. Cf. DUNN, R.E. *Resistance in the desert.* Madison: University of Wisconsin Press, 1977, que dá ênfase ao desejo do rei de estabilizar o Tafilalt contra a incursão francesa como motivo para a viagem. Dez mulheres do harém real também acompanharam o rei, e Cruchet acredita que também faziam parte da expedição cerca de dez mil seguidores, mercadores "et autres parasites qui sont la rançon d'une troupe, n'est pas une sinécure" (*La Conquête pacifique*, p. 223).

Argélia, pudessem assassinar o rei; e surgiam relatos de combates acirrados entre marroquinos e espanhóis na região oposta do país, banhada pelo Mediterrâneo. No entanto, o fator que mais deve ter influenciado o rei em sua decisão de tentar retornar à planície em um momento tão pouco adequado talvez tenha sido o fato de que as forças começavam a lhe faltar. Harris, que o viu em Tafilalt, notou que havia envelhecido muito desde a última vez que o vira, dois anos antes (acredita-se que estivesse com quarenta e poucos anos), e achou-o cansado, abatido, prematuramente grisalho; e o mesmo sentimento de perda de energia que o tinha levado para o sul empurrou-o para o norte uma vez mais, quando a volta a suas origens não conseguiu fazer ressurgir essa energia.

De qualquer forma, a expedição, agora com apenas dez mil homens, partiu em dezembro para Marrakech – uma marcha de três semanas através do Alto Atlas na direção leste, atravessando uma região ainda mais geográfica e politicamente proibitiva que aquela que tinha sido atravessada anteriormente. Além disso, o inverno tinha chegado, e o empreendimento logo transformou-se em uma retirada de Moscou:

> Assim que seu exército atingiu o sopé das montanhas, as neves do inverno começaram a cair; à medida em que iam subindo o maciço principal, camelos, mulas e cavalos, enfraquecidos pela fome, tropeçavam e caíam na neve acumulada pelo vento, e morriam. Pouco mais que suas carcaças era o que separava o restante da *harka* da morte por inanição, e os animais sobreviventes continuavam a subir, cambaleantes sob o fardo da pouca carne que podia ser retirada dos corpos de seus companheiros. O exército era acompanhado por nuvens de corvos, milhafres e urubus. Centenas de homens morriam diariamente, e seus corpos eram abandonados na neve, depois de despidos de quaisquer farrapos que ainda tivessem[40].

Quando finalmente chegaram a Marrakech, mais que um terço de um exército já bastante reduzido tinha-se perdido; e Harris, ele próprio bastante mobilizável (era o correspondente do *Times* de Londres), que já estava à espera, descobriu que o rei não só estava envelhecendo, mas que estava morrendo:

> Aquilo que era apenas perceptível em Tafilet, era duplamente visível agora. O sultão tinha se tornado um ancião. Sujo da viagem e exausto, ele chegou em seu enorme cavalo branco cujos ornamentos em verde e ouro eram agora apenas um escárnio, enquanto que, sobre um rosto que era a imagem do sofrimento, flutuava a sombrinha de veludo vermelho do império. Atrás dele, entrou na cidade um bando de homens e animais semimortos de fome, tentando alegrar-se, pois, finalmente, sua longa e terrível viagem havia terminado, mas demasiado enfermos e demasiado famintos para lográ-lo[41].

40. MAXWELL. *Lords of the Atlas*, p. 39-40.

41. HARRIS. *Tafilet*, p. 333.

O rei ficou em Marrakech até a primavera, tentando recuperar suas forças; mas a ansiedade renovada a respeito da situação no norte, que se deteriorava, e a necessidade de sua presença naquela região, fizeram com que partisse uma vez mais. Tinha chegado a Tadla, a umas cem milhas de Marrakech, quando sofreu um colapso e morreu. Seus ministros, porém, não revelaram sua morte, pois temiam que, uma vez morto o rei, a caravana se dissolveria, tribos inimigas a atacariam e conspiradores que apoiavam outros candidatos conseguiriam impedir que o sucessor escolhido por Mulay Hasan, seu filho de doze anos, Mulay Abdul Aziz, subisse ao trono. Por esta razão anunciaram que o rei estava apenas indisposto e descansando em seus aposentos particulares. Colocaram o corpo em um palanquim com cortinas e ordenaram que a expedição prosseguisse sua marcha, uma marcha brutal sob o calor do verão, na direção de Rabat. Levavam comida à tenda do rei e retiravam o prato vazio como se ele a tivesse comido. Os poucos ministros que conheciam o segredo entravam e saíam rapidamente dos aposentos reais, como se estivessem gerindo negócios de estado. Permissão para olhar rapidamente o rei foi concedida a uns poucos *sheiks* locais, avisados de que o rei dormia. Dois dias depois, quando finalmente o cortejo se aproximava de Rabat, o cadáver do rei cheirava tão mal que anunciou sua morte por si mesmo; porém, a essa altura, as tribos perigosas já tinham sido deixadas para trás, e Abdul Aziz, cujos seguidores tinham sido avisados do evento por um mensageiro, tinha sido proclamado rei na cidade. Em mais dois dias, a caravana, que se reduzira praticamente aos ministros e guarda-costas do antigo rei, pois os demais se haviam dispersado ou perambulavam mais atrás, arrastou-se até Rabat, envolvida no mau cheiro da morte real.

Escreveu Walter Harris:

> Pela descrição que me fez seu filho Mulai Abdul Aziz, deve ter sido uma cena horripilante: a chegada às pressas do instável palanquim carregando seu fardo terrível, morto há cinco dias no calor insuportável do verão; os que o escoltavam tinham seus rostos cobertos por lenços amarrados, mas mesmo esta precaução não impedia que vomitassem constantemente – e até as mulas que levavam o palanquim em seu dorso pareciam ter sido afetadas pelo horror do ambiente, e volta e meia tentavam safar-se e fugir[42].

E assim, tendo perdido seu impulso inicial, o cortejo que tinha começado mais de um ano antes teve seu fim, e com ele terminaram também duas décadas de corridas de um canto do país ao outro, para defender a ideia de uma monarquia religiosa. Pois este foi mais ou menos o fim desta tradição; os dois reis que se seguiram – um dos quais reinou por quatorze anos, e o outro por quatro – só tentaram organizar umas poucas *ḥarkas*, bastante desconexas, em um contexto que se desintegrava; os franceses, que tomaram o poder depois deles, fizeram prisioneiros em seus próprios

42. HARRIS. *Morocco that was*, p. 13-14; para uma descrição mais detalhada, cf. HARRIS. *Tafilet*, p. 345-351.

palácios os dois reis que se seguiram. Sem movimentar-se, os reis marroquinos estavam tão mortos como Hasan, e sua *baraka* impotente e teórica. Para terem legitimidade ante os súditos não precisavam ser nem a personificação de uma virtude salvadora, nem reflexos da ordem cósmica, mas sim explosões da energia divina; e até a menor das explosões necessita um certo espaço para que possa acontecer.

Conclusão

A primeira reação que se tem a toda essa discussão sobre monarcas, sua pompa e suas peregrinações, é que são coisas de um passado remoto, de uma época em que, como diz a conhecida frase de Huizinga, o mundo era uns quinhentos anos mais jovem e tudo era mais simples. Todos os grilos e abelhas douradas se foram; a monarquia, no verdadeiro sentido da palavra, foi destruída ritualmente em uma forca em Whitehall em 1649 e em outra na Praça da Revolução em 1793; os poucos fragmentos dela que restam no Terceiro Mundo são só isso: fragmentos, relíquias de reis cuja probabilidade de ter sucessores diminui a cada hora que passa[43]. A Inglaterra tem uma segunda Elizabete, que talvez seja tão casta – ou provavelmente mais casta – que a primeira, e que recebe louvores apropriados em ocasiões públicas, mas a semelhança termina aqui; o Marrocos tem um segundo Hasan, mas este é mais um coronel francês que um príncipe árabe; e o último rei da longa descendência de reis da Java índica, Hamengku Buwono IX, teve seu cargo legalmente abolido (1977) e é o vice-presidente da República Indonésia, um vice-presidente tímido, bastante ineficaz, ligeiramente socialista, ao redor do qual não giram nem mesmo os menores planetas.

Entretanto, embora tudo isso seja bastante verdadeiro, é uma visão superficial. A relevância do fato histórico para a análise sociológica não depende da proposição de que não há nada no presente a não ser o passado, o que não é verdade, nem de analogias fáceis entre instituições extintas e a maneira como vivemos hoje. Depende, sim, da percepção de que embora mudem tanto a estrutura como as expressões da vida social, não mudam as necessidades internas que lhes dão vida. Os tronos podem estar fora de moda, bem assim como os cortejos e a pompa; mas a autoridade política – e a própria oposição a esta autoridade – ainda exigem uma estrutura cultural

43. Para o argumento com respeito à destruição ritual da monarquia, cf. WALZER. *Regicide and Revolution*. Concordo com o argumento de Walzer de que o julgamento e a execução de Charles e de Luís foram atos simbólicos cujo objetivo era não somente matar reis, mas matar a monarquia. Com relação a seu outro argumento, de que essas execuções modificaram de forma permanente e total todo o panorama da vida política inglesa e francesa, não estou tão convencido. A outra parte deste tipo de argumento é, sem dúvida, que a democracia impossibilita a antropomorfização do poder: "Die Repräsentation, isto é, da "majestade" verlangt eine Hierarchie, die der Gleichheit des demokratischen Staates widerspricht, in der jeder Bürger Soverain ist und Majestas hat. So aber alle Könige sind, da kann keiner mehr als König auftreten, und die Repräsentation wird unmöglich" (STRAUB. Repräesentatio Maiestatis, p. 10). No entanto, na companhia de Tocqueville e de Talmon, também não estou muito convencido disto.

em que se definir e fazer suas asserções. Um mundo totalmente desmistificado é um mundo totalmente despolitizado; e embora Weber nos tenha prometido ambos – especialistas sem alma em uma jaula de ferro burocrática – o curso dos eventos desde então, com seus Sukarnos, Churchills, Nkrumahs, Hitlers, Maos, Roosevelts, Stalins, Nassers e De Gaulles, sugere que o que morreu em 1793 (até o ponto em que morreu) foi uma certa visão da afinidade entre o tipo de poder que move os homens e o que move montanhas, e não o sentimento de que esta afinidade existe.

A "teologia política" (para retornar ao termo de Kantorowicz) do século XX ainda não foi escrita, embora tenham havido, aqui e ali, algumas tentativas nesta direção. No entanto, ela existe – ou, mais precisamente, existem várias formas dela – e enquanto não a compreendermos, pelo menos tão bem como compreendemos a dos Tudor, dos Majapahits ou dos Alawites, uma grande parte da vida pública de nosso tempo vai permanecer obscura. O extraordinário não deixou a política moderna, por mais que a banalidade nela tenha entrado; o poder ainda inebria, mas também ainda dignifica.

É por esse motivo que mesmo que o tipo de figura carismática que nos interessa seja periférico, efêmero, ou sem base sólida – o mais extremado dos profetas, ou o mais radical dos revolucionários – devemos primeiramente examinar o centro e os símbolos e concepções que nele existem, para que possamos entendê-los e saber exatamente o que eles significam. Não é por acidente que os Stuarts tiveram seus Cromwells e os Médicis seus Savonarolas – ou até mesmo os Hindenburgs seus Hitlers. Todas as ameaças carismáticas sérias que surgiram no Marrocos dos Alawite tiveram como autor algum personagem do poder local, que não só afirmava que sua *baraka* era poderosíssima, como também o demonstrava, através de iniciativas – *siba*, literalmente, "insolência" – cujo objetivo era expor a fragilidade do rei, mostrando que este era incapaz de fazê-lo parar; e Java sempre foi assediada por místicos locais, que saíam de seus transes meditativos para se apresentarem ao mundo como seu "soberano exemplar" (*Ratu Adil*), figuras que fariam retornar a ordem perdida e criariam formas de governar mais transparentes[44]. É esse o paradoxo do carisma: embora suas raízes se encontrem naquele desejo de estar perto do centro onde as coisas acontecem, ou de estar envolvido em assuntos sérios e importantes, um desejo que é mais característico daqueles que, realmente, têm o controle da sociedade, viajam em cortejos e concedem audiências, as expressões carismáticas mais fulgurantes aparecem, normalmente, entre pessoas que se encontram a alguma distância do centro, e com alguma frequência a uma enorme distância do centro, mas que desejam desesperadamente aproximar-se deste. A heresia é fruto da ortodoxia também na política, e não só na religião.

E tanto a ortodoxia como a heresia são fenômenos universais, por mais eficaz que seja a polícia secreta, como nos certificamos quando trabalhadores se rebelam na Ale-

44. Para uma descrição de algumas das atividades *siba* no final do Protetorado, cf. BURKE, E. *Prelude to protectorate in Morocco.* Chicago, 1976. Sobre o *ratu adil*, cf. SARTONO KARTODIRDJO. *Protest movements in rural Java.* Cingapura, 1973.

manha Oriental, românticos tolstoianos reaparecem na Rússia, ou, ainda mais estranho, militares populistas surgem em Portugal. O desdobramento da vida política em conceitos gerais sobre como a realidade social deve ser construída não desapareceu com o fim da continuidade dinástica ou do direito divino. *Quem* recebe o *quê, quando, onde e como*, é uma visão da política tão culturalmente diferente – e, à sua maneira, tão transcendental – como a defesa da "sabedoria e da honestidade", a exaltação daquele que é "Igual ao que fez o dia", ou o fluxo inconstante do *baraka*. Nem é ela menos capaz de produzir espetáculos que exaltem ou desafiem o centro:

> Acompanhei o grupo de jornalistas que fazia a cobertura de Humphrey até o local de uma das visitas do candidato, uma escola para crianças com deficiências físicas ou mentais. Ele trocou apertos de mão com cada uma das Irmãs. Todas elas. E com todas as crianças que ele conseguia agarrar. A duração da visita deveria ser de vinte minutos. Treze destes foram utilizados para apertar mãos. A palestra leva vinte minutos, e vai se prolongando para vinte e cinco, depois para trinta. As mãos do pobre padre que tentava traduzir o discurso em linguagem para surdos já estão cansadas [...] trinta e cinco minutos – uma outra pessoa assume a posição de tradutor [...] "E alguns dos homens mais importantes da história eram deficientes" – tenta lembrar de algum, seus olhos brilham, as bochechas adquirem aquele lustro familiar, aquele ar de "eu sei tudo" – "Thomas Edison. Todos nós temos deficiências..." "Qual é a palavra mais importante da língua inglesa? Serviços!" "E a segunda palavra mais importante é 'amor'"! "E quais são as últimas quatro letras na palavra 'American'? *I CAN*. Vamos olhá-las. Vamos soletrá-las. Eu posso. Vocês podem. Vocês são fantásticos. Vocês são maravilhosos. Deus os abençoe." As lágrimas estão no canto dos olhos, lágrimas que lhe causam tanto sofrimento na televisão. Sua cabeça abaixa e levanta enquanto ele avança com dificuldade por entre a multidão de crianças distraídas que não sabem bem o que fazer nem entenderam coisa alguma.
>
> Então, dia 14 de julho, no Madison Square Gardem, teve lugar a comemoração da pureza moral. "Ao lado de McGovern no Garden" era o título do evento. O objetivo era conseguir dinheiro. Mike Nichols e Elaine May juntaram-se outra vez só para o evento. E também Peter, Paul e Mary; e Simon e Garfunkel. O contraste entre um comício como esse e um do Wallace – ou até mesmo uma reunião de Bob Hope e Billy Graham em benefício de Richard Nixon – explode os circuitos do cérebro. Liturgia comparativa! 14 de julho é o Dia da Bandeira. Mas não há bandeiras no palco. Nenhuma bandeira em volta do Garden. A noite comemora a ressurreição da cultura da juventude. A liturgia de uma nova classe é executada. Peter, Paul e Mary, Dionne Warwick, Simon e Garfunkel em todas

suas canções celebram a vida insegura, solitária e vulnerável da classe média. Dionne Warwick gorjeia em um longo de algodão branco com flores azuis e inocente: "Imagine! Nem céu – nem inferno – nem países – nem religiões! Quando o mundo viverá unido." Simon e Garfunkel oferecem "Jesus lhe ama, Mrs. Robinson!" e uma das frases mais reveladoras "Preferia ser um martelo que um prego". Lawrence Welk não veio. Nem Johnny Cash. Nem Benny Goodman. A música é radicalmente sectária. Às 11h05, todos os artistas se congregam no palco, exibindo símbolos da paz. Aí, ouve-se o refrão em uníssono: "QUEREMOS McGOVERN!" "É uma noite maravilhosa de união", diz McGovern. Ele lhes diz que "ama este país o bastante para mantê-lo em nível elevado, longe das matanças, da morte e da destruição que está ocorrendo no Sudeste Asiático". "Amo esta terra e penso com carinho em seu futuro." "Quero começar a fazer deste país um lugar maravilhoso, decente, bom [...] ser uma ponte que leva da guerra à paz [...] uma ponte que une as gerações [...] uma ponte que atravessa as lacunas da justiça neste país... Como escreveu o profeta: 'Portanto, escolha a vida [...] fique do lado da bênção, não da maldição' [...] do lado da esperança, da saúde, da vida. E paz para todos vocês e para todos os povos ao redor do globo."

Em Racine, outro comício, desta vez no Memorial Hall, bem depois do horário comercial e divulgado por alto-falantes na rua. A multidão chega cedo; alguns são barrados na porta. 1.200 lugares cobertos, 330 no balcão, 250 em pé. Ouve-se o crepitar da excitação. Os alto-falantes estão no volume certo, mas logo aumentam seu volume. "Já vagabundei e me diverti nesta velha cidade por muito tempo", canta Billy Grammer, seus olhos azuis faiscando. E: "O anel de diamante em forma de ferradura". Mr. Karl Prussian, contraespião por doze anos, é apresentado por George Magnum, com o melhor desempenho de sua voz nasal: "Se vocês têm acompanhado o movimento conservador nos Estados Unidos, conhecerão o homem que vou lhes apresentar." "George Wallace", diz Karl Prussian, "é um homem de Deus". "Deus lhes abençoe!", diz George Magnum. Agora estamos em território protestante, os símbolos não estão de acordo, saem faíscas. Chega a hora da reunião, e todos relaxam. George Wallace Júnior, com o cabelo tão comprido quanto o de John Lennon, move seu corpo no ritmo lento. Executa um floreio em sua guitarra elétrica negra, mas gentilmente, com timidez. Não temos nenhum *rock* vulgar, nenhum Mick Jagger por aqui, mas sim o filho de um homem malcompreendido, um jovem de Alabama, paciente e cheio de determinação. "Com ternura em minha mente..." é seu primeiro nú-

> mero e o segundo: "Atirei em um homem em Reno, só para vê-lo morrer". A seguir o governador, meio relutante, meio exultante, atravessa o palco como uma explosão. Pandemônio. Ele gosta da multidão. Seus olhos começam a brilhar. O nervoso desaparece, e seus gestos tornam-se fluidos e confiantes. Cada gesto atrai uma resposta. "Eu lhes digo que nós vamos fazer os líderes do Partido Democrático dançarem a dança de São Vito." "Estou cansado da tolerância exagerada nesta sociedade. Estou farto dos falsos liberais!" "Estou cansado e farto de dar cinquenta porcento de minha renda para que os Estados Unidos desperdicem a metade em países estrangeiros que cospem nos americanos, e a outra metade com a previdência social." "E agora eles vêm dizer que o Vietnã foi um erro. Um erro que custou ao cidadão médio 50 mil vidas, 300 mil feridos, e 120 bilhões de dólares pelo ralo do esgoto. Ah! Não chamem isso de erro. É uma tragédia." Como David Halberstam, ele põe a culpa nos melhores e mais inteligentes – "eles". *Assim* é que *eles* regem nossas vidas[45].

E assim seguem os cortejos. Se a matéria fosse sobre a Alemanha ou a França, Índia ou Tanzânia (para não falar da Rússia ou da China), a linguagem, bem assim como as premissas ideológicas que orientam o conteúdo, seriam diferentes. Mas certamente haveria uma linguagem específica, e esta refletiria o fato de que o carisma das figuras dominantes na sociedade e daqueles que se jogam contra este domínio tem uma mesma origem: o poder sagrado que é inerente à autoridade central. É possível que a soberania agora dependa mais do estado, ou até das populações dos estados, como tanto Humphrey, quanto McGovern e Wallace presumem; porém, a "ampla universalidade" que essa soberania contém permanece, seja lá qual for o destino que deram aos reis. Nem o nacionalismo, nem o populismo fizeram com que isso mudasse. O que faz um líder político ser "espiritual" não é, afinal, sua posição fora da ordem social, em algum transe de autoadmiração, e sim um envolvimento íntimo e profundo – que confirme ou deteste, que seja defensivo ou destrutivo – com as ficções mais importantes que tornam possível a sobrevivência desta ordem.

---

45. NOVAK. *Choosing our king*, p. 211, 224-228, e 205-208. Para que a página não ficasse demasiado cheia de elipses, omiti, sem qualquer indicação, alguns segmentos destes trechos, e fiz modificações na pontuação, e na ordem dos parágrafos, em alguns casos até juntando algumas frases, para abreviar o texto e também para eliminar, tanto quanto possível, os comentários pessoais de Novak, alguns extremamente inteligentes, outros meros clichês alternativos. Portanto, embora todas as palavras sejam suas (ou as que cita) e nada foi feito que possa alterar o sentido, estes textos devem ser considerados um resumo mais que propriamente citações. Para uma impressão igualmente vívida das encenações da campanha presidencial em outras partes da floresta, cf. THOMPSON, H. *Fear and loathing on the campaign trail, '72.* São Francisco, 1973.

Capítulo 7

Como pensamos hoje: a caminho de uma etnografia do pensamento moderno

I

"Pensamento", diz meu dicionário (que, dada a ocasião*, e, bastante apropriadamente, o *American Heritage*), tem dois significados principais: (1) "o ato ou processo de pensar; cogitação", e (2) "o produto do pensar; ideia; noção". Para esclarecer o primeiro, amplia-se o conceito de "processo" listando uma série de, como diríamos, fenômenos psicológicos internos: "atenção", "expectativa", "intenção" e até mesmo "esperança", dando a entender que a lista poderia incluir desde a memória e o sonho, até a imaginação e o cálculo, ou seja, tudo aquilo que, de alguma forma, possa ser definido como um "ato mental". Para esclarecer o segundo, dá-se o significado de "produto"; nesse caso, temos, pomposa e indiscriminadamente, quase tudo aquilo que chamaríamos de cultura: "a atividade ou produção intelectual de uma época ou grupo social específico". Pensamento é o que acontece dentro de nossas cabeças. E pensamento, principalmente quando vários deles são agrupados, é também o que sai de nossas cabeças.

Pelo menos na linguagem comum, não causa nenhuma surpresa que uma mesma palavra tenha significados discrepantes; a polissemia, termo usado pelos linguistas para essa ocorrência, é a condição natural das palavras. Cito esse exemplo neste momento, e não mais tarde, porque ele nos leva diretamente ao âmago do problema de unidade e diversidade que surgiu nas ciências sociais a partir dos anos 20 ou 30. Nessa época, a evolução dessas ciências deu lugar ao desenvolvimento simultâneo da visão radicalmente parcial que considerava o pensamento humano em seu sentido "psicológico", de acontecimento interno – o primeiro significado do dicionário – e de uma visão pluralista que o considerava em seu sentido "cultural", de fato social – o segundo significado do dicionário. A convivência dessas duas perspectivas discre-

* Este capítulo foi apresentado pela primeira vez como uma das palestras em um evento em comemoração ao bicentenário da Academia Americana de Artes e Ciências.

pantes criou problemas, que, com o tempo, foram se tornando cada vez mais sérios, e que hoje chegam mesmo a ameaçar a coerência dessas ciências. Com isso, seja qual for nosso local de trabalho – laboratórios, clínicas, favelas, centros de informática ou aldeias africanas – nós, cientistas sociais, vemo-nos finalmente obrigados a examinar o que é precisamente que pensamos sobre o pensamento.

Em meu ramo particular das ciências sociais, a antropologia, essa questão está presente há muito tempo e de uma forma especialmente enervante. Malinowski, Boas e Lévi-Bruhl, nas fases formativas da disciplina; Whorf, Mauss e Evans-Pritchard um pouco mais tarde; e Horton, Douglas e Lévi-Strauss no momento atual, nenhum deles conseguiu ignorar a questão. Inicialmente formulada como "o problema da mente primitiva", mais tarde como o problema do "relativismo cognitivo", e mais recentemente como "o problema da incomensurabilidade conceitual" – como sempre nesses assuntos, o que mais progride é a grandiosidade do jargão – a discordância entre uma visão mínimo denominador comum da mente humana ("até os papuas tiram a média, diferenciam objetos, e atribuem efeitos a causas") e outra que prega que "outros animais, outros conceitos" ("os amazonenses acham que são periquitos, misturam o cosmos com a estrutura da aldeia e acreditam que a gravidez faz os homens ficarem inválidos") não pode mais ser ignorada.

A formulação original do problema, a que chamaremos de "pensamento primitivo"– ou seja, enquanto nós, os povos civilizados, classificamos as coisas analiticamente, as relacionamos logicamente e as testamos sistematicamente, como é evidente em nossa matemática, física, medicina, direito etc., eles, os selvagens, perambulam em um emaranhado de imagens concretas, participações místicas, e paixões súbitas, como é visível em seus mitos e rituais, e em sua magia e arte –, vem sendo gradualmente superada, na medida em que adquirimos mais conhecimento sobre os pensamentos da outra metade (e vamos também aprendendo o quanto a razão é adquirida); embora essa visão ainda persista em alguns tipos de psicologia do desenvolvimento, em certos estilos de história comparativa, e em alguns círculos do corpo diplomático. O problema com essa perspectiva, como Boas e Malinowski, com seus respectivos métodos, dedicaram grande parte de suas carreiras tentando demonstrar, é que ela tenta interpretar elementos culturais como expressões individuais e não como instituições sociais. Seja qual for a conexão entre o pensamento como um processo e o pensamento como um produto, a escultura de Rodin – o pensador solitário ruminando fatos ou tecendo fantasias – não é a melhor forma de representá-la. Os mitos não são sonhos, nem as belezas racionais da verificação matemática garantia da sanidade dos matemáticos.

A segunda formulação do problema – o relativismo cognitivo – consistiu, a princípio, em uma série de tentativas mais ou menos desesperadas de evitar a falácia de que "cultura é a mente ampliada" e o provincialismo – "nós-lógicos, vocês-confusos" – que vinha a reboque. Produtos culturais específicos (as formas gramaticais dos índios norte-amercianos, os modelos de variações das estações nos assentamentos no Ártico, as técnicas de adivinhação africanas) eram relacionadas a determinados processos mentais (percepção física, sentido temporal, atribuição causal). O valor real das hipóteses específicas sugeridas – que os hopi acreditam que o mundo natural é composto de eventos e não de objetos; que os esquimós consideram o tempo cíclico e não sucessivo; que os azande têm uma concepção mecânica dos elos causais, mas explicam sua interseção em termos morais – pode não ser evidente, mas a vantagem desses estudos é que estabeleceram a distinção entre os meios através dos quais as pessoas, de acordo com sua condição e o local onde vivem, são obrigadas a pensar, e os processos de percepção, imaginação, recordação, ou outros mais, em que se envolvem quando decidem começar a pensar.

Uma vez estabelecida a distinção, no entanto, aqueles que o fizeram não foram tão bem-sucedidos quando se tratou de evitar o particularismo – "todos têm a psicologia que merecem" – a ela inerente. Se formas verbais, desenhos de acampamentos, ou rituais onde galinhas são envenenadas demonstram, de alguma forma, modos específicos de funcionamento da mente, torna-se profundamente difícil saber como indivíduos que pertencem a uma determinada cultura são capazes de penetrar o pensamento de indivíduos que pertencem a outra. Como todo o trabalho do relativismo cognitivo depende de sua suposta capacidade de realizar essa penetração, e até de realizá-la de uma forma séria, a ausência de uma resposta para essa pergunta por parte de seus defensores deixou-os – e ainda os deixa – em uma situação bastante constrangedora. "Os 'tensores' dos hopi (palavras que denotam intensidade, tendência, duração ou poder como fenômenos autônomos) conduzem a um raciocínio tão abstrato", disse Whorf, "que está além de nossas forças acompanhá-lo". "Sentimonos", suspirou Evans-Pritchard, ao deparar-se, no Alto Nilo, com poemas sobre vacas e sacrifícios de pepinos, "como espectadores em um espetáculo de sombras, vendo sombras insubstanciais na tela [...] o que os olhos veem e o que ouvem os ouvidos não é o mesmo que a mente percebe."

A situação tornou-se ainda mais difícil porque, como mencionei acima, ao mesmo tempo em que ocorria essa pluralização radical da corrente "pensamento-produto", não só na antropologia como também em certas áreas da história, da filosofia, da literatura e da sociologia, uma série de teorias poderosamente unitivas que defendiam o "pensamento-processo" ganhava forças, principalmente na psicologia, na linguística e em originalidades mais recentes como a teoria dos jogos e a informática. E, é claro, existem divergências também entre essas próprias teorias. A única coisa que une Freud, Piaget, Von Neumann e Chomsky (para não falar de Jung e B.F. Skinner) é a convicção de que o funcionamento do pensamento humano é invariável através do tempo, do espaço, da cultura e das circunstâncias, e, além disso, de que eles já conhecem esse funcionamento. No entanto, essa simpatia geral por concepções universalistas da – para usar a palavra mais neutra que me ocorre – ideação, naturalmente começou a afetar também os pluralizadores. A identidade fundamental do funcionamento da mente no *homo sapiens* permaneceu como um artigo de fé subjacente, mesmo para os pluralizadores mais acirrados, em sua ansiedade de se desfazerem de qualquer noção relacionada com mentes primitivas e racismo cultural. O conteúdo dessa identidade, porém, limitava-se à mais geral das capacidades mais gerais, pouco mais que à habilidade para aprender, sentir, abstrair e comparar. Com o surgimento de exemplos mais circunstanciais desses assuntos, mesmo quando incompatíveis entre si e difíceis de aceitar em conjunto, essa atitude evasiva – tudo é geral em geral, mas particular em particular – começou a parecer cada vez mais forçada.

A reação daqueles (etnógrafos, sociólogos do conhecimento, historiadores da ciência, seguidores da linguagem comum) cujas condições de trabalho *en plein air* não lhes permitia ignorar que, por mais que os computadores funcionem, a gramática se erga, ou Eros se desdobre, o pensamento, da forma que o encontramos por aí, *in nature*, é qualquer coisa, menos invariável, foi tirar a questão do universo meio poeirento da "inteligência", e reformulá-la nos termos supostamente mais flexíveis do "sentido". Para os estruturalistas, Lévi-Strauss *cum suis*, o pensamento como produto transforma-se em uns quantos códigos culturais arbitrários, até bem variados, com seus jaguares, tatuagens e carnes que apodrecem, que, no entanto, quando decifrados corretamente e descritos em linguagem corrente, produzem invariantes psicológicas idênticas às do grupo do "pensamento-processo". Mitologia brasileira ou a fuga de Bach, tudo é uma questão de contrastes perceptuais, oposições lógicas e transformações para manter associações. Para os neodurkheimianos, tais como Mary Douglas, embora, na antropologia social, história social e psicologia social, a crença seja tão generalizada que chega a ser ortodoxa, a facção do pensamento-produto e a do pensamento-processo se juntam uma vez mais em um ramo novo e melhorado do determinismo sociológico no qual sistemas de significados se transformam em um termo médio entre estruturas sociais, que variam, e mecanismos psicológicos, que não variam. Os princípios hebraicos que governam a dieta alimentícia, e que selecionam comidas continuamente, representam a consciência de uma comunidade hermética, que, ameaçada por todos os lados pela absorção social, é obcecada por limites. Para os teóricos da ação simbólica (um bando menor, mas sólido, a quem, com algumas restrições, eu daria meu apoio), o pensamento é resultado de uma manipulação intencional de formas culturais, e tanto atividades ao ar livre como arar a terra, ou mascatear, ou experiências muito íntimas como desejar ou arrepender-se são igualmente consideradas bons exemplos desse tipo de ação. Seja qual for o enfoque (e existem outros), o que antes era considerado uma questão de comparabilidade dos processos psicológicos de uma pessoa com os de outra, hoje é considerado uma questão da comensurabilidade das estruturas conceptuais de uma comunidade linguística com as de outra – o que torna tudo mais fácil, pois, hoje em dia, teríamos que negar muito mais coisas se tivéssemos que negar a existência dessa comensurabilidade. Essa mudança na formulação do problema fez com que alguns pesquisadores – tais como Victor Turner, Edmund Leach, Mircea Eliade ou Melford Spiro – se voltassem para aquilo que poderíamos chamar de epistemologia prática, por razões relativistas; e outros, tais como Thomas Kuhn, Michel Foucault, Nelson Goodman e este autor, por razões mais complexas.

Com isso, o fato de que o pensamento é espetacularmente múltiplo como um produto, e maravilhosamente singular como um processo, tornou-se um paradoxo vivo e cada vez mais poderoso nas ciências sociais, conduzindo a teoria nas direções mais inesperadas – algumas até razoáveis. Mas isso não é tudo. A natureza desse paradoxo foi sendo cada vez mais associada aos enigmas da tradução, ou seja, à forma pela qual um determinado significado em um sistema de expressão é expresso em outro sistema – hermenêutica cultural, não mecânica conceptiva. Nesse novo envólucro, o problema não é necessariamente mais maleável do que era antes; mas pelo menos torna-se mais fácil defendê-lo, pois o enigma de como um seguidor de Copérnico entende um seguidor de Ptolomeu, ou um francês da Quinta República, outro francês do *ancien régime*, ou um poeta, um pintor, passa a ser idêntico ao enigma de como um cristão entende um muçulmano, um europeu, um asiático, um antropólogo, um aborígine, ou vice-versa. Agora somos todos nativos, e os que não estejam por perto são exóticos. Aquilo que antes parecia ser uma questão de descobrir se selvagens eram capazes de distinguir fatos de fantasias, hoje parece ser uma questão de descobrir como é que os outros, além-mar ou do outro lado do corredor, organizam seu universo de significados.

II

O assunto que eu gostaria de explorar aqui é exatamente esse – como é possível entender essa diversidade do pensamento moderno que mencionamos acima. Não que eu pretenda realmente produzir aqui esse entendimento. Tal façanha está bem além da minha capacidade, e bem além da capacidade de qualquer pessoa. Como a poesia ou a paleontologia, essa é uma tarefa que requer um grupo de estudiosos trabalhando permanentemente com aquilo que Kuhn, com sua mania de inventar termos que irritem os adeptos da leitura rápida, chama de "uma matriz disciplinar". Na verdade, meus comentários farão referência justamente à formação desse tipo de matriz, em uma tentativa de esboçar as características que, em minha opinião, ela deveria ter. Clamar por uma etnografia do pensamento, que é o que estarei fazendo a seguir, é defender uma definição específica do que é o pensamento, por meio da defesa de uma forma também específica de pensar sobre ele.

Dar o nome de etnografia ao estudo do pensamento como este se apresenta no aqui e agora da vida moderna parece ser uma forma de reivindicar esse estudo para minha própria matriz indisciplinar, a antropologia. Nem de longe é essa a minha intenção. Praticamente todos sabem mais sobre esse assunto do que nós antropólogos, ainda confusos com nossas brigas de galo e pangolins. Minha intenção é apenas dar ênfase a uma certa característica desse estudo do pensamento: ele é (ou pelo menos deveria ser) um empreendimento histórico, sociológico, comparativo, interpretativo, e um pouco escorregadiço. E seu objetivo é tornar assuntos obscuros mais inteligíveis, dando-lhes um contexto informativo. O que une Victor Turner, brincando com o simbolismo da cor em ritos de passagem, Philippe Ariès, desfilando imagens funéreas da morte ou retratos escolares da infância, e Gerald Holton, extraindo temas de gotas de óleo, é a crença que a ideação, sutil ou não, é um artefato cultural. Como classe ou poder, é algo que só pode ser caracterizado se interpretarmos suas expressões através das atividades que as sustêm.

Há um número de implicações práticas que fluem quase que diretamente desta noção de que o pensamento (qualquer tipo de pensamento: o de Lord Russell ou do barão Corvo, o de Einstein ou de algum caçador esquimó) deve ser compreendido "etnograficamente", ou seja, através de uma descrição daquele mundo específico onde este pensamento faz algum sentido. No entanto, de uma forma mais difusa, essa noção estimula também alguns temores, poderosos, absorventes, e, pelo menos até o momento, extremamente difíceis de controlar. Aquilo que para alguns, herdeiros que são da tradição do fato social e de seus impulsos pluralizantes, parece uma introdução a formas mais eficientes de pensar sobre o pensamento, para outros, herdeiros da tradição dos acontecimentos internos e de suas inclinações unificadoras, parece uma explosão nos alicerces da razão.

No caso das implicações mais diretas, a mais evidente é que, como essa visão do pensamento envolve um certo tráfico com as formas simbólicas disponíveis em uma ou outra comunidade (linguagem, arte, mitologia, teoria, ritual, tecnologia, direito, e aquele conglomerado de máximas, receitas, preconceitos e estórias plausíveis que os entendidos chamam de senso comum), a análise dessas formas passa a ser uma parte essencial de sua interpretação, e não apenas um exercício ancilar. A sociologia do conhecimento – para usar essa rubrica, demasiado kantiana para meu gosto – que é a que mais frequentemente se invoca nesses casos, não se trata de emparelhar os vários tipos de consciência com os vários tipos de organização social e depois desenhar flechas causais que partem de algum dos cantos da segunda categoria na direção da primeira – como diz Stevens, "racionalistas usando chapéus quadrados*, sentados em salas quadradas, pensando pensamentos quadrados, deveriam tentar usar sombreros". Ao contrário, trata-se de considerar a cognição, emoção, motivação, percepção, imaginação, memória, e outras coisas mais, como sendo, elas próprias, sem quaisquer intermediários, "coisas sociais".

---

* A palavra "quadrado" tem aqui um sentido duplo: o sentido mais corrente, de forma geométrica, no caso dos chapéus e da sala, e o sentido vulgar, cujo equivalente em português também vulgar seria "careta", no caso dos pensamentos. "Usar um chapéu" também significa praticar uma profissão [N.T.].

Como exatamente realizar essa tarefa, como analisar o uso de símbolos como ações sociais, escrevendo assim uma psicologia do ar livre, é, sem dúvida, um empreendimento extremamente difícil que foi mais ou menos ignorado por quase todos os estudiosos do assunto desde Kenneth Burke, J.L. Austin e Roland Barthes até Gregory Bateson, Jurgen Habermas e Erving Goffman. O que está claro – se é que alguma coisa está clara – é que realizar essa tarefa significa tentar navegar no paradoxo plural/unificado, produto/processo, vendo a comunidade como se fosse uma fábrica na qual os pensamentos são construídos e desconstruídos, e a história como se fosse o território que eles capturam ou entregam; e, portanto, é também dar atenção a assuntos tão complexos como a representação da autoridade, a demarcação de limites, a retórica da persuasão, a expressão de compromissos, e o registro da discordância.

É aqui, quando o imaginário torna-se político ou algo pior, que o desconforto daqueles – para quem a mente (ou o id) é uma coisa especial, a gruta secreta de Ryle, a essência vítrea de Rorty – aumenta seriamente – um desconforto expresso em uma série de maneiras nem sempre concordantes: como medo do particularismo, ou do subjetivismo, ou do idealismo, e, é claro, fazendo um sumário desses medos todos em uma espécie de *Grande Peur* intelectualista, o medo do relativismo. Pois se o pensamento está realmente assim, exposto no mundo, quem ou o que poderá garantir sua generalidade, sua objetividade, sua eficácia e sua veracidade?

Esse medo do particularismo, que considero uma certa neurose acadêmica (algo que, suponho, já é evidente a essa altura), existe principalmente em meu próprio campo de trabalho, a antropologia, onde os que entre nós se dedicam a casos específicos e normalmente peculiares recebem advertências constantes de que estão reduzindo as possibilidades de obter um conhecimento geral e que, portanto, deveriam buscar alguma ocupação realmente científica como sexologia comparativa ou energética cultural; mas esse medo aparece também com algum vigor na história, onde um de seus profissionais disse uma vez que o medo é que, simplesmente conhecendo tudo em particular, acabe-se não sabendo nada em particular. A acusação de subjetivista, que um certo tipo de sociólogo e de historiador talvez atraia com mais frequência que os demais, é que, se interpretarmos ideologias ou teorias inteiramente em termos dos horizontes conceptuais daqueles que as têm, ficamos sem meios para julgar sua validade, ou saber em que grau uma delas representa um avanço em relação à outra. Quanto à acusação de idealismo, parece que o que querem dizer não é que o acusado aderiu a alguma doutrina filosófica identificável, *esse est percipi*, ou outra qualquer, mas simplesmente que, se prestarmos demasiada atenção a manifestações superficiais, tais como símbolos e as demais, as realidades mais profundas, ou seja, neurônios e as demais, serão encobertas por aparências pouco importantes. São esses os pecados, além de acusações mais globais como laxismo moral e confusão lógica (neste ponto, geralmente citam Hitler como exemplo) que o relativismo evoca. A visão segundo a qual o pensamento está onde for encontrado, que é encontrado em todos os tipos de modelos culturais e tamanhos sociais, e que esses modelos e tamanhos é tudo que temos para iniciar nosso trabalho, passa a ser considerada como uma afirmação de que não há nada a falar sobre ele, a não ser coisas como "em Roma, deve-se agir como os romanos", ou que cada macaco deve ficar em seu galho, ou ainda que cada louco tem sua mania, principalmente do lado norte dos Pireneus, e não do lado sul.

Entretanto, tem-se, sim, muito a dizer sobre o pensamento. E, como mencionei anteriormente, muito ainda a dizer sobre a tradução, o processo pelo qual um significado é – ou não – transferido de uma linguagem para outra; sobre intersubjetividade, isto é, como indivíduos isolados conseguem, ou não, criar coisas semelhantes, de maneiras também relativamente semelhantes; sobre como se transforma a estrutura do pensamento (em revoluções e outras situações parecidas); sobre como são demarcadas suas várias províncias ("hoje vamos dar nome aos campos"); sobre como suas normas são mantidas, seus modelos adquiridos, seu trabalho dividido. A etnografia do pensamento, como qualquer outro tipo de etnografia – da fé, do matrimônio, do governo, do câmbio –, é uma tentativa não de exaltar a diversidade, mas sim de tratá-la com seriedade, considerando-a um objeto de descrição analítica e de reflexão interpretativa. Nessas circunstâncias ela não constitui uma ameaça nem à integridade de nossa fibra moral, nem àquilo que linguistas, psicólogos, neurologistas, primatólogos ou artífices da inteligência artificial possam conseguir descobrir sobre a uniformidade das percepções, do afeto, do aprendizado ou do processamento de informações. Pode, sim, constituir uma ameaça ao preconceito que prega que as forças prístinas (pedindo emprestado a expressão de Theodore Schwartz) que todos nós temos em comum são mais capazes de revelar nossa forma de pensar do que as versões e visões (usando agora a expressão de Nelson Goodman) que, nesta época ou naquele outro lugar, construímos socialmente.

III

A influência que aquilo que um dos pesquisadores desse tipo descobriu pode ter sobre aquilo que pesquisadores do outro tipo fazem é um problema nada fácil de resolver para a tradução; problema esse que, se for bem negociado e se as comunidades envolvidas estabelecerem conexões conceptuais, poderá trazer uma mudança considerável para o pensamento de ambas. No entanto, em vez de enveredar por esta trilha, que certamente envolveria demasiados detalhes técnicos, e que pode até ser uma discussão prematura, quero, aqui, tornar o enfoque etnográfico um pouco mais transparente, delineando como ele se comporta quando o utilizamos no estudo do tema principal de nossas discussões nesse momento: a vida prismática e peculiar da mente. Meu argumento de que o lado que defende a diversidade, que atrai as raposas do trabalho de campo, tem tanto para dizer quanto o lado que defende a unidade, que atrai os porcos-espinhos das hipóteses, certamente exige, se não uma demonstração, pelo menos um pouco mais de detalhe sobre suas premissas metodológicas e procedimentos de pesquisa.

A primeira dessas premissas, e a mais importante, é que as várias disciplinas (ou matrizes disciplinares) humanistas, científico-naturais, ou sociocientíficas, que compõem o discurso disperso da academia moderna, são mais que simples posições intelectuais vantajosas. São, para invocar uma fórmula de Heidegger, modos de estar no mundo; ou formas de vida, para usar uma expressão wittgensteiniana, ou ainda variedades da experiência intelectual, adaptando James. Da mesma forma que os papuas ou os amazonenses habitam o universo que eles imaginam, também o fazem os físicos da alta energia, ou os historiadores do Mediterrâneo na época de Felipe II – ou, pelo menos, assim crê um antropólogo. É quando começamos a entender isso – ou seja, que quando decidimos decifrar o imaginário de Yeats, ou envolver-nos com buracos negros, ou medir o efeito que níveis de instrução têm sobre o padrão econômico, não estamos assumindo uma simples tarefa técnica, e sim trabalhando com uma estrutura cultural que define a maior parte de nossas vidas – que a etnografia do pensamento moderno começa a parecer um projeto altamente necessário. Os papéis que acreditávamos desempenhar, no fim das contas, são opiniões que descobrimos ter.

O desenvolvimento de métodos de pesquisa destinados a explicar essas abstrações típicas do *métier*, tornando-as mais inteligíveis àqueles que as veem como uma língua estrangeira ou até como algo pior (e até mesmo para os que as têm, pois estes as veem como simplesmente inevitáveis) tem, certamente, precedentes que o orientem. Formas de reduzir o espanto diante de maneiras pouco comuns de ver o mundo, sempre foi algo assim como uma especialidade de pelo menos uma corrente de minha própria disciplina: aquela cujo objetivo é tornar tevanos, turcos ou truqueses, menos semelhantes àquelas pistas misteriosas que são fornecidas com adivinhações. Porém existem outros que trataram do assunto: historiadores, por exemplo, principalmente aqueles que querem saber mais do que a forma pela qual chegamos a ser tão mais inteligentes do que éramos antes; críticos literários, especialmente aqueles que já leram algo mais que Twain e Melville no original; e, mais recentemente, até filósofos, a quem ocorreu que se a gramática glosa o mundo para os que falam a língua inglesa (ou, estando tão perto, a germânica), deveria fazer o mesmo para os que falam chinês. Entretanto, até o momento, o que se aprendeu sobre como atingir a curva da experiência de outro e transmitir pelo menos alguma coisa dessa experiência para outros cujas próprias curvas tenham inclinações diferentes, não teve muito resultado quando se tratava de juntar, em ligações intersubjetivas, historiadores e sociólogos, psiquiatras e advogados, ou, curando diferenças antigas, entomologistas e etnógrafos.

De qualquer forma, no meu próprio campo de trabalho, várias outras metodologias relevantes para um entendimento etnográfico do pensamento moderno poderiam ser mencionadas. No entanto, tentarei ser breve, e limitar-me a citar, de forma bastante sucinta, apenas três: o uso de dados convergentes; a explicação de classificações linguísticas; e a observação do ciclo vital.

Dados convergentes seriam, a meu ver, as descrições, medidas, observações, e outras coisas semelhantes, que têm tipos e graus de precisão e generalidade diferentes, ou até mesmo variados. Fatos fora do comum, que são coletados em momentos oportunos e retratados de várias formas, e que, apesar disso, têm a capacidade de elucidar-se mutuamente, simplesmente porque as vidas dos indivíduos que eles descrevem, medem ou observam, têm uma forte conexão entre si. Em uma frase excelente de Alfred Schutz, "são pessoas que envelhecem juntas". Nesse sentido eles diferem do tipo de dados que obtemos através de pesquisas de opinião, ou de levantamentos e censos, que produzem fatos sobre grupos de indivíduos que só têm aquela conexão específica: todas as mulheres que se graduaram em economia nos anos 60; os números de artigos publicados sobre Henry James em períodos de dois anos, desde a Segunda Grande Guerra, e assim por diante. Na antropologia, o foco em comunidades naturais, grupos de pessoas que estão ligadas entre si de múltiplas maneiras, possibilita a transformação daquilo que parece ser apenas uma coleção de material heterogêneo em uma rede de entendimentos sociais que se reforçam mutuamente. E, já que os estudiosos modernos não são nem um pouco mais isolados que os bosquímanos, é possível que o mesmo se aplique também a eles.

Na verdade, quando chegamos ao âmago das coisas, sem deixar-nos confundir por termos genéricos como "literatura", "sociologia" ou "física" a maior parte das comunidades acadêmicas da vida real não são muito maiores que a maioria das aldeias de camponeses e vivem em um isolamento quase semelhante. Até mesmo algumas disciplinas inteiras poderiam enquadrar-se nessa descrição: aparentemente, ainda é verdade que qualquer matemático criativo (aqueles homens que um esteta do século XV sutilmente desprezou, chamando-os de "pessoas que silenciam seu intelecto com demonstrações") conhece todos os outros, e que a interação – ou diríamos a solidariedade durkheimiana – entre eles, daria inveja aos zulus. Em certa medida, isso parece ser verdade também com relação aos físicos do plasma, aos psicolinguistas, aos especialistas sobre o Renascimento, e a um número de outros grupos que, em uma adaptação de uma frase antiga de Boyle, foram chamados de "faculdades invisíveis." Nessas unidades ou, diríamos, aldeias intelectuais é possível coletar dados convergentes, pois, na maioria dos casos, o relacionamento entre seus habitantes não é puramente intelectual, mas também político, moral, e intensamente pessoal (e hoje em dia, e cada vez mais, também marital). Laboratórios e institutos de pesquisa, sociedades acadêmicas, departamentos universitários mais importantes, círculos literários e artísticos, facções intelectuais, todos se enquadram nesse modelo: comunidades de indivíduos unidos por conexões múltiplas, onde o que descobrirmos sobre A nos diz também algo sobre B, porque conhecendo-se tão bem e por tanto tempo, A e B são personagens nas biografias um do outro.

O segundo tema metodológico que parece viável transferir da etnografia em geral para a etnografia do pensamento, o interesse em categorias linguísticas não é, evidentemente, um tema específico da antropologia; como se diria na gíria atual, todo o mundo "está nessa" de linguagem hoje em dia. A preocupação antropológica, no entanto, vem do seu início, e das longas discussões sobre "maná", "tabu", "potlatch", "labola" e outros conceitos semelhantes, e tem uma peculiaridade especial. Tem a tendência de concentrar-se em palavras-chave que, quando têm seu significado decifrado, iluminam toda uma forma de viver no mundo.

Como estou condicionado a interessar-me por esses assuntos, os vocabulários utilizados pelas várias disciplinas para falar de si mesmas para si mesmas, naturalmente me fascinam, como instrumentos que permitem acesso ao tipo de visão do mundo que está em ação dentro delas. Sejam eles matemáticos, discursando, como provadores de vinho, sobre as diferenças, aparentemente óbvias para eles mesmos, mas invisível para todos os demais, entre demonstrações "profundas", "elegantes", "belas", "vigorosas" e "sutis"; ou físicos, invocando palavras de aprovação ou censura tão estranhas como "tato" ou "folhear"; ou críticos literários invocando a presença relativa de uma propriedade misteriosa (pelo menos para estranhos) a que dão o nome de "realização", em cujos termos os seguidores de um determinado empreendimento acadêmico representam seus objetivos, seus juízos, suas justificativas, e outras coisas mais, tudo isso, a meu ver, quando compreendido de forma adequada, contribui e muito para que possamos captar a função exata daquela disciplina ou empreendimento.

Mesmo as classificações mais amplas e grandiosas, que contêm elementos do tipo "definições persuasivas", podem ser submetidas a essa forma de análise, incluindo aqui até mesmo a famosa divisão entre "ciência" e "humanidades." Em nossa enorme subárea intermediária, a "terceira cultura" que Snow esqueceu, o fato de que tendemos a classificá-la como Social, ou Comportamental, ou Vital, ou como Ciências Humanas (ou até a recusar completamente esse galardão de "ciência") revela bastante coisa sobre o que achamos que o empreendimento é, ou pelo menos sobre o que deveria ser, ou ainda, sobre o que deveríamos incansavelmente evitar que se tornasse. As diferenças "dura/branda", "pura/aplicada", "madura/imatura", nas ciências, ou "artes criativas/estudos críticos", nas humanidades, também têm implicações ideológicas semelhantes, implicações essas que merecem maior reflexão que a que lhes é dada normalmente, se não levarmos em consideração as explosões ocasionais contra os tecnocratas das reuniões consultivas governamentais, ou os mandarins do New Haven.

Meu terceiro tema, o interesse no ciclo vital não é exatamente biológico por natureza, embora se origine de uma certa sensibilidade às bases biológicas da existência humana. Tampouco é exatamente biográfico, embora coloque os fenômenos sociais, culturais e psicológicos no contexto de trajetórias de vida. Ritos de passagem, definições de papéis relativos à idade ou ao gênero, elos entre gerações (pais/filhos, mestres/aprendizes) sempre foram elementos importantes na análise etnográfica porque, ao demarcar posições e relacionamentos que a grande maioria das pessoas vivenciam, eles parecem fornecer pelo menos alguns pontos razoavelmente estáveis, no redemoinho do material com que trabalhamos.

Essa forma de ver o mundo pode contribuir para uma reflexão sobre o pensamento de várias maneiras. Dessas, mencionarei apenas duas.

A primeira é o modelo extremamente peculiar de trajetória que marca as disciplinas acadêmicas: ou seja, nessas disciplinas começamos no centro do objeto de estudo e só depois avançamos na direção das extremidades. O treinamento que permite acesso à comunidade tem lugar no centro, ou no cume. No entanto, a maior parte dos membros dessa comunidade não se encontram nesse centro ou nesse cume, nem mesmo próximos a eles, e sim em alguma região mais abaixo ou até distante deles – dependendo da imagem que adotarmos. Para dar um exemplo mais concreto, na minha profissão, a grande maioria de doutorados ainda são concedidos somente por umas sete ou oito universidades; mas só uma proporção mínima daqueles que os recebem trabalham nessas universidades. É claro que existem alguns doutorados em outras instituições, e talvez tenha até havido uma difusão maior nos últimos anos, embora estatísticas recentes não demonstrem esse fato. Apesar disso, ainda é verdade que a maioria das pessoas tem um tipo de trajetória na qual passam vários anos em lugares considerados centrais, e mais tarde, em vários graus e velocidades diferentes, adquirem, para usar o jargão "mobilidade descendente", ou pelo menos sentem como se tivessem "piorado de vida". E, em outras disciplinas, o fenômeno ainda é mais acentuado. Os departamentos de física de todo o país estão semeados de pessoas que "estiveram no Instituto de Tecnologia de Massachusetts (ou da Califórnia) por uns tempos"; estudar história inglesa na Universidade de Princeton e depois ensiná-la no estado de Louisiana pode imprimir uma tonalidade específica à vida de qualquer um.

Para demonstrar como esse modelo é estranho (sem querer falar de sua justiça) basta examinar, por exemplo, a polícia, onde todos começam nos postos mais baixos, e sobem, de grau em grau, até os postos mais altos; ou a carreira militar, com suas duas castas, de oficiais e recrutas; ou a Igreja Católica, onde a maioria das pessoas passam trinta ou quarenta anos no mesmo nível hierárquico, porque não existe praticamente nenhum posto intermediário entre pároco e bispo. Que eu saiba, até hoje ninguém investigou as consequências que este modelo peculiar de incorporar pessoas ao mundo acadêmico possa ter para o pensamento. Estou convencido, no entanto, de que alguém devia fazê-lo, e de que aquilo que poderíamos chamar de "síndrome da expulsão do Paraíso" tem mais peso na formação de nossas atitudes mentais (e é também em grande parte responsável pela natureza de nossos ritos – reuniões profissionais, por exemplo) do que nos permitimos admitir.

O segundo tema que quero mencionar, e que é bastante relacionado com o primeiro, é a diferença (ou suposta diferença) que existe entre os ciclos de maturação nos vários campos acadêmicos. A matemática é, sem dúvida, um caso extremo dessa diferença, pelo menos na visão popular: parece que matemáticos florescem com dezoito anos e são descartados com vinte e cinco. O outro caso extremo é certamente a história, onde homens de cinquenta anos podem não ser considerados suficientemente maduros para enfrentar algum trabalho importante. Dizem que um visitante ao Instituto de Estudos Superiores – onde pode-se observar praticamente toda a coleção de ciclos, funcionando simultaneamente, e em uma cacofonia espantosa –, tomando o chá uma bela tarde com um matemático e um historiador, perguntou-lhes como andavam as coisas no Instituto naqueles dias. "Ah, veja com seus próprios olhos", disse o historiador, acenando na direção dos jovens imberbes que ocupavam o recinto, "isto aqui ainda é um jardim de infância para matemáticos." "E um abrigo para historiadores", disse o matemático.

Certamente o assunto não é assim tão simples, e exige conceitos mais sutis que os expostos acima para determinar suas características. Pessoalmente, não tenho qualquer proposta mais substantiva a defender com relação a esse assunto específico, nem quanto aos outros que abordei aqui, de forma tão cursiva. Quis apenas argumentar que as noções de maturação (e pós-maturação) que os "nativos" das várias disciplinas possuem, ao lado das ansiedades e expectativas que essas próprias noções provocam, moldam, através de um processo interno, grande parte da atitude "mental" de cada um desses "nativos". Elas dão, à visão do mundo dessas pessoas, uma tonalidade diferente, em termos de seus ciclos de vida e padrões etários, e da estrutura de sentimentos como esperança, medo, desejo e desilusão, tonalidade que permeia toda essa visão e que deveria ser estudada também em químicos ou filósofos, e não somente nos índios Pueblo, ou nos pigmeus andamanes, como já foi feito.

Poderíamos continuar enveredando por esse caminho, tentando ajudar aqueles que pensam a entenderem o que é exatamente que andam fazendo quando pensam. No entanto, como nosso interesse aqui é, ao mesmo tempo, muito mais específico e muito mais geral – a unidade e a diversidade da vida da mente – é preciso chegar a algumas conclusões com respeito às implicações de uma perspectiva do pensamento que o vê como atividade social, com origens, organização e objetivos distintos.

Especificamente, é preciso que a esperança quase eterna de que uma cultura superior integrada possa vir a existir uma vez mais (se é que existiu alguma vez), com âncora nas classes cultas e estabelecendo uma norma intelectual única para a sociedade em geral, dê lugar a um tipo de ambição bem mais modesta, que espere apenas que estudiosos, artistas, cientistas, e profissionais liberais e (ousaremos tanto?) administradores, que são tão radicalmente diferentes, não só em suas opiniões, ou mesmo em suas paixões, mas nas próprias origens de suas experiências, possam recomeçar a descobrir alguma coisa para dizerem uns aos outros de vez em quando.

Aquela frase famosa que, segundo contam, Harold Nicholson disse a uma senhora em uma rua de Londres em 1915, como resposta, quando esta lhe perguntou por que, ainda tão jovem, não estava fora do país, defendendo a civilização – "Minha senhora, eu *sou* a civilização" – não pode mais ser dita hoje em dia, nem mesmo nos círculos mais fechados e eruditos do universo acadêmico. O máximo que podemos esperar, e se isso acontecer será um fenômeno raríssimo, um milagre *útil* é que possamos descobrir maneiras de ter algum acesso às vidas vocacionais uns dos outros.

IV

Uma pergunta que persegue todos aqueles que pensam com alguma seriedade sobre a vida intelectual de nossos dias é onde foi parar o "geral" da "cultura geral" e como podemos trazê-lo de volta para evitar que nossos centros de ensino produzam uma raça de bárbaros altamente treinados, algo assim como os "especialistas sem alma, sensualistas sem coração" de Weber. No entanto, a maior parte dos debates que surgem sobre esse assunto parece estar condenada à esterilidade de uma oscilação permanente de posições igualmente defensáveis, mas um tanto ou quanto acadêmicas, e isso porque todas elas partem do princípio que o que deve – ou não deve – ser restaurado é uma espécie de humanismo difuso ou, como Max Black disse em algum lugar, "revisto, para que seja relevante aos problemas urgentes de nossa época, e não aos de cavalheiros de Atenas ou de cortesãos do Renascimento." Por mais atraente que possa parecer essa revisão (e eu, particularmente, não a acho nada atraente) ela é simplesmente inviável.

O traço mais característico da consciência moderna, como venho insistindo quase obsessivamente, é sua enorme variedade. Para nossa época, e para épocas futuras, a imagem de uma orientação ou perspectiva geral, uma *Weltanschauung*, que tenha origem em estudos humanísticos (ou até em estudos científicos) e que direcione a cultura é uma quimera. Não só a classe que apoiava esse "humanismo" unitário deixou de estar presente, tendo desaparecido com uma série de outras coisas como banheiras de tamanho adequado e táxis confortáveis, mas desapareceu também, e isso é ainda mais importante, aquele consenso sobre livros antigos e maneiras antigas que era a base da autoridade acadêmica. Estou certo de que, se o tipo de trabalho sobre uma etnografia do pensamento cujo esboço apresentei acima, for realmente realizado, só poderá reafirmar essa conclusão. Ele aprofundará ainda mais a sensação que hoje temos de que existe atualmente uma multiplicidade de maneiras de pensar, pois ampliará nossa percepção dessa variedade, fazendo com que essa ultrapasse o território meramente profissional de objetos de estudo, metodologia, técnica, tradição acadêmica, e outras coisas mais, e abranja a estrutura total de nossa vida moral. Quando isso acontecer, a ideia de criar um "novo humanismo", de forjar um tipo de ideologia ampla com "o melhor que se está pensando e dizendo", incorporando-a ao currículo, parecerá não só inviável como totalmente utópica. Ou, possivelmente, até um pouco angustiante.

No entanto, se uma percepção mais precisa do grau de profundidade com que as especificidades de nossas vocações penetram em nossas vidas, ou a descoberta de que só uma pequena parte dessas vocações é realmente apenas uma profissão que exercemos, e de que a maior parte delas é um mundo que habitamos, destruir a esperança de que alguma nova *culture générale de l'esprit* possa fortalecê-las, não é preciso que nos contentemos com a anarquia, a habilidade de obter subsídios, e o mais alto grau de solipsismo. O obstáculo maior à integração da vida cultural é a dificuldade em fazer com que pessoas que vivem em mundos diferentes possam influenciar-se reciprocamente de uma forma genuína. Se é verdade que existe uma consciência coletiva, e que esta consiste na interação de uma multiplicidade desordenada de perspectivas nem sempre comensuráveis, a vitalidade dessa consciência coletiva dependerá, então, de que sejam criadas as condições para que essa interação possa ocorrer. O primeiro passo para a criação dessas condições é a aceitação de que existem diferenças, e diferenças profundas; o segundo é compreender quais são essas diferenças; e o terceiro é construir algum tipo de vocabulário capaz de formulá-las publicamente – um vocabulário através do qual econometricistas, epigrafistas, citoquímicos e iconólogos possam explicar um ao outro, de uma maneira verossímel, o que são e o que fazem.

Para mostrar que esse problema da profunda diferença entre mentes que se formam em diferentes *métiers* não é só invenção minha, alguma maquinação de um antropólogo tentando vender seus produtos, deixem-me citar, para concluir, textos de dois editoriais publicados no *New York Times* há alguns anos. O primeiro é uma carta, escrita por um professor-adjunto de matemática em Rutgers, jovem e aparentemente brilhante, em resposta a um editorial do *Times* sobre sua disciplina. O jornal, com seu estilo tradicional de apocalipse sóbrio, tinha dado ao editorial o título de "Crise na matemática". A "crise", segundo o *Times*, era que duas equipes de pesquisadores independentes, uma americana e a outra japonesa, tinham apresentado duas evidências mutuamente contraditórias tão longas e complicadas que qualquer reconciliação entre elas era inviável. "Isso não pode estar certo", disse a pessoa que escreveu a carta, que sendo, ele próprio, membro da equipe americana, deveria saber o que estava dizendo. Em sua opinião, a crise era muito mais séria do que uma simples divergência metodológica:

> A questão [das evidências] está em aberto há pouco mais de um ano [escreveu ele] – um fato nada incomum quando se trata de discussões entre economistas, biólogos ou mesmo físicos; o conflito chamou a atenção justamente porque quase não se ouve falar de polêmicas deste tipo na matemática. De qualquer forma, [a equipe japonesa] descobriu um erro em sua evidência em julho de 1974.

O problema não é que o texto das evidências seja demasiado longo ou excessivamente complicado – o nosso, por exemplo, tinha apenas treze páginas; e sim que a teoria homotópica é um campo tão abstrato e de tão pouco interesse fora da matemática que só uma outra pessoa teve a paciência de verificar, por conta própria, as evidências. Um pouco por isso, acabei tendo a minha própria "crise na matemática." Precisamente porque não há possibilidades de "talvez" na matemática, e porque a matemática pura tornou-se tão inexoravelmente desligada da realidade, decidi que não tenho mais condições para passar por outra vitória desse tipo. No outono vou fazer medicina.

A outra citação vem de um pequeno artigo, sem qualquer relação com o anterior, escrito por um professor do Instituto Fermi da Universidade de Chicago, que foi publicado no mesmo jornal mais ou menos uma semana mais tarde e cujo título era "O que fazem os físicos: organizar o cosmos". O que lhe afligiu foi o fato de não só os estudantes de física, mas todos nós, considerarmos a física como uma disciplina "clara, e bem-definida". A física não é bem assim, diz ele, com uma certa rispidez, e a vida também não é bem assim. Ele dá, a seguir, alguns exemplos disso, com relação à física – algo assim como uma formiga-padrão, em um balão-padrão que se expande – e conclui:

A física é como a vida: não existe perfeição. Nunca está terminada. É sempre uma questão de tornar-se melhor, de tornar-se ainda melhor, e de quanto tempo e interesse devota-se realmente a ela. Será que o universo é realmente curvo? Não é tão simples assim. Teorias vêm e vão. Uma teoria não é simplesmente certa ou errada. Ela vive em uma espécie de situação sociológica que se modifica quando surgem novas informações. "Será que a teoria de Einstein está certa?" Pode-se fazer uma pesquisa de opinião e examinar o resultado. Einstein está um pouco na moda no momento. Mas quem sabe se sua teoria diz "a verdade"? Tenho a impressão de que as pessoas acham que a física possui uma espécie de pureza, de correção, de verossimilidade. Nunca vi tais atributos nela. Para mim, a física é aquilo que se faz entre o café da manhã e o jantar. Ninguém nunca falou nada sobre "verdade". Talvez a "verdade" tenha saído de moda. O que na realidade pensamos é: "Bem, essa ideia parece má, ou parece boa, para a relatividade."

A física é confusa: como no caso da vida, seria bem mais fácil se não o fosse. É uma atividade humana e portanto temos que utilizar avaliações humanas e aceitar as limitações humanas.

Pode ser que essa maneira de pensar necessite mais flexibilidade mental e maior capacidade para suportar a incerteza do que aquelas que, normal e instintivamente, temos.

Não é que exista uma enfermidade metafísica na matemática e um aconchego doméstico na física. A impressão contrária poderia ser facilmente obtida se citássemos o que dizem os matemáticos – que, ao lado dos pescadores e músicos, talvez sejam os últimos verdadeiros poetas – sobre as recompensas estéticas de seu trabalho e o que dizem os físicos sobre a desordem irritante do mundo encantador e colorido das partículas subdivididas em quarks, de onde a organização – seja esta cósmica ou não – parece ter desaparecido totalmente. O importante é que a prática de uma arte na qual não existe "talvez", ou, ao contrário, de uma cujo credo seja, precisamente, o "talvez", influencia nossa visão geral do mundo. Não é somente uma proposição da teoria homotópica que parece ser mais inalcançável à medida que se aperfeiçoa, e mais perfeita à medida que se torna mais inalcançável; nem somente a teoria da relatividade que tem a capacidade de parecer uma posição sociólogica, que vai se modificando à medida que dados mais recentes são obtidos. A reação a esses fatos obrigatórios da vida acadêmica, como mencionei anteriormente, certamente não é uniforme. Alguns indivíduos escolhem um lugar limpo e bem-iluminado, e a outros a limpeza e a boa iluminação causam repugnância; alguns se sentem atraídos pela confusão do cotidiano, outros sonham fugir dela. E citações de especialistas em Milton ou de etnomusicólogos, se conseguíssemos convencê-los a escrever cartas honestas para os jornais, seriam provavelmente tão veementes quanto as que reproduzimos acima.

No entanto, sabemos muito pouco sobre essas reações. E muito pouco sobre o que sentem ou fazem, hoje em dia, aqueles cuja vida gira em torno de uma atividade determinada, seja ela criativa, pedagógica ou acadêmica. E enquanto não soubermos mais sobre essas vidas, qualquer tentativa de propor – e muito menos de responder – perguntas sérias sobre o papel que desempenha esta ou aquela disciplina na sociedade contemporânea – e na educação contemporânea – está condenada a diluir-se em generalidades apaixonadas, herdadas de um passado no qual esse papel foi tão pouco analisado como o é no presente. E é essa ignorância – e não as experiências psicológicas, as investigações neurológicas, ou os modelos computadorizados – o principal adversário de uma perspectiva etnográfica no estudo do pensamento.

PARTE III

Capítulo 8
O saber local: fatos e leis em uma perspectiva comparativa

I

Assim como a navegação, a jardinagem e a poesia, o direito e a etnografia também são artesanatos locais: funcionam à luz do saber local. Um caso individual, seja ele o de Palsgraff ou o da Ponte sobre o Rio Charles, proporciona ao direito não só as bases que dão origem a toda uma série de reflexões, mas também o próprio objeto que lhe dá orientação; no caso da etnografia, as práticas estabelecidas, tais como o *potlatch* ou o *couvade*, têm a mesma função. Sejam quais forem as outras características que a antropologia e a jurisprudência possam ter em comum – como por exemplo uma linguagem erudita meio incompreensível e uma certa aura de fantasia – ambos se entregam à tarefa artesanal de descobrir princípios gerais em fatos paroquiais. Repetindo, uma vez mais, o provérbio africano: "a sabedoria vem de um monte de formigas".

Dada a semelhança entre suas visões do mundo e até na maneira como focalizam o objeto de seus estudos (um enfoque no qual "para conhecer a cidade é preciso conhecer suas ruas") pareceria que advogados e antropólogos foram feitos um para o outro e que o intercâmbio de ideias e de argumentos entre eles deveria fluir com enorme facilidade. No entanto, essa sensibilidade pelo caso individual pode tanto dividir como unir e, embora o homem que dirija um iate e um outro que plante uvas possam ter uma admiração recíproca pelo significado da vida do outro, isso não implica que tenham muitos assuntos em comum para conversar. O advogado e o antropólogo, ambos *connoisseurs* de casos específicos, peritos em assuntos práticos, estão na mesma situação. O que os distancia e separa é sua própria afinidade eletiva.

Várias das curiosidades que caracterizam o que os advogados normalmente chamam de antropologia legal e os antropólogos de antropologia do direito, têm sua origem nessa relação tão próxima e ao mesmo tempo tão distante entre aqueles cuja profissão é, citando Holmes, dar-nos "aquilo que necessitamos para apresentar-nos ante juízes ou [...] para ficarmos [...] fora dos tribunais" e aqueles outros que, segundo uma frase de Kluckhohn, citada por Hoebel, ocupam-se em construir um espelho gigantesco no qual "podemos olhar-[nos] em [nossa] variedade infinita"[1]. Certamente a mais curiosa dessas curiosidades é o eterno debate sobre o conteúdo do direito; ou seja, se ele consiste de instituições ou regulamentos, de procedimentos ou de conceitos, de decisões ou de códigos, de processos ou de formas, e, portanto, se ele é uma categoria tal como o trabalho, que existe praticamente em qualquer parte do mundo onde nos deparemos com uma sociedade humana, ou algo assim como o contraponto, que certamente não é universal.

Muito depois de termos compreendido que essa questão – o relacionamento problemático entre rubricas que emergem de uma cultura e práticas encontradas em outra – não pode ser evitada, mas que, também, não é fatal no caso da "religião", da "família", do "governo", da "arte", ou mesmo da "ciência", vemos que, no caso do direito, ela permanece estranhamente obstrutiva. Não só criou-se uma separação permanente entre os aspectos lógicos e os aspectos práticos do direito, malogrando assim, de início, qualquer possibilidade de que sejam concretizados os próprios objetivos da disciplina (mais uma citação semelhante à que diz que "a alma do direito... sempre foi a experiência" acabaria com ela de uma vez por todas), como, de uma forma muito pouco útil, colocou-se em campos opostos o enfoque forense e o enfoque etnográfico das análises jurídicas, o que nos leva a crer que a série de livros e artigos com títulos como "o direito sem advogados", "o direito sem sanções", "o direito sem os tribunais" ou "o direito sem precedentes" poderia ter, como conclusão apropriada, um cujo título fosse "o direito sem o direito".

Com tudo isso, a interação de duas profissões tão orientadas para a prática, tão profundamente limitadas a universos específicos e tão fortemente dependentes de técnicas especiais, teve como resultado mais ambivalência e hesitação que acomodação e síntese. E, ao invés de termos uma penetração da sensibilidade jurídica na antropologia, ou da sensibilidade etnográfica no direito, o que vemos é um conjunto limitado de debates estáticos, em que se tenta descobrir se os conceitos da jurisprudência ocidental têm alguma aplicação útil em contextos não ocidentais, ou se o estudo do direito comparativo consiste em saber como os africanos ou os esquimós concebem a justiça, ou como são resolvidas as disputas na Turquia ou no México; ou ainda se os regulamentos jurídicos realmente restringem o comportamento ou unicamente servem como justificativas racionais para encobrir aquilo que algum juiz, advogado, litigante ou qualquer outro maquinador semelhante queria fazer, de qualquer maneira.

Faço esses comentários um tanto ou quanto impertinentes não com a intenção de desconsiderar o que foi feito em nome da antropologia jurídica – *Crime and*

---

1. HOLMES Jr., O.W. "The path of law", reimpressa em *Landmarks of law*. Boston, 1960, p. 40-41 [org. R.D. Henson]. • HOEBEL, E.A. *The law of primitive man*: A study in comparative legal dynamics. Cambridge, Mass.: [s.e.], 1954, p. 10.

custom, *The cheyenne way*, *The judicial process among the Barotse*, and *Justice and judgement among the Tiv* foram e continuam sendo análises clássicas do controle social em sociedades tribais – nem como uma forma de criticar o que está sendo feito hoje em dia, sobre temas semelhantes e utilizando conceitos também semelhantes (à exceção de alguns estudos fascinantes como o de Sally Falk Moore sobre responsabilidade estrita ou Lawrence Rosen sobre discrição judicial), e sim para distanciar-me desses trabalhos[2]. A meu ver, ao considerar o produto do encontro da etnografia e do direito como um desenvolvimento interno da própria antropologia que teria dado origem a uma subdisciplina semiautônoma e especializada, como a psicologia social, ou a exobiologia, ou a história da ciência, os antropólogos (restringindo-me a eles por enquanto; minhas críticas aos advogados virão a seguir) tentaram resolver o problema do saber local enveredando justamente pelo caminho errado. A evolução de novos ramos das disciplinas estabelecidas pode fazer sentido quando se trata do aparecimento de fenômenos genuinamente intermediários, que não se enquadram inteiramente em nenhum dos ramos já desenvolvidos, como no caso da bioquímica; ou quando se trata de transferir conceitos-padrão para áreas ainda não padronizadas, como no caso da astrofísica. No caso do direito e da antropologia, no entanto, onde cada parte apenas se pergunta – às vezes esperançosamente, outras, com ceticismo – se a outra parte pode ter em algum lugar alguma coisa que lhe venha a ser útil na resolução de alguns de seus próprios problemas clássicos, a situação é diferente. O que esses coloquialistas em potencial necessitam não é uma disciplina centauro – plantação de uvas náutica ou navegação em vinhedos – e sim uma consciência maior e mais precisa do que a outra disciplina significa.

Por sua vez, creio que para que essa consciência se desenvolva é necessário que se adote uma abordagem mais desagregante que a atual; não uma mera tentativa de unir o direito, *simpliciter*, à antropologia, *sans phrase*, mas sim uma busca de temas específicos de análise que, mesmo apresentando-se em formatos diferentes, e sendo tratados de maneiras distintas, encontram-se no caminho das duas disciplinas. Parece-me também que isso exige um método menos internalista, que não seja algo como "nós lhe atacamos, vocês nos atacam, e que os ganhos fiquem onde caírem"; não um esforço para impregnar costumes sociais com significados jurídicos, nem para corrigir raciocínios jurídicos através de descobertas antropológicas, e sim um ir e vir hermenêutico entre os dois campos, olhando primeiramente em uma direção, depois na outra, a fim de formular as questões morais, políticas e intelectuais que são importantes para ambos.

O tema de que gostaria de tratar a seguir, utilizando essa metodologia, pode ser expresso, em termos os mais amplos possíveis – tão amplos que chegam a não

2. MALINOWSKI, B. *Crime and custom in savage society.* Londres: [s.e.], 1926. • LLEWELLYN, K. & HOEBEL, E.A. *The cheyenne way.* Norman, Oklahoma: [s.e.], 1941. • GLUCKMAN, M. *The judicial process among the Barotse of Northern Rhodesia.* Manchester: [s.e.], 1955 [rev. ed. 1967]. • BOHANNAN, P. *Justice and judgement among the Tiv of Nigeria.* Londres: [s.e.], 1957.

ter uma estrutura – como o relacionamento entre fatos e leis. Essa questão, em sua formulação é/deve ser, *sein/sollen*, e todas as questões menores por ela geradas, é um tema clássico na filosofia ocidental, pelo menos desde Hume e Kant; e na jurisprudência, qualquer debate sobre leis naturais, ciência política ou legitimação positiva tendem a transformá-lo no ponto mais crucial de todos os pontos cruciais. Aparece também, sob a forma de interesses bastante específicos, e expressos de maneira bastante concreta, na linguagem cotidiana do direito e da antropologia: no primeiro caso, aparece associado com a relação entre as dimensões evidenciais e nomísticas da adjudicação, ou seja, o que ocorreu e o que é legal; no segundo, com a relação entre os padrões do comportamento observado que realmente existem na prática, e as convenções sociais que supostamente os governam, ou seja, o que ocorreu e o que é gramaticalmente correto. Entre uma simplificação dos fatos que torna as questões morais tão limitadas que podem ser solucionadas através do simples uso de regras específicas (a meu ver, a característica que define o processo jurídico) e a esquematização da ação social de modo que seu significado possa ser expresso em termos culturais (a característica, também a meu ver, que define a análise etnográfica), existe algo mais que uma simples semelhança entre membros de uma mesma família[3]. Em nível do monte de formigas, esses dois tipos de engenhosidades do trabalho cotidiano podem até descobrir algo substancial sobre o que conversar.

*

Para iniciar o ir e vir na direção jurídica (e abusando também de um título famoso), o lugar dos fatos no universo dos julgamentos passou a ser uma questão central desde que os gregos a suscitaram contrapondo, como sempre o fizeram, natureza e convenções; em tempos modernos, porém, quando *physis* e *nomos* não mais parecem ser realidades tão puras, e quando, de certa maneira, parecem existir muito mais coisas a serem conhecidas, essa questão tornou-se um foco constante da ansiedade jurídica. A explosão dos fatos, o temor aos fatos, e, em resposta a essas ocorrências, a esterilização dos fatos, confundem, cada vez mais, tanto a prática do direito quanto as reflexões que sobre ele se façam.

Vemos a explosão dos fatos a nossa volta, diariamente. A princípio existem os procedimentos que levam à descoberta, que por sua vez produzem guerreiros jornalísticos despachando documentos uns para os outros em carrinhos de mão, e tentando obter declarações de qualquer pessoa capaz de falar em um gravador. Há também a tremenda complexidade dos casos comerciais em cujo labirinto nem mesmo um tesoureiro da IBM pode encontrar a saída – e o que dizer, então, de algum pobre

3. Sobre a simplificação dos fatos, cf. NOONAN Jr., J.T. *Persons and masks of the law; Cardozo, Holmes, Jefferson, and Whythe as makers of the masks*. Nova York: [s.e.], 1976. Sobre o estreitamento de questões morais para a adjudicação, cf. FALLERS, L.A. *Law without precedent*. Chicago: [s.e.], 1969. • Cf. HART, H.L.A. *The concept of law*. Oxford: [s.e.], 1961. Sobre a visão "interpretativa" da análise etnográfica, cf. GEERTZ, C. "Thick description: toward an interpretive theory of culture". In: *The interpretation of cultures*. Nova York: [s.e.], 1973, p. 3-30.

juiz ou algum infeliz jurado. Há ainda o aumento inusitado de peritos que testemunham: não só as figuras há muito familiares do patologista frio e do psiquiatra esfuziante, mas outras que supostamente sabem tudo o que se precisa saber sobre cemitérios índios, probabilidade bayesiana, qualidade literária de romances eróticos, história da colonização do Cabo Cod, estilos da linguagem oral nas Filipinas, ou os mistérios da concepção no comércio de aves – "O que é uma galinha? Tudo aquilo que não for um pato, um peru, ou um ganso." Há o crescimento da litigação no direito público – ações classistas, advocacia institucional, patrocínios de causa, mestres especiais, e assim por diante – que obriga juízes a saberem muito mais do que realmente lhes interessa saber sobre clínicas psiquiátricas em Alabama, compra e venda de imóveis em Chicago, a polícia na Filadélfia ou departamentos de antropologia em Providence. E há a inquietação tecnológica da vida contemporânea, uma espécie de auge da moda da invenção, que traz para os tribunais, ao lado de técnicas mais estabelecidas como a balística e a impressão digital, ciências incertas como o grampo eletrônico, a impressão da voz, pesquisas de opinião, testes de inteligência, detectores de mentiras, e, em um caso famoso, até brincadeiras com bonecas. Mais que tudo isso, porém, há a revolução geral de expectativas crescentes com relação às possibilidades da determinação factual e a sua capacidade de resolver questões insolúveis, que a cultura geral de cientismo gerou em todos nós; enfim, o tipo de situação que provavelmente levou o magistrado Blackmun (e mais recentemente, com intenções menos imparciais, vários membros do Congresso norte-americano) a penetrar nos labirintos da embriologia, em busca de uma resposta para a questão do aborto.

O temor aos fatos, que todos esses fatores estimularam no direito e entre os defensores da lei, não é menos aparente. O temor sempre foi um sentimento jurídico, sob a forma de uma certa cautela com os meios de avaliação da informação nos tribunais, sobretudo em sistemas onde vigora o direito costumeiro, quando a tarefa de avaliação é normalmente repassada para amadores. É um lugar comum de qualquer compêndio que os regulamentos sobre a evidência e a divisão maniqueísta do Ser em Questões de Direito e Questões de Fato que esses regulamentos representam, surgem mais como um resultado da desconfiança de que membros do júri não serão totalmente capazes de exercer sua função como "juízes racionais de fatos", seja lá o que isso signifique, e menos por uma possível preocupação com a relevância da evidência para o caso. Como diz explicitamente um desses compêndios mais recentes, a função do juiz nas questões de admissibilidade é decidir quando "o julgamento [seria] melhor sem a evidência"[4]. O decréscimo geral de julgamentos por júri em casos do direito civil, o crescimento de estudos empíricos sobre o funcionamento do júri, e a quantidade de sugestões para reformas desse sistema, para a utilização de procedimentos inquisitoriais importados de sistemas civis, e para uma revisão *de novo*, bem como a divulgação de dúvidas morais como as de A.P. Herbert de que

4. ROTHSTEIN, P. *Evidence in a Nutshell.* St. Paul: [s.e.], 1970, p. 5.

"trancar [...] dez homens e duas mulheres laudáveis em uma sala fria sem nada para comer" seria realmente uma forma sensata de tomar decisões sobre "questões que desafiam as mentes mais sábias da magistratura e da advocacia", tudo isso revela a mesma ansiedade: as mãos jurídicas estão perdendo o controle do mundo das ocorrências e das circunstâncias[5].

E a depreciação do júri (uma instituição que o juiz Frank comparou uma certa vez com os anzóis gigantescos e inúteis preferidos por alguns habitantes das ilhas do Pacífico em busca de fama e prestígio) não é a única expressão desse desejo cada vez maior de manter os fatos à distância em procedimentos jurídicos[6]. A popularidade crescente dos conceitos de responsabilidade estrita em delitos de natureza civil, que reduzem a parte dos procedimentos que trata "daquilo que realmente aconteceu" em termos passíveis de serem trabalhados por qualquer comportamentalista, ou dos conceitos de "nenhuma responsabilidade" que praticamente a eliminam; a expansão das negociações sobre a alegação do réu (inocente ou culpado) no direito penal, que evita maiores esforços de todos os participantes para organizar a evidência e traz a parte factual do processo já virtualmente estipulada para o julgamento; e o número crescente de teorias "econômicas" de jurisprudência, que desviam o interesse empírico da estória fragmentada das questões e o transferem para as consequências calculáveis das resoluções dessas questões, ou da organização de reivindicações materiais para a atribuição de custos sociais, todas essas iniciativas têm o mesmo objetivo. Uma justiça sem complicações nunca pareceu tão atraente.

Obviamente, não é possível dar-se prosseguimento a um julgamento sem nenhuma evidência, ou pelo menos sem algum simulacro de evidência, e algum tipo de informação, real ou simulada – que venha daquele mundo onde se fazem promessas, sofrem-se danos, e cometem-se infâmias –, se infiltrará, ainda que de forma atenuada, até mesmo nos tribunais de recursos. A simplificação dos fatos, a sua redução às capacidades genéricas dos guardiães da lei, é, por si mesmo, como mencionei anteriormente, um processo inevitável e necessário. O exagero desta simplificação, no entanto, torna os fatos cada vez mais tênues à medida que crescem a complexidade empírica (ou, uma distinção crítica, cresce a sensação de complexidade empírica) e o temor a esta complexidade. Um fenômeno que vem preocupando seriamente a vários dos grandes pensadores jurídicos, do juiz Frank a Lon Fuller e John Noonan, e também – e eu diria que até mais seriamente – a um número ainda maior de querelantes e de acusados que subitamente começam a perceber que seja lá o que for que o direito busque, certamente não é a estória real e completa[7]. A compreensão de que os fatos não nascem espontaneamente e de que são feitos, ou, como diria um

5. HERBERT, A.P. *Uncommon law*. Londres: [s.e.], 1970, p. 350 [Troquei a ordem da citação].

6. FRANK, J. *Courts on trial*. Princeton: [s.e.], 1949.

7. FRANK, J. *Law and the modern mind*. Nova York: [s.e.], 1930. • FULLER, L. "American legal realism". *University of Pennsylvania Law Review 82* (1933-1934), p. 429-462. • NOONAN. *Persons and masks of the law*. [s.n.t.].

antropólogo, são construídos socialmente por todos os elementos jurídicos, desde os regulamentos sobre a evidência, a etiqueta que regula o comportamento nos tribunais, e as tradições em relatórios jurídicos até as técnicas da advocacia, a retórica dos juízes, e os academicismos ensinados nas faculdades de direito, suscita questões importantes para uma teoria da administração da justiça que a considera, citando um exemplo representativo, como "uma série de emparelhamentos de configurações factuais com normas" nos quais ou "uma situação factual pode ser emparelhada com uma das normas" ou "uma norma específica [...] pode ser sugerida por uma seleção das versões competitivas sobre o que aconteceu"[8]. Se as "configurações factuais" não são meros objetos que se encontram espalhados pelo mundo, e que podem ser carregados fisicamente até o tribunal para uma demonstração audiovisual, e sim diagramas altamente editados da realidade, produzidos pelo próprio processo de emparelhamento mencionado acima, então tudo o que acontece no tribunal torna-se algo assim como um truque de mãos.

Obviamente, não se trata de um truque de mãos, ou pelo menos nem sempre, mas sim de um fenômeno um pouco mais crucial, um fenômeno aliás que é a base de toda a cultura: isto é, o processo de representação. A descrição de um fato de tal forma que possibilite aos advogados defendê-lo, aos juízes ouvi-lo, e aos jurados solucioná-lo, nada mais é que uma representação: como em qualquer comércio, ciência, culto, ou arte, o direito, que tem um pouco de todos eles, apresenta um mundo no qual suas próprias descrições fazem sentido. Discutiremos, mais adiante, os paradoxos que este tipo de descrição pode gerar; o argumento aqui, no entanto, é que a parte "jurídica" do mundo não é simplesmente um conjunto de normas, regulamentos, princípios, e valores limitados, que geram tudo que tenha a ver com o direito, desde decisões do júri, até eventos destilados, e sim parte de uma maneira específica de imaginar a realidade. Trata-se, basicamente, não do que aconteceu, e sim do que acontece aos olhos do direito; e se o direito difere, de um lugar ao outro, de uma época a outra, então o que seus olhos veem também se modifica.

Ao invés de imaginar que o sistema jurídico, nosso ou alheio, está dividido entre a preocupação com o que é correto e a preocupação com o que simplesmente é (para fazer uso da formulação pungente de Llewellyn, quando mais não for, pela influência que exerceu sobre antropólogos); e que a "técnica jurista", nossa ou alheia, é uma questão de conciliar as decisões éticas que respondem ao que é correto, com as determinações empíricas que respondem ao que simplesmente é, pareceria bem melhor – ou até mais "realista", se me permitem o termo – imaginar que esses sistemas descrevem o mundo e o que nele acontece em termos explicitamente judiciosos, e que essa "técnica" nada mais é que um esforço organizado para que a descrição esteja correta[9]. A representação jurídica do fato é normativa por princípio; e o pro-

---

8. BARKUN, M. *Law without sanctions*. New Haven: [s.e.], 1968, p. 143.

9. LLEWELLYN, K. & HOEBEL, E.A. *The cheyenne way*, p. 304. Cf. sobre "justiça de fato" *versus* "justiça da lei", POSPISIL, L. *Anthropology of law*: a comparative perspective, p. 234s. • GLUCKMAN, M. *The judicial process*, p. 336.

blema que isso gera para todos aqueles, sejam eles advogados ou antropólogos, cujo objetivo seja examinar os fatos com tranquilidade reflexiva, não é o de correlacionar dois hemisférios do ser, duas faculdades mentais, duas espécies de justiça, ou até dois tipos de procedimentos. O problema fundamental é descobrir como representar aquela representação.

A resposta a essa pergunta está longe de ser clara e talvez espere por desenvolvimentos na teoria da cultura que a própria jurisprudência provavelmente não será capaz de produzir. No entanto, certamente melhor que o processo de emparelhamento, em que se enquadra uma norma estabelecida a um fato que foi descoberto, uma espécie de mimese jurídica, é uma formulação que tem como ponto central a linguagem, e que, na versão de um jovem antropólogo suíço, Franz von Benda-Beckmann, considera adjudicação como o movimento de ir e vir entre a linguagem do "se então" das normas genéricas, seja como forem expressas, e o idioma do "como portanto" dos casos concretos, seja como forem argumentados[10]. Essa forma de ver o processo é demasiado ocidental para satisfazer completamente um etnógrafo, cujos sujeitos nem sempre têm inclinação para o raciocínio condicional explícito e menos ainda para contrastes entre o pensamento coletivo e o particular; e, além disso, gera seus próprios problemas metodológicos. Ainda assim, pelo menos tem a vantagem de focalizar sua atenção no lugar certo: a maneira pela qual as instituições legais traduzem a linguagem da imaginação para a linguagem da decisão, criando assim um sentido de justiça determinado.

Examinado por este ângulo, o problema entre leis e fatos adquire uma nova formulação: ao invés de tentar descobrir como juntar esses dois elementos, busca-se saber como diferenciá-los. Nesse caso, a perspectiva ocidental segundo a qual existem determinadas regras que separam o certo do errado, um fenômeno a que se dá o nome de julgamento, e também métodos para diferenciar o real do irreal, um fenômeno a que se dá o nome de provas, parece ser apenas uma entre as várias maneiras de executar a tarefa. Se é verdade que a adjudicação, em New Haven ou nas Ilhas Hébridas, significa representar situações concretas em uma linguagem de consequências específicas que é, simultaneamente, uma linguagem de coerência geral, poderíamos dizer que a defesa de um caso passa a ser algo mais que organizar a evidência para provar um argumento: terá que descrever uma série de eventos e uma concepção geral do mundo de tal maneira que a credibilidade de um reforce a credibilidade do outro. Nesse caso, para que um sistema jurídico seja viável, terá que ser capaz de unir a estrutura "se-então" da existência, em sua visão local, com os eventos que compõem o "como-portanto" da experiência, também segundo a percepção local, dando a impressão de que essas duas descrições são apenas versões

10. BENDA-BECKMANN, F. von. *Property in social continuity*. Verhandelingen van het Instituut voor Taal-, Land- en Volkenkunde, 86. Haia:[s.e.], 1979, p. 28s.

diferentes da mesma coisa, uma mais profunda, a outra mais superficial. O direito pode não ser uma onipresença que paira no céu, sobre tudo e todos, como Holmes afirmou insistentemente e talvez com demasiada veemência, mas tampouco é um mero conjunto de artifícios engenhosos para evitar disputas, promover interesses, e fazer acertos em casos problemáticos. Seria mais apropriado imaginá-lo como um *Anschauung* em um mercado público.

E outros mercados, outros *Anschauungen*. Aquele sentido de justiça que mencionei acima – a que chamarei, ao deixar paisagens mais conhecidas na direção de lugares mais exóticos, de sensibilidade jurídica – é, portanto, o primeiro fator que merece a atenção daqueles cujo objetivo é falar de uma forma comparativa sobre as bases culturais do direito. Pois essas sensibilidades variam, e não só em graus de definição; também no poder que exercem sobre os processos da vida social, frente a outras formas de pensar e sentir (dizem que, ao deparar-se com as leis antipoluição, a Toyota contratou mil engenheiros e a Ford mil advogados); ou nos seus estilos e conteúdos específicos. Diferem, e profundamente, nos meios que utilizam – nos símbolos que empregam, nas estórias que contam, nas distinções que estabelecem – para apresentar eventos judicialmente. É possível que fatos e leis existam universalmente; mas sua polarização provavelmente não.

*

Já falamos o suficiente sobre os acórdãos, a marca simbólica que dá autenticidade à retórica jurídica. Mudando de tom, e voltando-nos agora, por um momento, para uma linguagem mais antropológica, deixe-me, imitando o famoso estilo de vento-nas-folhas-das-palmeiras de Malinowski, convidá-los para acompanhar-me até uma aldeia rural empoleirada entre terraços resplandecentes, nas colinas vulcânicas e verdejantes de uma pequena e ensolarada ilha no sul do Pacífico, onde o funcionamento de algo que tem bastante semelhança com aquilo que chamamos de direito fez com que um dos habitantes da ilha enlouquecesse. A ilha é Bali, à aldeia não precisamos dar um nome, e ao balinês (que pode até já ter morrido, pois tudo isso aconteceu em 1958) chamaremos de Regreg.

O problema de Regreg começou quando sua esposa fugiu com um homem de outra aldeia, ou um homem de outra aldeia fugiu com ela, ou os dois fugiram juntos: o casamento em um sistema como o de Bali, onde se simula uma captura, torna essas ocorrências mais ou menos indistinguíveis, ou pelo menos distingui-las não é lá muito importante aos olhos dos balineses. Apropriadamente enraivecido, Regreg exigiu que o conselho da aldeia, um grupo de cerca de cento e trinta homens que se reúnem a cada trinta e cinco dias para tomar decisões relacionadas com os assuntos locais, tomasse alguma providência para trazê-la de volta. Embora praticamente todos os membros do conselho tivessem compartilhado dos sentimentos de Regreg, chamaram sua atenção para o fato de que casamentos, adultérios e divórcios e coisas semelhantes não eram problema da aldeia, coisa que Regreg já deveria saber muito bem. Esses eram assuntos que deveriam ser tratados pelos grupos de parentesco, os quais, em Bali, normalmente são bem-definidos e ciosos de suas prerrogativas. Portanto, o problema de Regreg estava fora da jurisdição do conselho, e ele estava pleiteando sua causa no fórum errado. (Nas aldeias balinesas existem regulamentos explícitos, inscritos e reinscritos em folhas de palmeira, uma geração após a outra, que definem em termos essencialmente religiosos, mas mesmo assim bem específicos, os direitos e obrigações dos vários organismos – conselhos, grupos de parentesco, sociedades para a irrigação, congregações religiosas, associações voluntárias – que, em um sistema mais ou menos federativo, as constituem.)[11] Os membros do conselho sinceramente gostariam de poder ajudá-lo de alguma maneira, mas, constitucionalmente, por assim dizer, não poderiam fazê-lo. E como o grupo de parentesco de Regreg, embora também compartilhando seus sentimentos, e com maior razão, pois a esposa, sendo prima de Regreg pelo lado paterno, fazia parte do mesmo grupo, era pequeno, sem poder, e de baixo *status*, tampouco pôde fazer qualquer coisa para ajudá-lo, a não ser tentar consolá-lo com banalidades do tipo "a vida é assim, o que passou, passou, e existem outras pedras – ou até outras primas – na praia".

Regreg, no entanto, não se conformou com esse tipo de ajuda. Quando, sete ou oito meses mais tarde, aconteceu de ser a sua vez de tomar posse como um dos cinco chefes do conselho, segundo os costumes dessa aldeia, ele se recusou, e aí foi que seus problemas realmente começaram. Pelo menos nessa aldeia específica (não existem duas aldeias que tenham exatamente o mesmo sistema; se por acaso isso acontece, uma delas modifica algum detalhe do seu próprio sistema), a posição de chefe do conselho era ocupada por rotação automática, com um mandato de três anos para cada um deles; quando chegava a vez de um dos habitantes (o que era, aliás, um acontecimento bastante raro; certamente Regreg não teve muita sorte em todo esse episódio), este era simplesmente obrigado a aceitar o posto. Este sim era um problema do conselho, inscrito e reinscrito naquelas folhas de palmeira juntamente com a descrição exata e elaborada dos desastres que os deuses fariam desabar sobre a aldeia, se essa obrigação não fosse cumprida; uma recusa (e, na memória de todos eles, a recusa de Regreg tinha sido o primeiro caso) equivale a pedir demissão não só da aldeia, mas da própria raça humana. O autor dessa ofensa perde o terreno de sua casa, que, nesse caso, pertence à aldeia, e torna-se um nômade. Perde também o direito de entrar nos templos da aldeia, e assim distancia-se também dos deuses. Perde, obviamente, seus direitos políticos – um lugar no conselho, a participação em eventos públicos, o direito à assistência pública e ao uso de propriedade pública, todos temas de grande importância na aldeia; perde também sua posição, o lugar hereditário em uma ordem semelhante a um sistema de castas, que lhe garante o

---

11. GEERTZ, C. "Form and variation in balinese village structure". *American Anthropologist* 61 (1949), p. 991-1.012. • Id. "Tihingan: a balinese village". *Bijdragen tot Taal-, Land- en Volkenkunde* 120 (1964), p. 1-33.

respeito dos demais e, portanto, um tema de importância ainda maior. E, além disso, perde também todo seu universo social, pois ninguém na aldeia poderá lhe dirigir a palavra, sob pena de ser multado. Não é exatamente a pena capital. Para os balineses, no entanto, que têm um provérbio que diz "abandonar a comunidade de harmonia (a palavra em balinês é *adat*, um termo de suma importância, cujas ambiguidades estarei discutindo em maior detalhe adiante) é como deitar-se e morrer", é a punição que mais se aproxima dela.

Desconhecemos o motivo pelo qual Regreg comportou-se de maneira tão atípica para os balineses, cuja obediência às próprias leis é tão extrema, que é recebida com enorme surpresa pessoal e prazer profissional por antropólogos, principalmente por aqueles que acabaram de sair de Java, sem falar naqueles que vieram dos Estados Unidos. De qualquer maneira, seus concidadãos não tinham o menor interesse em saber quais seriam seus motivos e nem sequer estavam interessados em especular sobre o assunto, quando perguntados. ("Quem sabe? Ele quer sua esposa de volta.") Ao contrário, cientes da tragédia para a qual Regreg caminhava, procuraram, por todos os meios imaginários, dissuadi-lo de sua decisão e induzi-lo a ocupar o maldito posto de chefe. O conselho se reuniu uma meia dúzia de vezes no período de vários meses, em sessões especiais, unicamente para esse fim – convencê-lo a mudar de ideia. Os amigos passavam noites a fio a seu lado. Parentes imploravam, adulavam, ameaçavam. Nenhum resultado. Finalmente, o conselho o expulsou (por unanimidade, pois todas suas decisões eram unânimes); seu grupo de parentesco, depois de uma última tentativa desesperada de fazer com que ele voltasse atrás, também o expulsou, pois dada a precedência das prerrogativas do conselho sobre as suas nesse assunto específico, se não o tivesse feito, todos os seus membros teriam o mesmo destino que Regreg. Até seus familiares mais próximos – pais, irmãos, filhos – tiveram que abandoná-lo ao final. Embora, a seus olhos, e suponho que com bastante razão, era Regreg quem os havia abandonado.

O fato, no entanto, é que Regreg estava no abandono. Sem teto, perambulava pelas ruas e praças da aldeia como um fantasma, ou, mais precisamente, como um cão. (Os balineses, embora tenham muitos cães – criaturas sarnentas, esquálidas, que latem incessantemente e que são chutados nas ruas como se fossem lixo – desprezam os cães com um sentimento quase patológico que se origina da concepção que têm desses animais como o final demoníaco de uma hierarquia deuses-aos-homens-aos-animais.) E, embora as pessoas estivessem proibidas de falar com ele, de vez em quando lhe atiravam algum resto de comida e quando esta não era suficiente, ou não lhe atirassem pedras para afastá-lo, ele remexia os montes de lixo em busca de algo mais. Depois de vários meses nessa situação, cada dia mais desgrenhado, Regreg ficou virtualmente incoerente, e já não era capaz de contar sua estória aos gritos para os ouvidos moucos a seu redor, como fazia antes; talvez não fosse sequer capaz de lembrar o que lhe acontecera.

A essa altura, no entanto, ocorreu algo bastante inesperado, e, de certa maneira, sem precedentes. O rei de Bali mais tradicional e de maior importância, que, segundo os regulamentos em vigor na época, era também o chefe regional do novo governo republicano, veio à aldeia para interferir em defesa de Regreg. Esse homem, que, nos sistemas de governo índicos do Sudeste Asiático, como o existente em Bali (que, em parte modificado, e em parte reforçado, ainda existe) e na hierarquia mencionada acima, que vai dos deuses aos animais, encontra-se situado no ponto onde o humano transforma-se gradativamente na divindade, ou, como diriam os balineses, que consideram as categorias hierárquicas de cima para baixo, a divindade se transforma gradativamente no humano[12]. É, portanto, um semideus, ou quase-deus (chamam-lhe de *Dewa Agung* – o "Grande Deus"), a figura mais sagrada da ilha, e, pelo menos em 1958, também a mais nobre em termos políticos e sociais. Seus súditos ainda rastejavam em sua presença, falavam dele em sentenças formalíssimas, e acreditavam que havia sido atravessado por forças cósmicas que lhe davam poderes tanto benignos quanto terríveis. Em épocas passadas, alguém como Regreg, exilado de sua aldeia, mais que um pária, sem casta e incapaz, teria provavelmente terminado seus dias no palácio do *Dewa Agung*, ou no de algum de seus nobres, como um dependente sob a proteção do rei – não necessariamente um escravo, mas tampouco exatamente um homem livre.

Quando essa encarnação de Siva Vishnu, e outras personagens imperiais chegaram à aldeia – isto é, chegaram à reunião que o Conselho organizou especialmente para recebê-la – o rei pôs-se de cócoras no chão do pavilhão do Conselho mostrando, através desse gesto simbólico, que, nesse contexto, ele era somente um visitante, ainda que importante, e não um rei, e menos ainda um deus. Os membros do Conselho ouviram o que tinha a dizer com enorme deferência, e uma tremenda exibição de cortesia tradicional; no entanto, o que ele tinha a dizer não era nada tradicional. Disse-lhes o rei que estavam em uma nova era. Que o país havia se tornado independente. Que ele entendia os sentimentos dos aldeões, mas que não deviam continuar exilando as pessoas, confiscando suas terras, negando-lhes direitos políticos e religiosos, e assim por diante. Essa não era uma forma de agir moderna, democrática, condizente com o governo de Sukarno. Ao contrário, no espírito da nova Indonésia, e para mostrar ao resto do mundo que os balineses não eram um povo atrasado, deveriam aceitar Regreg de volta e, se fosse realmente necessário puni-lo, deveriam escolher outro tipo de punição. Quando terminou (foi um longo discurso), os membros do Conselho – vagarosamente, indiretamente e com deferência ainda maior – lhe disseram que fosse plantar batatas. Que, como ele bem sabia, os negócios relativos à aldeia eram prerrogativa do conselho e não dele, e os poderes reais, por mais que inimagináveis em sua extensão, e exercidos com maestria suprema, eram para outras coisas. A forma de agir da aldeia, no caso de Regreg, tinha o

---

12. GEERTZ, C. *Negara*: The theatre state in nineteenth-century Bali. Princeton: [s.e.], 1980.

apoio da constituição local, e, se eles a ignorassem, pragas e doenças cairiam sobre eles, os ratos devorariam suas colheitas, a terra tremeria, as montanhas explodiriam. Tudo o que rei dissera sobre a nova era, era correto, verdadeiro, nobre, belo e moderno, e eles estavam tão empenhados nisso quanto ele. (O que era verdade, pois essa aldeia era bem mais progressista que as outras e mais da metade da população era socialista.) Mesmo assim, a resposta era não – Regreg não seria readmitido como parte da comunidade humana. O rei-divindade-funcionário público, tendo ouvido uma vez mais o reconhecimento do seu *status* tradicional, e tendo, se não cumprido, pelo menos tentado cumprir sua obrigação de político moderno, expressou seu desejo de que a aldeia prosperasse, agradeceu o chá, e deixou o local por entre os salamaleques dos presentes, e o assunto nunca mais voltou à tona. A última vez que vi Regreg, ele havia submergido em uma psicose engolfante, e perambulava pela aldeia perdido em um mundo de alucinações, inacessível a qualquer comentário ou gesto de compaixão.

Obviamente, há inúmeras coisas a serem ditas sobre esse episódio curto, mas terrível, um episódio que talvez lembre àqueles leitores que são admiradores das conferências Storrs da descrição que Grant Gilmore fez do inferno como um lugar onde só existia a lei e onde os processos legais eram seguidos meticulosamente; eu estarei me referindo a ele, utilizando-o como uma forma de pedra de toque[13], à medida que prossigo na discussão de assuntos mais importantes. O que é de relevância mais imediata, no entanto, é que temos aqui uma série de eventos, regulamentos, políticas, costumes, crenças, sentimentos, símbolos, procedimentos e conceitos metafísicos agrupados de uma maneira tão estranha e engenhosa que faz com que qualquer contraste menos sofisticado entre aquilo que "é" e aquilo que "deve ser" pareça – como diremos? – primitivo. A meu ver, nem podemos, nesse caso, negar a presença de uma sensibilidade jurídica poderosa: uma sensibilidade que contém forma, personalidade, perspicácia, e – mesmo sem a ajuda de faculdades de direito, juristas, reafirmações, periódicos, ou decisões que servem como pontos de referência – um conhecimento profundo, bem desenvolvido, e até obstinado de si mesma. Regreg certamente (se ainda tivesse a capacidade de expressar uma opinião) não iria querer negar a existência dessa sensibilidade.

Aqui, a ocorrência e o julgamento fluem conjuntamente em (utilizando uma frase de Paul Hyam sobre os ordálios ingleses) uma mistura fácil, que não encoraja nem uma investigação extensa dos detalhes factuais nem uma análise sistemática dos princípios legais[14]. Ao contrário, o que parece permear todo o caso, se é que esse episódio pode ser chamado apropriadamente de um caso, pois abrange desde o adultério até a desobediência à monarquia e inclusive a loucura, é uma visão geral de que as coisas deste mundo, e entre elas os seres humanos, estão dispostas em cate-

---

13. GILMORE, G. *The ages of american law*. New Haven: [s.e.], 1977, p. 111.

14. HYAMS, P.R. "Trial by Ordeal, the Key to Proof in the Common Law".

gorias, algumas hierárquicas, outras coordenadas, mas todas claramente distintas, e qualquer assunto que não esteja incluído nessas categorias perturba toda a estrutura e, portanto, tem que ser corrigido ou destruído. A questão não era se a esposa de Regreg lhe tinha feito isso ou aquilo, ou se Regreg tinha feito isso ou aquilo com ela, ou até mesmo se, no estado mental em que se encontrava, ele estaria em condições para ocupar o posto de chefe da aldeia. Ninguém tinha o menor interesse nesses detalhes, nem fez o menor esforço para descobri-los. Tampouco tratava-se de saber se as leis sob as quais Regreg foi julgado eram ou não repugnantes. Todos com quem falei, unanimemente, as consideravam repugnantes. Não se tratava sequer de saber se o conselho tinha agido de forma admirável. Todos com quem falei acreditavam que, em seus próprios termos, o rei tinha alguma razão, e que os aldeões realmente eram um tanto ou quanto atrasados. A questão, expressando-a de uma forma que jamais seria – ou poderia ser – utilizada pelos balineses, é de que maneira as representações construcionais do "se/então" são traduzidas em representações diretivas do "como/portanto" e vice-versa. Ou seja, dadas nossas crenças, como devemos agir; ou, dados nossos atos, em que devemos acreditar.

Tal enfoque, que seria o tipo de perspectiva utilizada não por um antropólogo jurídico, nem por um antropólogo do direito, mas sim por um antropólogo cultural que tivesse abandonado por um momento os mitos e as estruturas de parentesco para examinar alguns assuntos que advogados ocidentais considerariam pelo menos semelhantes àqueles com os quais eles próprios lidam, não dá prioridade nem a regulamentos, nem a eventos, e sim ao que Nelson Goodman chamou de "versões do mundo" e outras "formas de vida", "*epistemés*", "*Sinnzusammenhänge*", ou "sistemas noéticos"[15]. Nossa visão se concentra no significado, ou seja, como balineses (ou qualquer outro grupo) fazem sentido daquilo que fazem – de forma prática, moral, expressiva... jurídica – colocando seus atos em estruturas mais amplas de significação, e, ao mesmo tempo, como mantêm, ou pelo menos tentam manter, essas estruturas mais amplas em seu lugar, organizando suas ações em seus termos. A separação dos vários campos de ação das autoridades – o grupo de parentesco distingue-se do conselho, e o conselho do rei; a definição da culpa não como um distúrbio da ordem política (a teimosia de Regreg nunca chegou a ser considerada como uma ameaça a essa ordem), mas sim como uma ameaça à etiqueta pública; e a solução utilizada, uma destruição radical da personalidade social, tudo isso ilustra uma concepção específica e poderosa, e a nossos olhos até estranha, de – utilizando outra das expressões sucintas de Goodman – "como é o mundo"[16].

Até para esboçar muito superficialmente "como é o mundo" na visão dos balineses, seria necessário uma monografia: um número gigantesco de deuses, grupos,

15. GOODMAN, N. *Ways of worldmaking*. Indianápolis/Cambridge: [s.e.], 1978.

16. GOODMAN, N. "The way the world is". In: *Problems and projects*. Indianápolis/Cambridge: [s.e.], 1972, p. 24-32.

categorias, bruxas, danças, ritos, reis, arroz, parentesco, êxtases, e artesanato, todos encaixados em um labirinto de cortesia formal. A chave para tudo, se é que existe, é provavelmente essa cortesia, pois tal é o poder das boas maneiras em Bali, que se torna quase impossível para nós ocidentais imaginá-lo e, menos ainda, entendê-lo. Seja lá como for essa sociedade – e tentarei, ainda neste ensaio, tornar tudo isso um pouco menos marciano – a contextualização cultural do incidente é um aspecto crítico da análise jurídica, e também da análise política, estética, histórica ou sociológica, em Bali, aqui, ou em qualquer outro lugar. Se existem elementos comuns nessas várias contextualizações, é na maneira como ela é feita quando o objetivo é especificamente a adjudicação e não, digamos, uma explicação causal, uma reflexão filosófica, uma expressão emocional ou um julgamento moral. O fato de que, em nossa própria sociedade, podemos – isto é, achamos que podemos – tomar como certo, sem maior análise, uma parte tão importante desse contexto, faz com que não sejamos capazes de identificar com clareza grande parte daquilo que um processo jurídico realmente é: uma forma de conseguir que nossas concepções do mundo e nossos veredictos se ratifiquem mutuamente, ou, utilizando uma expressão menos cotidiana, fazer com que essas concepções e esses veredictos sejam respectivamente o lado abstrato e o lado prático da mesma razão constitutiva.

*

Se é que a antropologia – ou pelo menos o tipo de antropologia que me interessa, e aquele tipo que, com sucesso não muito significativo, venho tentando fazer com que as pessoas chamem de interpretativo – penetra no estudo do direito, o faz nesse momento. Comparando nossa própria versão da visão do membro do conselho com outras formas de saber local, não só torna aquela visão mais consciente de outras formas de sensibilidade jurídica que não a sua, como também a faz mais consciente da qualidade precisa de sua própria sensibilidade. Sem dúvida, este é o tipo de relativismo pelo qual a antropologia é famosa: os africanos casam seus mortos e na Austrália come-se vermes. No entanto, é um relativismo que não defende o niilismo, nem o ecletismo, nem a noção de que qualquer coisa é válida; nem tampouco se satisfaz simplesmente com demonstrar, ainda uma vez, que além dos Pireneus as verdades são o oposto das nossas. Ao contrário, é um relativismo que funde os processos de autoconhecimento, autopercepção e autoentendimento com os processos de conhecimento, percepção e entendimento do outro; que identifica, ou quase, organizando o que somos e entre quem estamos. Dessa forma, consegue contribuir para que nos libertemos de representações errôneas de nossa maneira de apresentar assuntos judicatórios (a dissociação radical entre fato e leis, por exemplo) e obrigar que nossas consciências relutantes aceitem visões discordantes de como essas representações devem ser feitas (como, por exemplo, a visão dos balineses), visões essas que não são menos dogmáticas que as nossas, e tampouco menos lógicas.

A maior atenção que a antropologia, ou pelo menos alguns setores da antropologia, passou a dar às estruturas do significado em cujos termos indivíduos e grupos de indivíduos vivem suas vidas, e, mais especificamente, aos símbolos e sistemas de símbolos através dos quais essas estruturas são elaboradas, comunicadas, impostas, compartilhadas, modificadas e reproduzidas, promete ser tão útil para a análise comparativa do direito, como o é para o estudo de mitos, rituais, ideologia, arte, ou sistemas classificatórios, campos onde sua aplicação já vem sendo mais testada[17]. "O homem", como observou A.M. Hocart, "não foi criado sendo governado" e a compreensão de que se tornou governável severa e coletivamente, envolvendo-se em uma série de formas significativas, "teias de significação que ele próprio teceu", reciclando uma frase deste mesmo autor, nos conduz a uma perspectiva da adjudicação que a considera semelhante a um tipo de hermenêutica cultural, a uma semântica da ação, e não a um tipo de mecânica social, ou a uma física do julgamento[18]. O que Frank O'Hara disse sobre a poesia, que ela torna os eventos nebulosos da vida tangíveis e restaura seus detalhes, pode ser igualmente verdadeiro – e realizado através de formas não menos variadas – com relação ao direito.

Como sugeri anteriormente, esse ir e vir entre o abstrato e o prático encontra-se em uma posição totalmente oposta – ou pelo menos em uma posição de ângulo obtuso – àquela que vem sendo utilizada pela corrente principal de antropólogos que se dedicam à análise do direito e por seus possíveis companheiros de viagem nas outras ciências sociais e nas profissões legais. A perspectiva de Michael Barkun, que, segundo ele, foi inspirada por M.G. Smith, que sugere que o que nós, comparativistas de sistemas jurídicos, devemos fazer é "retirar a estrutura abstrata de suas acresções culturais específicas" – parece-me uma sugestão para uma espécie de alquimia perversa que transformaria ouro em chumbo[19]. A "declaração de fé" adaptada por P.H. Gulliver – e que, segundo ele, foi-lhe sugerida por meu único predecessor antropológico nas conferências Storrs, Max Gluckman – na qual ele diz que seu interesse principal são "os processos sociais que, em grande parte, determinam o resultado de uma disputa" e não "a análise dos processos de raciocínio através dos quais dá-se prosseguimento às negociações" – parece-me incoerente, como é bastante comum no caso de declarações desse tipo[20]. E a concepção de Elizabeth Colson, vinda de só Deus sabe onde, segundo a qual os que se interessam por sistemas simbólicos só desenvolvem esse interesse porque, intimidados pela poeira e pelo sangue do conflito social e

---

17. GEERTZ, C. *The interpretation of cultures*. • RABINOW, P. & SULLIVAN, W.M. (orgs.). *Interpretive social science*: a reader. Berkeley/Los Angeles: [s.e.], 1979.

18. HOCART, A.M. *Kings and Councillors*: an essay in the comparative anatomy of human society. Chicago: [s.e.], 1970, p. 128.

19. BARKUN. Law without sanctions, p. 33.

20. GULLIVER, P.H. Dispute Settlement Without Courts: The Ndenduli of Southern Tanzania. In: NADER, L. (org.). *Law in culture and society*. Chicago: [s.e.], 1969, p. 59.

ansiosos para agradar os poderosos, retiram-se para os territórios presumivelmente impessoais, situados acima das batalhas, e seguem a sua própria lógica, parece-me simplesmente uma calúnia sem qualquer fundamento[21]. Uma vez mais, resmungo dessa maneira não como uma forma de desprezar o que outros fizeram ou estão fazendo (embora eu tenha uma visão crítica de muito do que fazem), nem para separar minha disciplina em campos adversários (eles já fazem isso bastante eficientemente sem minha ajuda). Faço-o para abrir uma nova estrada. A seguir, estarei me divertindo com as acresções culturalmente específicas, debruçando-me sobre processos de raciocínio, e mergulhando de cabeça em sistemas simbólicos. Nada disso faz o mundo sair de foco; pelo contrário, torna-o mais visível.

Ou, melhor dito, faz os mundos se tornarem mais visíveis. Tentarei, em um espaço demasiado curto para ser de alguma maneira persuasivo e demasiado longo para poder falar total e verdadeiramente sobre uma única coisa, esboçar três variedades bastante distintas de sensibilidade jurídica – a islâmica, a índica e a do chamado direito costumeiro que existe na parte malaia da Malásia-Polinésia – e estabelecer a conexão entre essas sensibilidades e as visões, nelas incorporadas, sobre o que é, realmente, a realidade. E o farei, desdobrando três termos, isto é, três conceitos, que, a meu ver, são centrais para essas visões do mundo: *ḥaqq*, que significa "verdade" e muitas outras coisas mais, para os islâmicos; *dharma*, que significa "dever" e muitas outras coisas mais, para os índicos; e *adat*, que significa "prática" e muitas outras coisas mais, para os malaios.

É justamente o "muitas outras coisas mais" que me absorverá. A intenção aqui é evocar perspectivas, e não anatomizar códigos; é esboçar pelo menos algo dos *se/então* nos quais os *como/portanto* estão situados em cada um desses casos específicos (que serão ainda mais específicos porque estarei dependendo de meu trabalho em Marrocos e na Indonésia para formulá-los) e através disso ter uma noção do que significa a questão fato/lei nesses casos, em oposição ao que ela significa para nós.

Terminada essa pequena tarefa no decorrer das próximas quarenta e poucas páginas, restarão somente as questões menos importantes relacionadas com a forma como essas visões irão se relacionar, ou, para ser mais preciso, estão se relacionando no momento e vêm se relacionando já há bastante tempo, umas com as outras, e como todas elas estão cada vez mais envolvidas na vida das outras; como o saber local e objetivos cosmopolitas podem se comportar, ou não se comportar, na desordem mundial emergente. Sem me deixar intimidar pela modéstia ou pelo senso comum, voltar-me-ei finalmente para essa última questão na terceira parte do ensaio, argumentando, acho eu, que ninguém tem resposta para tais perguntas, mas que as conjeturas antropológicas merecem, no mínimo, a atenção do mundo jurídico.

---

21. COLSON, E. *Traduction and contract*: the problem of order. Chicago: [s.e.], 1974, p. 82.

II

Afirmei na primeira parte deste ensaio que "o direito", aqui, acolá, ou em qualquer lugar do mundo, é parte de uma forma específica de imaginar a realidade: gostaria agora de apresentar alguma evidência disso – somente uma evidência, esquemática, peremptória, e, como não falo dos tribunais e sim de um pódio, muito pouco conclusiva, e até coletada de forma pouco sistemática, mas, apesar disso, e segundo tudo aquilo que creio, bastante instrutiva. Menos que provar alguma coisa, seja o que for que "prova" possa significar no caso de uma tarefa tão experimental, quero *evocar* alguma coisa: a saber, outras formas de vida jurídica. E, para esse fim, e com o risco de ser considerado simplesmente ultrajante, o que necessitamos ou pelo menos o que podemos ter a esperança de conseguir, não são proposições exatas, precisamente estabelecidas. O que necessitamos, ou pelo menos podemos ter a esperança de conseguir, é o que Nelson Goodman, cuja atitude nesses assuntos é bastante parecida com a minha, considera – e para ele, até aquele exemplo perfeito da verdade nua e crua, a lei científica, pode ser incluída nessa categoria – como a primeira mentira aceitável e esclarecedora que esteja mais próxima"[22].

Se considerarmos o direito sob essa perspectiva, como uma forma de ver o mundo, semelhante, diríamos, à ciência, ou à religião, ou à ideologia, ou à arte – mas que, no caso específico do direito, vem acompanhada de um conjunto de atitudes práticas sobre o gerenciamento de disputas que essa própria forma de ver o mundo impõe aos que a ela se apegam – então toda a questão fato/leis passa a ser vista sob uma luz diferente. Descobre-se, então, que a dialética que parecia existir entre o fato cru e o julgamento ponderado, entre aquilo que simplesmente é, e aquilo que é correto, é, como mencionei acima, uma dialética entre uma linguagem de coerência coletiva, por mais vaga e incompleta que seja, e uma outra de consequência específica, por mais oportunista e improvisada que seja. E é sobre essas "linguagens" (ou seja, sobre sistemas simbólicos) e essa dialética que eu gostaria de falar algo que é, ao mesmo tempo, suficientemente empírico para ser verossímil e suficientemente analítico para ser interessante.

Como também mencionei anteriormente, para discutir esses temas utilizarei a metodologia pouco ortodoxa de desdobrar três termos ressonantes, cada um deles de um mundo moral diferente, e ligado a uma sensibilidade jurídica também diferente: a islâmica, a índica, e aquela que, à falta de uma designação melhor, chamarei

22. GOODMAN, N. *Ways of worldmaking*, p. 121: "Mas, é claro, a verdade é menos uma condição necessária e mais uma condição suficiente na escolha de um depoimento. Não só pode acontecer que a escolha recaia sobre um depoimento cujas qualidades outras que não a sua veracidade sejam mais corretas, no lugar de um que seja mais próximo da verdade, mas também nos casos em que a verdade é muito complexa, ou desigual, e não se ajusta confortavelmente a outros princípios, é possível que nossa escolha recaia sobre a mentira aceitável e esclarecedora mais próxima. A maioria das leis científicas são desse tipo: não são relatos cuidadosos de dados detalhados e sim simplificações procustianas de alcance geral".

de malaia, que abrangeria não só o país –, a Malásia –, mas todas as civilizações de língua austronésia do Sudeste Asiático. Como indica a invocação dessas imagens culturais tão generalizadas, a metodologia não só é pouco ortodoxa, como também repleta de uma forma de armadilha na qual um certo tipo de antropologia – o tipo que acha que todos os franceses são cartesianos e todos os ingleses lockeanos – gosta especificamente de cair. Além disso, sugerir que estarei comunicando algo sobre o caráter dessas megaentidades através de um exame de conceitos individuais, por mais ricos que esses sejam, pareceria simplesmente um prenúncio de desastre. É possível que seja um desastre. No entanto, se tomarmos certas precauções e observarmos certas restrições, talvez ainda possamos evitar o desastre total: a produção de meros estereótipos.

A primeira precaução a ser tomada é admitir que os três termos que utilizarei – *ḥaqq*, uma palavra árabe que tem alguma semelhança com aquilo que, também sem muita precisão, chamaríamos de "realidade", ou talvez "verdade", ou talvez "validade"; *dharma*, uma palavra sânscrita, pelo menos em origem, embora hoje em dia seja encontrada em várias línguas, desde o urdu até o tailandês, que gira, de uma maneira bem local, em torno de noções como "dever", "obrigação", "mérito" e outras semelhantes; e *adat*, também de origem árabe, mas introduzida nas linguagens malaias com um significado intermediário entre "consenso social" e "estilo moral" – não só não seriam as três únicas palavras que eu poderia ter escolhido, como também podem não ser as melhores. *Šari*ᶜ*a* ("trilha", "caminho") e *fiqh* ("conhecimento", "compreensão") certamente são pontos de partida mais comuns em reflexões sobre as tendências características do direito islâmico. *Āgama* ("preceito", "doutrina") ou *'sāstra* ("tratado", "cânon") podem conduzir mais diretamente às concepções índicas da legalidade. E *patut* ("apropriado", "condizente") ou *pantas* ("adequado", "ajustado"), no caso do Sudeste Asiático, teria pelo menos a vantagem de ser um termo nativo e não uma palavra importada indiretamente e retrabalhada. O que necessitamos realmente é de uma série de termos que definam uma estrutura de ideias e não pontos conceituais – significados múltiplos, utilizados em situações múltiplas e em vários níveis. É óbvio, no entanto, que isso não é viável neste ensaio. Temos que nos contentar com a parcialidade.

Temos também que nos contentar com uma simplificação radical tanto da dimensão histórica como da dimensão regional desses temas. "Islã", "Mundo Índico" e, *sensu lato,* "Malásia" não são – como dediquei uma grande parte do meu trabalho buscando demonstrar – entidades unitárias e homogêneas, constantes no tempo, no espaço e em população[23]. Reificá-los como tais, aliás, sempre foi o artifício principal através do qual o "Ocidente", acrescentando uma outra nulidade à coleção, conse-

23. Sobre o tema de desagregação em minha obra, cf. especialmente meus livros *Islam observed*. New Haven: [s.e.], 1968; e *The religion of Java*. Glencoe, Ill.: [s.e.], 1960. Devo também acrescentar que quando uso a palavra "islâmico" *não* me refiro ao Oriente Médio; e, quando digo "índico", *não* me refiro à Índia.

guiu evitar compreendê-los ou até mesmo vê-los com alguma clareza. Essa reificação pode ter tido algumas poucas utilidades no passado, quando alternávamos entre uma total autoabsorção e um desejo ardente de moldar outros povos de acordo com nossa visão sobre como a vida deve ser vivida. É pouco provável que tenha qualquer utilidade hoje em dia, quando, como estarei argumentando com certa minuciosidade na parte final deste ensaio, deparamo-nos com a necessidade de definir-nos a nós mesmos, não afastando os outros como contrapolos e nem atraindo-os para bem perto como fac-símiles, e sim situando-nos entre eles.

Porém, como meu objetivo é colocar uma moldura comparativa ao redor de algumas de nossas ideias sobre o que é exatamente a justiça, e não apresentar uma versão resumida do "O Oriente como ele é", a necessidade de tratar apenas superficialmente as variações internas e a dinâmica histórica talvez seja menos prejudicial do que poderia ser em outras circunstâncias; tornar os detalhes menos visíveis pode até contribuir para que as questões essenciais fiquem mais em foco. De qualquer forma, há ainda outra precaução a ser tomada com respeito ao fato de que, mesmo utilizando como fonte matérias de várias épocas e de vários países, quando falo do "Islã", ou do "Mundo Índico" ou da "Malásia", tenho como pano de fundo um ou outro caso relativamente marginais que foram observados bastante recentemente e com os quais trabalhei como antropólogo em algum momento: o Marrocos, no extremo ocidental do mundo muçulmano, bem distante dos chamados da Meca; Bali, uma pequena ilha isolada no extremo leste do arquipélago indonésio, profundamente diferente, e com uma população principalmente hindu e budista; e Java, uma espécie de antologia dos melhores imperialismos do mundo, onde uma base cultural "malaia" foi superposta por quase todas as civilizações mais importantes – a do sul asiático, a do Oriente Médio, a chinesa e a europeia – e que se lançou no comércio asiático há mais de mil e quinhentos anos.

Finalmente, e terei então terminado com as justificativas (que, aliás, nunca adiantam muito) devo também deixar claro que não estou envolvido em uma tarefa dedutiva na qual toda a estrutura do pensamento e de práticas irá brotar de umas poucas noções gerais normalmente chamadas de postulados, e fluir de acordo com alguma lógica implícita, e sim em uma tarefa hermenêutica – na qual essas ideias são utilizadas como um meio mais ou menos fácil de entender as instituições sociais e as formulações culturais que as cercam e lhes dão sentido[24]. Nesse caso, essas ideias têm a função de orientar, e não de servir como base fundamental. Sua utilidade não depende da existência presumida de um sistema de comportamentos e crenças altamente integrado (nem mesmo na pequena ilha de Bali existe tal sistema). Depende

24. Para um enfoque que utiliza postulados, cf. HOEBEL, E.A. *The law of primitive man*. Uma vez mais, quero afirmar que não é minha intenção menosprezar esse tipo de abordagem, nem negar suas conquistas, e sim meramente estabelecer uma distinção entre minha própria abordagem e a de outros.

sim do fato de que, como idéias com alguma profundidade local, elas podem nos orientar na definição de algumas das características, embora múltiplas e desordenadas, daquilo que estamos procurando entender: um sentido do Direito que é diferente do nosso.

*

Para expressar o que foi dito acima de uma maneira ligeiramente diferente, nossas três palavras têm mais semelhança com a noção ocidental de "direito" (*right, recht, droit*) que com a noção de "lei" (law, Gesetz, loi). Ou seja, o ponto central, comum às três, é menos relacionado com algum tipo de noção de "regulamento", "regras", "injunção" ou "decreto" e mais próximo a um outro conceito, ainda pouco nítido, que representaria uma conexão interna, original e inseparável, entre aquilo que é "próprio", "adequado", "apropriado", ou "condizente" e o que é "real", "verdadeiro", "genuíno", ou "autêntico"; entre o "correto" de "um comportamento correto" e o "correto" de "um entendimento correto". Essa articulação dos dois significados é particularmente verdadeira no caso da palavra *ḥaqq*.

Existe uma palavra árabe que é também um termo da jurisprudência islâmica que corresponde pelo menos de uma maneira geral ao conceito de "regras e regulamentos", a saber, *ḥukm*, cuja raiz está relacionada com proferir um veredicto, pronunciar uma sentença, infligir uma pena, impor uma restrição, ou expedir uma ordem, e é dessa raiz que se derivam as palavras mais conhecidas para juiz, tribunal, legalidade e julgamento. *Ḥaqq*, no entanto, é bastante diferente: um conceito que une uma teoria do dever como um conjunto de meras afirmações, umas quantas declarações sobre fatos em bruto, a uma visão da realidade que a considera imperativa em sua essência, uma estrutura de vontades e não de objetos. O moral e o ontológico trocam de lugar, pelo menos no nosso ponto de vista. O moral, onde nós vemos o "deve ser", é que é um conjunto de descrições; e o ontológico, para nós o território do "que é realmente", é que é associado às demandas.

É minha intenção utilizar *ḥaqq* para iluminar essa representação do realmente real como um conjunto de imperativos a serem respondidos, um mundo de várias vontades que se encontram, e a vontade de Alá encontrando-se com todas, e não algo referente a formas a serem contempladas, assuntos a serem entendidos, ou números a serem postulados. Mesmo porque, como essa perspectiva é característica da sensibilidade jurídica que estamos buscando, qualquer análise sistemática de termos jurídicos do mundo islâmico, nos levaria, creio eu, até ela[25]. O "real" neste caso é um real profundamente moralizado, ativo, exigente, e não um "ser" neutro, metafísico, simplesmente inerte em algum lugar, à espera de observação e reflexão; é um real

---

25. Algumas passagens transcritas aqui e em outros trechos dessa discussão vêm de trabalhos meus anteriores, principalmente "Suq: the bazaar economy in Morocco". In: GEERTZ, C.; GEERTZ, H. & ROSEN, L. *Meaning and order in moroccan society*. Cambridge, Inglaterra e Nova York, 1979, p. 123-313. • GEERTZ, C. *Islam observed*.

de profetas e não de filósofos. O que nos leva até a religião, como de um modo ou de outro, e por caminhos às vezes tortuosos, quase tudo nessa parte do mundo tão veemente o faz.

Ḥaqq, como *al-Ḥaqq*, é, na verdade, um dos nomes de Deus, bem como o de outras coisas como "linguagem", "poder", "vitalidade" e "vontade", um dos seus eternos atributos. Como tal, *ḥaqq* retrata a maneira como as coisas geralmente são, mesmo para o muçulmano inculto, para quem esses conceitos vêm envoltos na moralidade cotidiana, em práticas estabelecidas, em rótulos do Corão, em homilias aprendidas no "catecismo" das mesquitas, e na sabedoria dos provérbios. Como se expressou o islamista W.C. Smith: *Ḥaqq* refere-se ao que é real, internamente e por si mesmo. É, *par excellence*, um termo de Deus. *Huwa al-Ḥaqq*: Ele é a própria Realidade. No entanto, qualquer outra coisa que seja genuína também é *ḥaqq*. Significa realidade em primeiro lugar, e significa Deus somente para aqueles [isto é, para aqueles muçulmanos] que [além disso] o igualam à realidade. É verdade no sentido de real, com ou sem R maiúsculo"[26]. Na verdade, a escritura árabe não usa maiúsculas. Porém, o importante é a relação entre o significado do R (ou, mais precisamente, ḥa') maiúsculo e o do r minúsculo: uma vez mais a conexão de um sentido geral de como as coisas se relacionam, as necessidades se/então da coerência *Anschauung*, com juízos específicos sobre ocasiões concretas, as determinações como/portanto da vida cotidiana.

Essa conexão se faz (pelo menos semanticamente – não estou discutindo causas, que são tão vastas quanto a história e a sociedade do Oriente Médio) através da própria palavra. Pois, ao mesmo tempo que significa "realidade", "verdade", "precisão", "fato", "Deus" e assim por diante, e, como acontece na língua árabe, várias outras permutações morfofonêmicas dessas palavras, também significa "direito" ou "dever" ou "reivindicação" ou "obrigação", bem assim como "justo", "válido", "imparcial" ou "próprio". Assim, "o *ḥaqq* está em você" (*ʿandek*) quer dizer (uma vez mais utilizo exemplos do Marrocos) "você tem razão", "a razão está do seu lado". "O *ḥaqq* está dentro de você" (*fik*) significa "você está errado", "você foi injusto, ou parcial" aparentemente no sentido de que você sabe a verdade, mas não a admite. "O *ḥaqq* está sobre você" (*ʿalik*) significa "é seu dever, sua responsabilidade", "você tem que", "você tem obrigação de". "O *ḥaqq* está com você" (*minek*) significa "você tem direito a isso", "isso lhe é devido". E nas várias formas e frases denota um beneficiário; um participante em um acordo comercial; a sua parte em algum "direito de propriedade" legítimo tal como lucro, um pacote de produtos, parte de um terreno,

---

26. SMITH, W.C. "Orientalism and truth" (Conferência Jovem T. Cuyler, Programa de Estudos sobre o Oriente Próximo, Universidade de Princeton, 1969); cf. SMITH, W.C. "A human view of truth". *Studies in Religion* 1 (1971), p. 6-24. Para não desfigurar a página com reticências, eliminei algumas frases e sentenças sem utilizar elipses. Sobre a questão de atributos na teologia islâmica, cf. WOLFSON, H.A. *The Philosophy of the Kalam*. Cambridge, Mass.: [s.e.], 1976, p. 112-234.

uma herança, ou um escritório. É empregada para expressar um dever contratual, ou de forma derivada, até para o próprio documento de um contrato; para expressar uma responsabilidade geral em algum assunto; para uma multa ou indenização. E, em seu plural definido, *al-ḥuqūq*, significa direito ou jurisprudência. *A ḥuqūqī*, a forma atributiva, e suponho que portanto mais literal: "(alguém) preso ao que é real, fixado ao que é real, significa um advogado ou um jurisprudente.

A concepção de uma identidade entre o correto e o real é assim constante em todos os níveis da utilização do termo: no nível religioso (no qual é empregado não só para Deus, mas também para o Corão, onde sua vontade é declarada, para o Dia do Juízo, para o paraíso, para o inferno, para o estado que acompanha a obtenção da gnose mística); no nível metafísico (onde expressa não somente a própria factualidade, mas também a essência, a natureza legítima, "o núcleo inteligível de algo que existe"); no nível moral, nas frases que acabei de citar acima, que são ouvidas diariamente no Marrocos que eu conheço; e no nível jurídico, onde se transforma em uma reivindicação passível de ser atendida, um título válido, um direito assegurado, e a própria justiça ou o próprio direito[27]. E essa identidade do correto e do real permeia a sensibilidade jurídica islâmica não só de uma forma abstrata, em tom e modo, mas também concretamente, como nos processos de deliberação e nos procedimentos. A adjudicação muçulmana não envolve simplesmente a conexão de uma situação empírica a um princípio jurídico; esses dois elementos já surgem juntos. Determinar um deles é determinar o outro. Os fatos são normativos: há menos probabilidade de que eles possam divergir do Bem, do que de que Deus possa mentir.

Os homens, é claro, podem mentir, e, principalmente na presença de juízes, o fazem com frequência; e é aí que surgem os problemas. Da mesma forma que o nível como/portanto das coisas é difícil de determinar, seu nível se/então (pelo menos em teoria) é nítido e inevitável. O Corão, como as palavras de Deus que existem e existirão eternamente – a "Inlivração da Divindade" como o chamou, de forma tão brilhante, H.A. Wolfson, em um contraste polêmico com as concepções da Encarnação da cristologia – é considerado cristalino e completo em suas afirmações sobre o que Alá diz que devem ou não fazer aqueles para os quais Ele é realmente o *al-Ḥaqq*[28]. Obviamente, existem inúmeros comentários e polêmicas, formações

27. Para uma discussão mais detalhada dos vários níveis do significado de *ḥaqq*, cf. o verbete sob *Ḥaḳḳ* em *The Encyclopedia of Islam*, nova edição, Leiden e Londres, 1971, vol. 3, p. 81-82, onde se argumenta, de uma forma um tanto ou quanto especulativa, que o sentido jurídico foi o original (pré-islâmico), e que dele se derivaram os significados ético e religioso. "Em resumo, os significados da raiz (*ḥ-q-q*) tinham originalmente relação com 'talhar' por referência às leis da época que eram talhadas em madeira, pedra ou metal e permanentemente válidas; foram expandidos para abranger os ideais éticos resumidos nas palavras correto, real, justo e verdadeiro, e ampliaram-se ainda mais para incluir também o Divino, a realidade espiritual." Sobre outras dimensões dessa raiz tão extraordinariamente produtiva, cf. tb. o verbete sob "*Ḥaḳīḳa*" (ibid., p. 75-76) e sob "*ḥuḳuḳ*" (ibid., p. 551).

28. WOLFSON, H.A. *Philosophy of the Kalam*, p. 235-303.

de escolas diferentes, discordância de secretários etc. No entanto, a noção de que a certeza e a inteligibilidade do Direito estão "enlivradas" (outra das frases criativas de Wolfson) no Corão, se não elimina totalmente, pelo menos reduz significativamente qualquer impressão de que questões relacionadas com o que é ou não justo possam ser, intrinsecamente e por si próprias, ambíguas, quixotescas ou irrespondíveis. A análise jurídica, embora uma atividade complexa e desafiante, e frequentemente até mesmo um risco político, é considerada como uma questão de expressar versões coloquiais, de praças públicas, das verdades sobre a vontade divina – descrevendo a Casa Sagrada quando esta não está visível, conforme Shafi'i, talvez um dos maiores juristas clássicos, a definiu – e não de tentar equilibrar valores conflitantes. O equilíbrio de valores só surge no caso de relatos de incidentes e situações. E é o temor a isso que conduz àquela que, a meu ver, é uma das características mais admiráveis da administração islâmica da justiça: a enorme preocupação com aquilo que poderia ser chamado de "testemunho normativo".

Como é sabido, pelo menos por aqueles cuja profissão é saber essas coisas, qualquer evidência apresentada diante de um tribunal muçulmano – isso é um tribunal regulado pelo *šarīᶜa* e presidido por um *qāḍī* – é considerada como sendo oral, mesmo que inclua documentos escritos ou elementos materiais de prova. Só o testemunho falado – *šahāda*, "testemunhar" de uma raiz que significa "ver com nossos próprios olhos" – tem valor, e qualquer material por escrito que possa ser incluído, não é considerado como uma prova legal e sim como meras (e normalmente um pouco suspeitas) inscrições daquilo que alguém disse a alguém na presença de testemunhas moralmente confiáveis[29]. Essa negação da validade legal de um ato escrito propriamente dito data dos períodos mais antigos do Islã, e nas fases formativas

29. Sobre documentos e testemunhas no direito clássico islâmico, cf. WAKIN, J.A. *The function of documents in islamic law*. Albany: [s.e.], 1972. Cf. ROSEN, "Equity and discretion in a modern islamic legal system". • MEZ, A. *The renaissance of islam*. Beirute: [s.e.], 1973 [originalmente ca. 1917], p. 227-229. • SCHACHT, J. *Islamic law*. Oxford: [s.e.], 1964, p. 192-194. A palavra para "mártir"– *šahīd* – derivou-se da mesma raiz, aparentemente no sentido de "o testemunho de Deus". Cf. o artigo "Shahīd", de GIBB, H.A.R. & KRAMERS, J.H. *Shorter Encyclopaedia of Islam.* Leiden/Londres, 1961, p. 515-518. O termo *Šahāda*, "depoimento" ou "testemunho", é também utilizado para designar a famosa "Profissão de Fé" muçulmana: "[Testemunho que] não existe nenhum outro Deus a não ser Deus, e [testemunho que] Mohamed é o Mensageiro de Deus". As condições bastante estritas que governam os depoimentos (por exemplo, que "as partes a quem couber [provar a culpa] [...] estariam obrigadas a apresentar duas outras testemunhas do sexo masculino, adultas e muçulmanas, cuja integridade moral e probidade religiosa sejam impecáveis, para depor oralmente sobre seu conhecimento direto da verdade da declaração") foi algumas vezes considerada como a causa principal para a redução progressiva da jurisdição dos tribunais de *šarīᶜa* em épocas recentes. (COULSON, N.J. "Islamic law". In: *An introduction to legal systems*. Nova York/Washington, D.C.: [s.e.], 1968, p. 54-74, citação à p. 70 [org. J.D.M. Derrett].). Há alguma verdade nessas afirmações, mas até certo ponto elas ignoram a extensão da influência que essas formas "estritas" de testemunhar tiveram sobre os procedimentos dos tribunais "seculares" que são os sucessores dos tribunais *šarīᶜa*.

do direito islâmico a evidência escrita e também a evidência a que chamaríamos de circunstancial ou material, eram, com bastante frequência, totalmente rejeitadas. "A palavra pessoal de um muçulmano conhecido, "como escreveu Jeanette Wakin, "era considerada mais valiosa que um pedaço de papel abstrato ou uma informação sujeita a dúvidas e falsificações"[30]. Hoje em dia, quando a evidência escrita é aceita, mesmo que com certa relutância, a sua validade ainda é grandemente dependente do caráter moral do indivíduo ou indivíduos que, pessoalmente envolvidos em sua elaboração, emprestam-lhe sua própria autenticidade. Parafraseando Lawrence Rosen sobre práticas contemporâneas no Marrocos, não é o documento que torna o homem confiável, e sim o homem (e, em determinados contextos, a mulher) que dá autenticidade ao documento[31].

A evolução das instituições referentes a depoimentos se deu, portanto, de forma muito mais bem-elaborada em relação àquelas que se referem ao trabalho da defesa, as quais são rudimentares. Buscou-se não indivíduos cultos, e suficientemente imparciais para relatar detalhes empíricos de tal forma que um juiz-árbitro pudesse pesá-los na balança jurídica e sim indivíduos sagazes, com princípios suficientes para produzir juízos corretos que um juiz-exegeta pudesse expressar em retórica corânica. E essa busca tomou uma variedade de direções e assumiu uma variedade de formas. O tipo de cautela que a tradição ocidental tem, assegurando-se e reassegurando-se, com sucesso pouco significativo, de que suas leis são justas, o islâmico, sem qualquer dúvida quanto à justiça de suas leis, dedica ao esforço de assegurar-se e reassegurar-se, tampouco sem grande sucesso, de que seus fatos são respeitáveis.

Em épocas clássicas, essa obsessão (a palavra não é demasiado forte) com a confiabilidade moral do depoimento oral deu origem à instituição de testemunhas acreditadas, homens (ou, como mencionei acima, em casos especiais ou com restrições especiais, também mulheres) considerados como "firmes", "honestos", "honrados", "decentes", "morais" (ʿādil), e além disso, é claro, que possuíssem uma certa proeminência na sociedade local e um suposto conhecimento das particularidades dos assuntos locais. Escolhidos pelo *qāḍī*, uma vez para sempre, através de um processo preestabelecido de avaliação e de certificação formal, a partir desse momento, testemunhavam, repetidamente, em todos os casos levados aos tribunais, como indivíduos "cujo testemunho", como disse Wakin, "não poderia estar sujeito a dúvidas" – pelo menos não juridicamente[32].

Não só o número dessas testemunhas oficiais e permanentes podia ser muito alto (eram cerca de mil e oitocentas no século X em Bagdá), mas sua escolha e validação, uma das obrigações principais do *qāḍī* (cada *qāḍī* nomeava suas próprias testemunhas, despedindo-as de seus predecessores) podia ser extremamente elabora-

30. WAKIN. *Function of documents in islamic law*, p. 6.

31. ROSE. "Equity and discretion in a modern islamic legal system".

32. WAKIN. *Function of documents in islamic law*, p. 7.

da, chegando a estabelecer um costume ainda mais estranho, pelo menos aos nossos olhos, que era o de criar-se um grupo de testemunhas secundárias semelhante ao primeiro – *šahāda ʿalā šahāda*, ou seja, "as testemunhas das testemunhas"[33]. Essas testemunhas secundárias confirmavam a probidade das primárias, duas secundárias para cada uma das primárias, particularmente quando essas últimas tinham falecido ou mudado de residência depois de haver prestado seu depoimento original ou, por outra razão qualquer, não podiam comparecer pessoalmente ao tribunal, mas também nos casos em que o *qāḍī* ainda tinha alguma reserva quanto a sua perfeição moral. (Provavelmente, como observa Joseph Schacht, as testemunhas poderiam ser consideradas pouco idôneas se tivessem sido vistas jogando gamão ou frequentando um banho público sem a proteção de uma tanga. Relata-se que pelo menos um dos *qāḍīs* medievais costumava disfarçar-se e andar pelas ruas à noite para checar o caráter de suas testemunhas.)[34] A ansiedade do *qāḍī* nesse sentido era bastante compreensível, e também intransferível: se ele aceitasse a palavra de uma testemunha falsa, a sentença que proferisse baseada nesse depoimento seria legalmente válida, judicialmente irreversível e moralmente sua total responsabilidade[35]. Quando o normativo e o real fundem-se ontologicamente – *Ḥaqq* com um *Ḥaʾ* maiúsculo – e o depoimento oral (ou um registro do depoimento oral) é praticamente o único meio pelo qual o que acontece no mundo – *ḥaqq* com um *ḥaʾ* minúsculo – pode ser representado juridicamente, o perjúrio tem uma fatalidade muito específica. Na verdade, no direito islâmico, o perjúrio não chega nem mesmo a ser considerado um crime, punível pelas sanções humanas. Assim como violar o jejum, não rezar, ou entregar parceiros a Deus, ela é apenas um sacrilégio, punível com a perdição eterna[36].

Nos dias de hoje, essa instituição específica, de uma comunidade de pessoas que falam a verdade oficialmente, é rara, ou não existente, mesmo nos tribunais *šarīʿa;* e, obviamente, já há bastante tempo, muito da vida jurídica no mundo islâmico vem sendo administrado por tribunais civis presididos por magistrados mais ou menos seculares, que aplicam uma lei mais ou menos positiva, segundo

33. Sobre Bagdá, cf. MEZ. *Renaissance of Islam*, p. 229. Esse número era excepcionalmente alto. Alguns anos mais tarde, o número de testemunhas foi reduzido para 303, um número que, embora mais fácil de manejar, ainda era considerado pelos juristas da época como sendo um pouco alto demais. Sobre testemunhas secundárias, WAKIN. *Function of documents in islamic law*, p. 66s. • SCHACHT. *Islamic law*, p. 194, observa que duas testemunhas secundárias devem depor para validar cada uma das testemunhas primárias. *Šahada ʿalā šahada* é singular e em termos técnicos jurídicos refere-se ao ato de testemunhar, e não às testemunhas propriamente ditas; portanto, talvez pudesse ser melhor traduzido por "testemunhando o testemunho". Cf. a nota de rodapé 29.

34. SCHACHT. *Islamic law*, p. 193. Sobre o *qāḍī* incógnito, cf. MEZ. *Renaissance of Islam*, p. 228.

35. SCHACHT. *Islamic law*, p. 122, 189.

36. Ibid., p. 187. Como acontece com uma série de outros argumentos no texto, esse assunto não é totalmente consensual entre comentaristas jurídicos, mas é aceito pela maioria deles.

procedimentos mais ou menos "modernos", deixando pouco mais que assuntos familiares ou de heranças aos cuidados do *qāḍī*[37]. No entanto, da mesma maneira que, entre nós, uma quantidade enorme de coisas que, em nossa ignorância, fazíamos antes, e, agora, iluminados, as fazemos de uma forma ligeiramente diferente – a distinção hoje quase inexistente entre equidade e direito costumeiro, a distinção hoje transfigurada entre representação e julgamento, ou as instituições culturalmente sublimadas do ordálio, do embate, da ilibação de um réu por juramento de testemunhas a seu favor, e da defesa "forma de ação" – rondam nossa visão de um processo apropriado também a noção de uma testemunha virtuosa e aprovada, que fala verdades morais para um jurista que segue os regulamentos ao pé da letra, ronda a consciência jurídica dos muçulmanos, por mais secular que possa ter-se tornado essa consciência. Mais precisamente, a sensibilidade crescente à problemática da evidência que, em nosso caso, levou-nos aos júris, no caso dos muçulmanos, levou-os aos notários.

Esses notários, chamados *šuhūd ᶜudūl*, testemunhas "justas" ou "honestas", mas, na época, nomeados como funcionários profissionais dos tribunais, trabalhando em tempo integral, e com algum tipo de treinamento pelo menos nas formas práticas do direito, em épocas mais recentes, tornaram-se tão essenciais para o funcionamento dos tribunais *qāḍī*, como o próprio *qāḍī*[38]. Na verdade, como são mediadores no processo pelo qual as disputas sociais recebem representação judicial ou são encaminhadas a um contexto onde possam ser decididas por meio de regulamentos estabelecidos, na maioria das vezes de uma forma quase mecânica, é possível que os notários sejam até mais importantes que o *qāḍī*. Em um sentido que não é meramente metafórico, os notários *fazem* a evidência ou pelo menos a evidência legal, e assim, de acordo com os argumentos que venho desenvolvendo sobre o *status* normativo do fato, e portanto dos depoimentos, fazem também a maior parte do julgamento. A realidade como uma estrutura de imperativos divinos – a vontade de Deus, *Ḥaqq* – pode estar nas mãos do *qāḍī*. No entanto, a realidade como um fluxo de ocorrências morais – *ḥaqq* dentro de você, sobre você e em você – está, em proporção bastante significativa, nas mãos dos notários.

37. Sobre o funcionamento contemporâneo dos tribunais *šarīᶜa*, cf. COULSON. "Islamic law".

38. Os termos são geralmente abreviados para *šuhūd* (como *šahīd*; cf. nota de rodapé 29) nas regiões centrais islâmicas, ou *ᶜudūl* (como *ᶜadl*) nas fronteiras ocidentais e orientais dessas regiões; WAKIN. *Function of documentos in islamic law*, p. 7. Como sua função não é somente registrar o que dizem as pessoas mas também acrescentar ao que dizem a aura de seu próprio caráter, *ᶜadl* talvez não devesse ser traduzido por "notário" (e menos ainda por "notaire", por suas conexões com o direito civil). No entanto, essa é a tradução normalmente utilizada e não tenho nenhuma sugestão melhor, a não ser a literal que não pareceria muito apropriada (testemunha confiável). Sobre os notários islâmicos (e o uso da expressão "testemunha confiável" de um modo geral, cf. TYAN, E. *Le notariat et le preuve par écrit dan le pratique du droit musulman*. Beirute, 1945. Uma vez mais, agradeço a Lawrence Rosen por grande parte daquilo que sei sobre o papel desempenhado pelos *ᶜadl* em Marrocos.

Não só dos notários, no entanto. Os notários propriamente ditos, aqueles que estão ligados aos tribunais *qāḍī*, são apenas o caso típico em uma abordagem do inquérito judicial que se expandiu como uma rede de espionagem gigantesca, atingindo praticamente todas as áreas de interesse do Direito. Como a própria *šarīʿa*, a jurisdição dos notários nos dias de hoje limita-se principalmente a assuntos relacionados com matrimônios e herança, na maioria das regiões do mundo islâmico, e seu poder para transformar queixas em evidência é exercitado sobretudo com respeito a contratos matrimoniais, acordos de divórcio, reivindicações em partilhas de bens, e escrituras de um modo geral[39]. Além desses, existe hoje um conjunto semelhante de testemunhas normativas oficiais ou quase oficiais: pessoas cujo testemunho, ainda que não total e absolutamente confiável – afinal de contas, esta é uma época decadente – tem o peso específico de sua estatura moral e religiosa, como era o caso do *šahīd* clássico e ao contrário do que acontece com um litigante comum ou com o réu.

Os tribunais seculares são quase literalmente rodeados por esse tipo de "mensageiros da verdade" oficiais – o termo genérico em árabe que os designa é normalmente *ʿarīf*, que deriva de "saber", "estar ciente/consciente de", "reconhecer" e "descobrir"; sendo que a tradução mais comum em inglês (e em francês) é *expert*. No Marrocos, por exemplo, existe o *amīn* (que vem da mesma raiz que deu origem aos termos árabes para "fiel", "confiável", "fidedigno") em cada ramo do comércio ou do artesanato e também em algumas categorias profissionais. O *amīn* é a "autoridade em fatos" no caso de disputas sobre estes. Há também o *jāri*, que tem a mesma função no caso de assuntos de irrigação; e o *muqqadem* para conflitos entre vizinhos. Em cada um desses casos, os contendedores trazem o problema para a autoridade relevante em primeiro lugar, e se não aceitam sua mediação – o que normalmente acontece – ele passa a ser a principal testemunha quando o caso chega ao tribunal, na maioria das vezes a única testemunha a quem o juiz dá maior credibilidade. Existe também o *mezwār*, que age da mesma forma para grupos religiosos específicos; o *ṭāleb*, "estudante de religião", ou o *šūrfa*, "descendente do Profeta", que podem ser requisitados em um número extenso de assuntos morais; e ainda o "homem santo" das áreas rurais, o *siyyid* ou *murābit* que exerce a mesma função para a população rural. E, ainda mais importante, há um conjunto de repórteres-investigadores, em tempo integral, chamados de *ḵebīr* (de "conhecer pela experiência", "ter familiaridade com" – a palavra para "as notícias" em árabe é *ḵbar*) alguns deles *expert* em assuntos agrícolas, outros na área da construção civil, outros (mulheres) em descobrir quem engravidou quem, ou quem não está cumprindo suas obrigações sexuais, ou abusando sexualmente de quem. Essas mulheres são enviadas pelos magistrados dos tribunais seculares até o local da ocorrência, em praticamente todos os casos onde o

39. A *šarīʿa*, e com ela, provavelmente, também os notários, são ainda utilizados com maior frequência nos regimes mais tradicionais do Oriente Médio, tais como o da Arábia Saudita. Além disso, mais recentemente, o chamado Renascimento Islâmico parece ter contribuído para uma ampliação – pelo menos formal – de sua aplicação em países como a Líbia, o Irã, o Paquistão e alguns outros mais.

conflito é genuíno, entrevistam as pessoas envolvidas e voltam para relatar quais são "realmente" os fatos – sem muita consideração pela versão dos litigantes.

Não seria possível detalhar o funcionamento dessas instituições neste curto ensaio, nem discutir os problemas que essa expansão do testemunho normativo criou – embora, a meu ver, uma compreensão razoável desses temas seja a chave para um conhecimento realista das sensibilidades jurídicas pelo menos em grande parte do mundo muçulmano contemporâneo, onde a "explosão dos fatos" que mencionei anteriormente e as ansiedades que ela produz são quase desconhecidas. O argumento essencial é que as energias que, na tradição ocidental, foram gastas para distinguir leis e fatos, e para elaborar procedimentos destinados a evitar que um contamine o outro, no mundo islâmico foram utilizadas para unir esses dois conceitos e para elaborar procedimentos que aprofundem essa conexão. O testemunho normativo é crucial para a administração da justiça no mundo muçulmano porque representa, dentro do possível, o "aqui-estamos-e-ali-estamos" das circunstâncias específicas, *ḥāqq* com *ḥa'* minúsculo, nos termos estabelecidos da verdade mais ampla, *Ḥāqq* com *Ḥa'* maiúsculo.

*

Quando nos voltamos para o direito índico e a ideia que lhe dá vida, o *dharma*, os problemas inerentes à tentativa de resumir toda uma sensibilidade em umas poucas páginas são ainda maiores[40]. Apesar de toda a adaptação às circunstâncias locais, da irregularidade de sua influência, e da diferenciação interna entre as várias escolas e tradições, o direito islâmico clássico foi, no final das contas, uma força homogeneizante, criando um *oikumene* jurídico tal que, no século XIV, por exemplo, Ibn Battuta, ele próprio um juiz, pôde viajar, de *qāḍī* a *qāḍī*, do Marrocos até a Malásia e vice-versa, sem sentir jamais que estava em ambientes totalmente estranhos. O clima e a raça eram diferentes e, por essa razão, os costumes também variavam; mas a *šarī'a* era sempre a *šarī'a*, em Samarkand ou Timbuctu, pelo menos nos lares dos legistas.

O direito índico, no entanto, não se expandiu dessa forma. No próprio ato de universalizar-se ele tornou singular aquilo que descobria, segmentando-o em múltiplas manifestações hiperparticulares e concretas de uma forma também hipergeral e abstrata: um mundo de *avatares**. Não somente partiu-se em dois com a grande divisão entre o hinduísmo e o budismo; mas, sendo uma coleção gigantesca e desor-

---

40. Devo reiterar que o uso do termo "índico" ("indicizado") ao invés de "indiano" ("indianizado") e "hindu" ("hinduizado") é uma tentativa de manipular com uma certa delicadeza a questão freqüentemente discutida do grau, tipo, profundidade etc., da "indiedade", ou seja, da influência da Índia no Sudeste Asiático. Para uma maior discussão desse assunto, cf. GEERTZ. *Negara*, p. 138. Cf. A visão – "o que não for um pato, um ganso ou um peru, é uma galinha" – do hinduísmo, de Derrett: "Para efeitos da aplicação das partes *codificadas* do direito pessoal um hindu (na Índia) é alguém que não é nem muçulmano, nem parse, nem cristão, nem judeu. DERRETT, J.D.M. *Religion, law and the state in India*. Nova York: [s.e.], 1968, p. 44 [itálicos no original].

* Avatares – na mitologia hindu, encarnações da divindade em seres humanos [N.T.].

ganizada de regulamentos obsessivamente específicos, o número dezoito diz isso, o número trinta e quatro diz aquilo, manteve-se unido não por um único testamento canônico, copiado diretamente da palavra explícita de Deus, e sim por um conjunto de concepções irritantemente universais, retiradas de uma biblioteca borgesiana de textos irregulares, com objetivos diferentes, origens diferentes e autoridade desigual[41]. Em todas as localidades, e quase em todos os grupos sociais de cada localidade, o direito desenvolveu uma variante determinada e distinta, cuja conexão com suas cognatas era algo assim como uma semelhança familiar entre primos distantes. Como a Divindade (ou, nesse contexto, a humanidade, bondade, poder ou amor), o direito era apenas uma das muitas expressões do mundo índico.

Na medida em que ia sendo divulgado, intermitente e assimetricamente, primeiro pela Índia, depois pelo Ceilão, Birmânia, Sião, Cambodja, Sumatra, Java e Bali, a alta cultura índica, e, como sua parte integrante, o direito índico, esses iam absorvendo uma pluralidade imensa de costumes, símbolos, crenças e instituições locais. Hindu em alguns lugares, budista em outros, hindu-budista ainda em outros, conquistava não por anátema, eliminando-os, e sim por consagração, absorvendo-os. Como se expressou J.D.M. Derrett, subordinando "uma infinidade imensa, uma mistura inadministrável de regras, a um modelo compreensível de vida e pensamento"[42]. No nível formativo de decisões, no como/portanto, via-se por toda parte um catálogo desordenado de fórmulas individuais, possivelmente originárias de textos, costumes, lendas ou decretos, que se adaptavam ao lugar e modificavam-se de acordo com a necessidade. No nível do fazer sentido, da coerência, do se/então, estava, por todas as partes, baseado em uma ideia essencial, profundamente peculiar, e extraordinariamente estável, que se originara da revelação direta, a doutrina védica ou do pipal, o *ficus religiosa*: uma doutrina cósmica do dever, na qual cada espécie no universo, fosse ela humana, transumana ou infra-humana, tem, por virtude de seu destino, uma tarefa ética a cumprir e uma natureza a expressar – e as duas se confundem na mesma coisa. "As cobras mordem, os demônios enganam, os deuses concedem, os sábios controlam seus instintos, [...] os ladrões roubam [...] os guerreiros matam [...] os sacerdotes fazem sacrifícios [...] os filhos obedecem suas mães", escreveu Wendy O'Flaherty. "É este o seu *dharma*"[43].

---

41. Para discussões de textos do direito clássico na Índia (ou, mais precisamente, textos dos quais se originaram as noções jurídicas) cf., para o hinduísmo, LINGAT, R. *The classical law of India*. Berkeley/Los Angeles: [s.e.], 1973, p. 7-9, 18-122 [Trad. J.D.M. Derret]; para o budismo, GOMBRICH, R.F. *Precept and practice*: traditional buddhism in the rural highlands of Ceylon. Oxford, 1971, p. 40-45; para obras derivativas do Sudeste Asiático, HOADLEY, M.C. & HOOKER, M.B. *An introduction to javanese law*: a translation of and commentary on the Agama. Tucson: [s.e.], 1981, p. 12-31, e HOOKER, M.B. "Law texts of southeast Asia". *The Journal of Asian Studies* 37 (1978), p. 201-219.

42. DERRETT. Religion, law and the state, p. 118.

43. FLAHERTY, W.D. *The origins of evil in hindu mythology*. Berkeley/Los Angeles: [s.e.], 1976. A citação é uma composição de várias passagens às p. 94, 95, 96, 98, 109. Essa formulação é obviamente hindu; as

Traduzir *dharma* (e o seu oposto *adharma*) em inglês é uma tarefa ainda mais difícil que traduzir *ḥaqq*. Pois aqui o maior problema não é o estilhaçamento do significado, a separação de um território semântico em uma série de partes inesperadas, e sim a própria imprecisão do significado, a expansão desse território semântico até dimensões infinitas. O especialista em sânscrito J. Gonda diz que *dharma* é intraduzível, observando que é tratado superficialmente em dicionários bilíngues através de "dez ou doze linhas de palavras ou frases em inglês: 'lei, uso, observação dos costumes, dever, moralidade, mérito religioso, boas obras etc.' e muitas outras palavras equivalentes poderiam ser acrescentadas se tentarmos fazer justiça a todos os aspectos do conceito e a sua riqueza inesgotável". Do lado Pali do budismo, onde a palavra é *dhamma*, diz Richard Gombrich que "ela pode ser traduzida por milhares de palavras: 'honradez, verdade, o Caminho' etc. É melhor simplesmente não traduzi-la". Para Walpola Rahula, ele próprio um monge budista, "não existe nenhum outro termo na terminologia budista que seja tão amplo como *dhamma* [...] não há nada fora ou dentro do universo, bom ou mau, condicionado ou não condicionado, relativo ou absoluto, que não esteja incluído nesse termo". Robert Lingat começa seu longo tratado *The classical law of India*, que basicamente é uma mediação extensa sobre o termo, com o comentário de que "*dharma* é um conceito difícil de definir porque ignora – ou transcende – distinções que nos parecem essenciais". E o dicionário de javanês antigo de Soewojo Wojowasito define o conceito como "lei, direito, tarefa, obrigação, mérito, serviço, ato de caridade, dever, e continua por uma página e meia com palavras compostas de *dharma*, desde *dharmadeśanā* [a], ciência da boa conduta" e *dharmabuddhi*, "justo, honesto, imparcial [de espírito]", até *dhammayuddha*, "uma [...] guerra [que se luta] segundo um código [estabelecido]," e *dharmottama*, "[o] código de justiça mais adequado para cada classe social"[44].

---

formulações budistas têm diferenças importantes (para uma discussão desse assunto cf. RAHULA, X *What the Buddha taught*. Londres, 1978 [ed. rev.]. Na discussão no texto, procurei, tanto quanto possível, expressar as ideias de tal maneira que pudessem abranger tanto a Índia hindu e os países budistas do ramo Theravada da região norte do Sudeste Asiático, como a situação mais complexa do arquipélago indonésio, embora qualquer análise mais profunda não possa deixar de examinar as diferenças nas visões jurídicas das duas maiores tradições índicas, da mesma forma que uma análise mais profunda das tradições ocidentais não poderia deixar de examinar as diferenças entre o catolicismo e o cristianismo protestante. Mas, como acontece com a civilização ocidental (e, apesar de todas suas divisões sectárias, também com a islâmica, onde igualmente ignorei as diferenças entre *Sunni/Shi'i*), a civilização índica realmente possui uma forma e tonalidade distintas, que são projetadas no direito. "Se perguntarmos a um budista quais são suas crenças religiosas, ele partirá do princípio de que estamos falando de seu *Dharma*. No entanto, essas crenças funcionam no contexto de outras crenças, de premissas mais básicas. Isso é verdade tanto do ponto de vista lógico, como sob uma perspectiva histórica: o Buda foi criado em uma sociedade hindu e aceitou muitas das premissas hindus" (Gombrich, *Precept and practice*, p. 68).

44. GONDA, J. *Sanskrit in Indonesia*. 2. ed. Nova Delhi: [s.e.], 1973, p. 537, 157. • GOMBRICH. *Precept and practice*, p. 60. • RAHULA. *What the Buddha taught*, p. 58. • LINGAT. *Classical law of India*, p. 3. •

No caso do direito, as noções mais relevantes são precisamente essas últimas. Pois o que mais distingue a sensibilidade jurídica índica das outras é que, nessa sensibilidade, o direito e a obrigação são considerados como relativos à posição na ordem social, e a posição na ordem social é definida transcendentalmente. Parafraseando uma expressão do inglês, "o que é justo para o ganso fêmea, não o é para o ganso macho"; e o mesmo poderia ser dito com relação ao sacerdote e o guerreiro, o monge e o homem leigo, o dono de uma propriedade e o eremita, o que nasceu apenas uma vez e o que nasceu duas, o que nasceu em épocas decadentes e o que nasceu em épocas gloriosas. A categoria social, se caracterizada ritualmente, como no caso do sistema de castas do hinduísmo, ou eticamente, como no caso do budismo meritório, representa uma organização de grupos e de indivíduos em classes naturais, de acordo com regulamentos aos quais esses indivíduos e grupos adaptam suas vidas, de uma forma natural. *Status* é substância. Se *ḥaqq* negocia com o "é" e o "deve ser" transformando a lei em uma espécie de fato, o *dharma* o faz transformando o fato em uma espécie de lei, o que certamente não é a mesma coisa.

É certo que a diferenciação da aplicação da justiça segundo a posição social não acontece somente no mundo índico. O direito clássico chinês, e o da África tribal, por exemplo, que associam direitos a relações de parentesco, são pelo menos tão minuciosos quanto o direito índico nessas diferenciações. Além disso, traços dessas categorizações existem em todos os sistemas jurídicos, como no caso dos nossos juizados de menores, e das premissas do tipo – "a mãe é a melhor guardiã" – nos casos de custódia. É a noção do *dharma* – ou seja, que os códigos que regulamentam o comportamento dos vários tipos de homens e mulheres (ou dos deuses, demônios, espíritos, animais, e até mesmo de objetos inanimados) definem o que eles são primordialmente – que distingue o direito índico. Aquilo que Ronald Inden e Ralph Nicholas disseram sobre Bengala é, se apropriadamente matizado, aplicável a todos os países onde as premissas indianas penetraram, proporcionalmente à extensão dessa penetração:

> Todos os seres são classificados em [espécies]. Cada [espécie] é definida segundo sua [natureza] particular e código [comportamental] e esses são considerados inseparáveis um do outro. Como consequência dessa premissa cultural [...] não se distingue, como se distingue na cultura norte-americana, entre uma ordem da "natureza" e uma ordem do "direito". Tampouco faz-se distinção entre uma ordem "material" ou "secular" e uma ordem "espiritual" ou "sagrada". Há, portanto, uma ordem única de seres, uma ordem que seria, em termos ocidentais, tanto natural como moral, e tanto material como espiritual[45].

WOJOWASITO, S. *A Kawi Lexicon*. Ann Arbor, 1979, p. 287-288 [org. R.F. Mills]. Para uma discussão breve, mas excelente sobre o significado de *dharma* e sua relação com o direito na tradição hindu, cf. ROCHER, L. "Hindu conceptions of law". *The Hastings Law Journal* 29 (1978), p. 1.280-1.305.

45. INDEN, R.B. & NICHOLAS, R.W. *Kinship in bengali culture* (Chicago, 1977), p. xiv. Omiti, sem o benefício de elipses, termos vernaculares bengaleses e algumas passagens que só se aplicariam ao sistema de

E poderíamos acrescentar tanto jurídico como factual. Ou, nas palavras de O'Flaherty, resumindo o conceito índico do mal:

> Dharma é o fato de que existem regras que devem ser obedecidas: é o princípio da ordem, independente do que essa ordem seja realmente [...] [É] um termo ao mesmo tempo normativo e descritivo. [Assim], na Índia, o código moral [*dharma*] é a própria natureza, enquanto que no Ocidente ele geralmente está em conflito com a natureza [...] O *dharma* de um [ser] é sua característica como um tipo específico e também seu dever como indivíduo [...] Ele pode rejeitar seu dever [e portanto] negar sua natureza [a condição menosprezada do *adharma*], mas para os hindus esse conflito seria desnatural, algo que necessariamente deve ser resolvido [...][46].

O conflito deve ser resolvido porque, como já dizia o Código de Manu, em alguma época um pouco anterior ou um pouco posterior a Cristo, "o *dharma*, se destruído, destrói, se protegido, protege"[47]. O Direito encontra-se simplesmente no mundo, como o sol ou o gado, tanto na forma infinita e grandiosa de tudo "que é sólido e durável, que sustenta e mantém, que impede a fraqueza e o fracasso", e na forma limitada e local de deveres específicos incorporados em regulamentos específicos, atribuídos a indivíduos específicos em situações também específicas[48]. A

---

castas hindu. Para formulações semelhantes, veja DAVIS, M. *Rank and rivalry*: the politics of inequality in rural West Bengal (Cambridge, Inglaterra) e Nova York; e também MARRIOTT, M. & INDEN, R.B. "Sistemas de casta". *Enciclopédia Britânica*, 15. ed., 1974.

46. O'FLAHERTY. *Origins of evil*, p. 94-95, uma vez mais com emendas e inserções para tornar a formulação mais geral. Tanto a afirmação de Inden-Nicholas como a de O'Flaherty referem-se, é claro, ao sistema de castas hindu, mas, como foi dito anteriormente, pelo menos neste caso, a visão budista não parece ser tão diferente: "O universo [budista] está repleto de seres viventes, em camadas ordenadas hierarquicamente. Os homens estão em uma das camadas medianas. Acima deles estão as várias classes de deuses e de espíritos, e, abaixo, os animais, fantasmas e demônios. Acima do mundo estão os céus, e, abaixo desse, os infernos. De um modo geral, o poder, o conforto, e o número de anos de vida aumentam à medida que se galga a escala. Aumentam também a capacidade e a inclinação para fazer o bem. Mas em todos os níveis existe a morte, a lembrança inevitável da insatisfação da vida. A morte provê a mobilidade entre os diferentes níveis. Onde quer que seja, e permanentemente, existem a morte e o renascimento. Nossa posição ao nascer é determinada pelo *karma*. O *karma* é uma palavra sânscrita que significa simplesmente 'ação', mas que adquiriu um sentido técnico [...] Tudo isso é aceito por todos os tipos de hindus e pelos Jains [membros de uma seita indiana não brahâmica, com doutrinas semelhantes às do budismo [N.T.] – enfim, por todos os principais sistemas religiosos da Índia. Entretanto, o budismo foi o primeiro sistema religioso a dar um conteúdo ético ao conceito. Para os budistas o *karma* consiste unicamente em ações moralmente boas ou más, e não inclui outras ações tais como as referentes ao rito." GOMBRICH. *Precept and practice*, p. 68.

47. *Manu*, VIII, 5, apud LINGAT. *Classical law of India*, p. 4. Segundo Lingat, o código remonta-se ao período entre o século II a.C. e o século II d.C., aproximadamente (ibid., p. 96).

48. Ibid., p. 3, aparentemente originário do *Manu*. A melhor definição possível do *dharma* em seu sentido infinito – a palavra se relaciona etmologicamente com o latim *firmus* como em *terra firme*, no sentido de "só-

obrigação de seus guardiães é protegê-lo, para que ele também os proteja. E o mais importante desses guardiães é – ou pelo menos era, até que o colonialismo praticamente o substituiu – não o jurista, que era apenas um comentarista, e sim o rei. Ou seja, resumindo o princípio básico da legalidade índica de uma forma índica, o *dharma* do rei é defender o *dharma*.

O lugar que o rei – seja ele um rei pequeno, médio ou grande (e é importante lembrar que alguns reis são extremamente pequenos) – ocupa na adjudicação índica é tão característico – e tão decisivo – como o papel do testemunho normativo na adjudicação islâmica. Pois é ele que, aconselhado pelos sábios adequados, e por monges ou brâmanes, faz a conexão entre os paradigmas do se/então, que dão coerência às coisas, e que são relacionados com o *dharma* geral, e as determinações do como/portanto de um governo concreto, que produzem determinadas consequências. Uma sociedade sem um rei, *arājaka,* é uma sociedade sem leis, *adharma*, sujeita ao "Governo do Peixe". A habilidade de um indivíduo para seguir seu código natural em um mundo repleto de códigos naturais e de tentações para evadi-los depende da proteção do rei. Como diz explicitamente o *Mahabharata*, todos os *dharmas* dependem do *dharma* real – "todos têm o *rāja-dharma* em suas mentes"[49].

---

lido", "duro", "durável" – é, provavelmente, a do *Mahabharata* (Santip. 109, 59; citado em ibid., p. 3, n. 2): "O *Dharma* tem esse nome porque ele protege [...] tudo; O *dharma* mantém tudo que foi criado. O *dharma* é, portanto, o próprio princípio que é capaz de manter o universo". Para o sentido local do termo (sva*dharma*), cf. DAVIS. *Rank and rivalry*, "Posfácio": "O *dharma* refere-se ao comportamento natural e moral adequado para um indivíduo ou para um grupo de indivíduos e para a sociedade como um todo. [É] definido em parte pela comunidade físico-social na qual vivemos, pois cada comunidade tem um modelo de vida tradicional que, de várias maneiras, se difere das outras comunidades. O *dharma* de [um indivíduo] é também em parte definido [...] pela época em que vive, pois todas as comunidades têm sua própria história, única e diferente das outras, e até em uma mesma comunidade, o que, em uma época, é considerado como um comportamento correto e apropriado, pode variar com o passar do tempo. Além disso, o *dharma* pode ser também definido em parte por nossas próprias qualidades e pelos vários estágios de nossas vidas, pois o comportamento apropriado para um indivíduo depende de sua própria natureza, e do grau de sua maturidade física e moral. Espaço, tempo, qualidades e estágios da vida [...] são as quatro [...] constantes segundo as quais o *dharma* de qualquer indivíduo ou grupo de indivíduos é definido. Os comportamentos específicos que constituem [seu] *dharma* não são igualmente constantes, pois diferem no tempo e no espaço, entre indivíduos que vivem no mesmo lugar na mesma época, e também no decorrer da vida de um mesmo indivíduo." Para uma discussão bastante perceptiva do complexo relacionamento entre o *dharma* geral e o *dharma* pessoal, cf. O'FLAHERTY. *Origins of evil*, p. 94s.

49. LINGAT. *Classical law of India*, p. 208. Cf. HOADLEY & HOOKER. *Introduction to javanese law*, p. 14: "Regulamentos específicos do *dharma* ganham estabilidade somente através do exercício apropriado da vontade do rei e, nesse sentido, o *Rāja-dharma* tem precedência sobre todos os outros deveres especificados no mundo [do Direito clássico] (grifo no original). Cf. ROCHER. "*Hindu conceptions of law*", p. 1.294. "Os aspectos do *dharma* nos quais o tipo de direito da civilização ocidental desempenha um papel mais importante, unem-se ao redor da figura central do rei." Para *arajaka* e "O Governo do Peixe", cf. LINGAT. *Classical law of India*, p. 207, e DERRETT. *Religion, law and the state*, p. 560.

Apesar de seus tons imperatoriais, no entanto – tons que são bastante verdadeiros não só na teoria jurídica, mas, como veremos, também na administração prática da justiça decisionária – este não é um conceito austiniano. Pois, nesse mundo, o direito não é uma mera expressão dos comandos do soberano. Ao contrário, os comandos do soberano, se são realmente apropriados, são, como as ações de qualquer outro tipo de pessoa, se apropriadas, uma expressão do direito. O comportamento de reis justos é uma ilustração do direito, como escreve Lingat: sua materialização, como diz David Wyatt; seu símbolo, nas palavras de M.B. Hooker; ou sua promulgação, segundo David Engel[50]. O problema é que os reis podem não ser justos na vida real, e, provavelmente, só são justos esporadicamente. A problemática que, no mundo islâmico, é expressa em termos da confiabilidade das testemunhas – a conformação dos veredictos como/portanto com as perspectivas do se/então – no direito índico é formulada em

---

50. LINGAT, R. "Evolution of the conception of law in Burma and Siam". *Journal of the Siam Society* 38 (1980), p. 9-31, citado em O'CONNOR, R.A. "Law as indigenous social theory". *American Ethnologist* 8 (1980), p. 223-237. • WYATT, D.K. *The politics of reform in Thailand*. New Haven, 1969, p. 8, apud ENGEL, D.M. *Law and Kingship in Thailand during the reign of king chulalongkorn*. Ann Arbor, 1979, p. 3. • HOOKER, M.B. *A concise legal history of southeast Asia*. Oxford: [s.e.], 1978, p. 31. • ENGEL. *Law and Kingship*, p. 8. O trecho de Wyatt indica, uma vez mais, a semelhança essencial que os conceitos hindus e budistas têm com respeito a isso: "A concepção brâmane de *Devaraja*, o rei como deus, transformou-se, passando a considerar o rei como a materialização do direito, enquanto que a adoção de princípios morais budistas garantia que o rei deveria ser avaliado pelo direito. O resultado nesse caso foi um fortalecimento dos sistemas de controle que, no império Khmer [no Cambodja], os brâmanes tentaram adotar e exercer contra os excessos despóticos de governos absolutistas". É importante também mencionar uma outra "diferenciação" da problemática que surge aqui – aquela entre a Índia propriamente dita e as regiões do Sudeste Asiático que sofreram sua influência, e entre as regiões que o holandês colonial, com um etnocentrismo bastante útil neste caso, chamou de *Voorindië* e *Achterindië*: a mudança que sofreu o papel do rei no Sudeste Asiático, que passou de uma categoria que L. Dumont chamou, no caso da Índia, de "categoria secularizada", ou seja, "uma pessoa que não pode executar seu próprio sacrifício, é forçada a colocar diante de si mesma um sacerdote, e *portanto* perde sua proeminência hierárquica em benefício dos sacerdotes mantendo, para si mesma, somente o poder" (*Homo Hierarchicus*: an essay on the caste system. Chicago, 1970, p. 67-68 [traduzido por M. Swainsbury; palavras em itálico no original]) para os vários tipos de monarquias "divinas" ou "semidivinas" ou "exemplares" do Sudeste Asiático [cf. ENGEL. *Concise legal history*. • O'CONNOR. "Law as Indigenous Social Theory". • COEDÉS, G. *The Indianized states of southeast Asia*. Kuala Lumpur: [s.e.], 1958 [tradução de B. Cowing]; e GEERTZ. *Negara*, p. 121-136]. Além do fato de que essa diferenciação pode ter sido um pouco exagerada nos dois casos, seja qual for sua utilidade para comparações internas ao mundo índico, no caso de comparações entre o mundo do direito índico e outros direitos, ela perde quase totalmente sua importância. A formulação de Coedés, "Indianização deve ser essencialmente compreendida como a expansão de uma cultura organizada que se baseava na concepção indiana de realeza, tornou-se característica dos cultos hindus e budistas, da mitologia dos *Purānās*, e da observância dos *Dharmaśāstras*, e foi expressa no idioma sânscrito" (*Indianized states*, essa nota, p. 15-16) parece ser a visão mais correta do tema, desde que a desigualdade entre os vários graus da "ïndianização" assim definida, fora da Índia (e até mesmo na própria Índia) seja levada em séria consideração.

termos da honradez dos reis. Aquilo que a mentira, a negação da verdade, simbolizava em um deles, o autointeresse, a desobediência ao direito, simbolizava no outro.

Por sua vez, o *dharma* daqueles que se dedicam não à execução, mas sim ao conhecimento das leis, é o de fazer com que o rei seja cauteloso, e aja de forma a cumprir seu próprio *dharma*, protegendo os *dharmas* alheios e assim mantendo toda a sociedade no equilíbrio cósmico que é o *dharma* propriamente dito. O relacionamento entre aquele que exerce o poder, o que pune, e os mestres do aprendizado, os que purificam, é talvez o mais delicado e elusivo em toda a civilização tradicional índica – é, na visão dos balineses, como a relação entre um irmão mais jovem e um mais velho; um estudante e seu professor; um navio e seu capitão; uma faca e seu punho; os instrumentos de uma orquestra e os sons que produzem[51]. No caso da adjudicação prática, esse relacionamento era o ponto central da questão, em todos os níveis, desde o estado, até a aldeia. Se por acaso os clérigos – os brâmanes para os hindus, os monges para os budistas, e em assuntos menos importantes, algum sábio menor – persuadissem o rei, o príncipe, o senhor ou algum funcionário local a frear seus instintos e a seguir altruisticamente o caminho de seu *dharma*, estariam ao mesmo tempo dando-lhe a possibilidade de seguir um princípio estabelecido pela justiça e não um princípio arbitrário de sua vontade[52].

51. GEERTZ. *Negara*, p. 37, 126, 240. Existem imagens semelhantes em textos indianos clássicos: o homem culto é "aquele que concebe", o homem que exerce o poder é "o que faz"; o primeiro é "inteligência", o segundo "vontade"; o sacerdote da corte é "o cérebro do rei", e assim por diante (LINGAT. *Classical law of India*, p. 216, 217. Para uma revisão geral do relacionamento entre o homem culto e o monarca na Índia, cf. LINGAT. *Classical law of India,* p. 215-22. • DUMONT. *Homo Hierachus*, p. 71-79. • DUMONT, L. The conception of kingship in ancient India. In: *Religion/politics and history in India.* Haia: [s.e.], 1970, p. 62-81. Para o Sudeste Asiático, cf. GEERTZ. *Negara*, p. 36-37, 125-127. A distinção entre a administração da pena, *daṇḍa* (literalmente "bastão" ou "cetro"), considerada como parte do *dharma* do rei, e a efetivação da purificação através da penitência, *prāyscitta* (literalmente, "o pensamento primário", "o pensamento de descobrir") considerada como parte do aprendizado humano do *dharma*, e também como uma relação entre os dois ("Os [Brâmanes] prescrevem a penitência: cabe [ao rei] garantir que essa seja cumprida e punir o recalcitrante" [LINGAT. *Classical law of India*, p. 66]; as formulações budistas diferem principalmente quanto à concepção exata do que é penitência e do que é purificação) é essencial para a compreensão das dimensões legais desse relacionamento. "Seria em vão buscar, na tradição indiana sobre o relacionamento entre esses dois poderes, uma analogia com a teoria cristã das Duas Espadas. É bem verdade que o brâmane é senhor quando se trata de rituais e [...] de penitências. Mas, na verdade, sua jurisdição se extende por todos os campos da atividade real, sejam esses políticos ou religiosos. Não existem aqui dois poderes, cada qual atuando em sua esfera específica, o sagrado de um lado e o profano do outro. Só o poder secular tem a capacidade de atuar, mas é um poder cego, que necessita ser orientado antes que possa ser exercido efetivamente. Se o rei menosprezar o conselho de seus brâmanes, não só estará deixando de cumprir seu dever, mas também correndo o risco de governar mal" (ibid., p. 214-218; cf. tb. p. 50, 61-67, 232-237). Sobre Java, cf. HOADLEY & HOOKER. *Introduction to javanese law*, p. 227-228.

52. A doutrina do autointeresse (*artha*, um sentimento que por si só não seria ilegítimo, a não ser quando suas atrações encobrissem nosso sentido do dever) é, assim como a sensualidade (*kama*), quase tão desenvolvida

Existem várias maneiras de conseguir persuadir os monarcas, contra sua arrogância natural, ou de fazer, como Derrett sugeriu, "que o *dharma* reine até mesmo sobre os reis"; elogios clericais em poesia cortesã, abandono dos rituais da corte pelos clérigos, fazer com que a corte se envergonhe de sua falta de moralidade[53]. No que se refere à administração da lei propriamente dita, dois instrumentos eram certamente os mais importantes: a codificação do *dharma* real e a inclusão de conselheiros sábios nos tribunais reais.

A codificação do dever real de manter a ordem no que se refere ao comportamento social, punindo aqueles que perturbassem essa ordem, já existia na Índia Clássica, onde o Manu dedica três capítulos inteiros dos seus doze a esse assunto. No entanto, tornou-se ainda mais explicitamente elaborada no Sudeste Asiático, onde o melhor exemplo (ou talvez o exemplo melhor descrito) seja o *Thammasat* tailandês[54]. Ao descrever a história do mundo e do ser humano, a evolução das leis, e a origem dos reis, o *Thammasat* "definiu o relacionamento entre indivíduos e o estado, prescrevendo as normas que o rei deveria obedecer em suas ações"[55]. Em vinte títulos – ou em alguns casos em trinta e nove – abrangia desde o Direito palaciano, ordálio, multas, testemunhas, e "a divisão das pessoas (em categorias) segundo dívidas, heranças, roubos, conflitos e traição[56]. Segundo Engel, o *Thammasat* era "a declaração básica dos direitos e da legitimidade da monarquia na Tailândia Antiga", como no caso das declarações

no pensamento indiano clássico como o *dharma*, e existem tratados inteiros (*arthaśāstra*) dedicados ao aprendizado de como cultivá-los. Cf. DUMONT. *Homo Hierarchicus*, p. 165-166, 196, 251-252. • DERRETT. *Legal systems*, p. 96-97. • LINGAT. *Classical law in India*, p. 5-6, 145-148, 156-157, e, com referência à função adjucatória do rei, p. 251-254. Para uma discussão sobre o papel do autointeresse – *pamrih* em javanês – na teoria política javanesa, cf. ANDERSON, B.R. O'G. "The idea of power in javanese culture". In: *Culture and politics in Indonesia*. Ithaca, 1972, p. 1-69 [org. C. Holt]: "[...] a atitude correta para um funcionário é abster-se de suas motivações pessoais, se estiver trabalhando efetivamente para o bem do Estado [...] O *pamrih* [daquele que exerce o poder] é realmente, e em última análise, uma ameaça para seus próprios interesses, pois a indulgência com as paixões ou preconceitos pessoais, e portanto parciais, tem como resultado o desequilíbrio interior e a difusão da concentração e do poder pessoal. Sobre a Tailândia, cf. O'CONNOR. "Law as indigenous social theory", p. 233-234: O tailandês moderno [...] aceita o autointeresse desenfreado, mas o considera moralmente inferior às leis cósmicas e reais, aos costumes e à disciplina normativa [...] que liga um indivíduo à ordem maior da sociedade"; e ENGEL. *Law and kingship*, p. 7-8. Cf. HANKS, L. "Merit and power in the Thai social order". *American Anthropologist* 64 (1962), p. 1.246-1.261.

53. DERRETT. *Legal systems*, p. 99.

54. Sobre o *Manu*: ROCHER. "Hindu conceptions of law", p. 1.294. • LINGAT. *Classical law in India*, p. 222-232. Sobre o *Thammasat* (a versão tailandesa do *Dharmasastra* sânscrito): ENGEL. *Law and kingship*, p. 1-8. • HOOKER. *Legal history*, p. 25-35. • LINGAT. *Classical law in India*, p. 269-279. • LINGAT. "Evolution of the conception of law". • O'CONNOR. *Law as indigenous social theory*.

55. ENGEL. *Law and kingship*, p. 3.

56. HOOKER. *Legal history*, p. 26-27.

equivalentes na Birmânia, Cambodja e em Java, tinha como objetivo justificar o papel adjudicatório do rei, através de uma descrição do modelo ético a que este estava circunscrito:

> Segundo [...] o *Thammasat* [escreveu um sábio tailandês, que era, ele próprio, um príncipe] o monarca ideal segue firmemente as dez virtudes reais, defendendo permanentemente os cinco preceitos básicos [...] Ele se esforça para estudar o Thammasat e manter os quatro princípios da justiça, a saber: avaliar o benefício ou o prejuízo de todos os serviços ou desserviços que lhe são prestados, defender aqueles que são honrados e honestos, adquirir riquezas unicamente por meios lícitos, e manter a prosperidade do estado também unicamente por meios justos[57].

No entanto, no Oriente misterioso ou no Ocidente transparente, as constituições, por mais detalhadas que sejam, não são melhores que as instituições nas quais elas são escritas. Foi na composição dos tribunais que se conseguiu – menos do que se esperava, e mais do que era possível imaginar – criar algum instrumento jurídico para monitorar a vontade real já expressa em ações.

Os tipos de tribunais existentes em todo o mundo índico antes das tentativas dos vários regimes coloniais de padronizá-los, com graus diferentes de sucesso, eram tão diversos e numerosos como as normas que tentavam aplicar, ou como os grupos a quem essas normas deveriam ser aplicáveis, e como as justificativas que davam para sua existência. No entanto, o princípio segundo o qual a responsabilidade de justificar as normas cabia aos homens cultos e a sua aplicação aos poderosos, existia em todas as culturas. Na Índia, havia uma enorme hierarquia de conselhos de casta ou entre castas, rajás menores dos chamados "reinos pequenos" da "casta dominante", e os grandes rajás das dinastias regionais mais importantes, que, segundo suas necessidades, tinham uma variedade de homens sábios a seu dispor. Na Tailândia, existia uma mistura de uns trinta tipos de tribunais ministeriais, tão maldefinidos juridicamente quanto os próprios ministérios, que recebiam a orientação de um ministério consultivo de assuntos jurídicos, cujos membros, nesse país supostamente budista, eram doze brâmanes. Na Indonésia, havia centenas de tribunais grandes ou pequenos, ligados ao palácio real, e compostos de juristas de vários tipos e competência, sob o controle imediato do senhor do palácio.

57. ENGEL. *Law and kingship*, p. 5: Prince Dhani Nivat, "The old siamese conception of the monarchy", *Journal of the Siam Society* 36 (1947), p. 91-106. Como os decretos reais eram incorporados ao *Thammasat*, é possível dizer que este último continha elementos de "direito positivo"; porém esses eram limitados à concepção geral do *dharma* sobre o próprio *Thammasat*, e eram considerados como expressões deste. Sobre este assunto, e em uma correção parcial da opinião de Lingat (em "Evolution of the conception of law") segundo a qual a incorporação do decreto no *Thammasat* representava uma posição divergente das concepções de "lei natural" no Sudeste Asiático, cf. O'CONNOR. "Law as indigenous social theory", especialmente p. 225-227, que, a meu ver corretamente, lança dúvidas sobre a utilidade de qualquer tipo de distinção entre direito natural e direito positivo nesse contexto.

Assim, onde quer que se fosse, a *grundnorm* de procedimentos, que, desde o século IV, fazia parte dos textos indianos, "somos condenados pelos juízes [e)] punidos pelo rei segundo o [*dharma*]"[58], era a ideia que dava vida ao processo adjudicatório.

Fosse qual fosse a forma institucional específica desse processo, os casos considerados adequados para serem por ele tratados (um aspecto que também variava bastante, como sugere "Regreg *versus* o Conselho da Aldeia") e as conseqüências que pudesse ter para a vida social (um elemento ainda mais variável; nem todos os reis são poderosos e nenhum pode ser poderoso em todas as áreas), as principais questões relativas à evidência às quais esse processo se dirigia não se referiam nem às ocasiões em que se davam os atos, nem as suas consequências, mas sim ao tipo desses atos. Ou seja, eram questões relacionadas com o *dharma* e o *adharma*, que eram trazidas para o nível judicial, uma questão de determinar onde, na versão local da grandiosa taxinomia de comportamentos corretos, este comportamento específico se encaixava. Enquanto que o tribunal clássico islâmico – para tentar explicar o argumento de uma forma comparativa, sem dúvida exagerando-o um pouco – tentava estabelecer a autenticidade de um fato através de uma categorização do caráter moral, e tinha obsessão por depoimentos, o tribunal índico tentava determiná-lo através de uma categorização do tipo moral e era obcecado por veredictos.

---

58. O *Nārada-Smṛti*, em *The Minor Law Books*: Narada and Brihaspati. Oxford, 1889, p. 35 [trad. J. Jolly]; apud HOADLEY, M.C. "Continuity and change in javanese legal tradition: the evidence of the Jayapattra". *Indonesia* 11:95-10-9, at p. 97. É possível encontrar algumas matérias úteis sobre épocas mais recentes da Índia, onde, como diz Rocher ("Hindu conceptions of law", p. 1.302), "não se sabe quase nada sobre a prática do direito em épocas antigas", em COHN, B.S. "Some notes on law and change in north India". *Economic Development and Cultural Change* 8 (1959), p. 79-93 e especialmente em seu "Anthropological notes on disputes and law in India". *American Anthropologist* 67 (1965), p. 82-122, bem como em uma carta fascinante escrita por um jesuíta francês, Jean Venant Boucher, de "Pondicherry to a great man in France" ("Father Bouchet's letter on the administration of hindu law", trad. L. Rocher). O melodrama em sânscrito, escrito no sul da Índia no século IV, *The toy cart*, atribuído a um certo rei Shudraka, porém mais provavelmente escrito por um poeta (do clérigo) na corte desse rei (trad. P. Lal, *in Traditional asian plays*, org. J.R. Brandon, Nova York, 1972, p. 14-114), contém uma cena de um julgamento no qual a tensão entre o poder real e os sábios juristas é particularmente bem descrita. (Cf. especialmente o discurso, à p. 96, do "juiz" – isto é, o "assessor" ou "conselheiro" presidente – que fez a abertura do julgamento.) Sobre alguns comentários baseados em textos sobre procedimentos jurídicos tradicionais na Índia, cf. LINGAT. *Classical law in India*, p. 69-70, 254-256. Sobre a Tailândia, cf. ENGEL. *Law and kingship*, p. 60-63. Sobre a Indonésia, HOADLEY. "Continuity and change"; HOADLEY & HOOKER. *Introduction to javanese law*, p. 26-28; NAERSSEN, F.H. van. "De Saptopatti: Naar Aanleiding van een Tekstverbettering in den Nágarakrtágama". *Bijdragen tot Taal-, Land- en Volkenkund* 90 (1933), p. 239-258; PIGEAUD, Th.G. "Decree Jaya Song, About 1350 A.D." em seu livro *Java in the Fourteenth Century*: a cultural history. 4 vols. (Haia, 1960-1963), 4: 391-398 (texto original em 1: 104-107; tradução em 3: 151-155); GEERTZ. *Negara*, p. 241-244; Sobre a Birmânia e Cambodja, sabe-se menos ainda, ou menos é disponível, com respeito a procedimentos; sobre o que existe, cf. AUNG, Maung Htin. *Burmese Law Tales*. Londres, 1962; e SAHAI, S. *Les institutions politiques et L'organisation administrative du Cambodge ancien VI-XIII siècles*. Paris, 1970.

"A essência da justiça [índica tradicional] não era a imparcialidade dos procedimentos para selecionar a evidência de erros específicos", disse Engel (referindo-se à Tailândia, mas o mesmo acontece nos outros países), e, sim a adequação dos julgamentos finais ao valor total de vida de um indivíduo"[59]. Os julgamentos finais cabiam ao rei, e isso era simbolizado no selo real judiciário pela figura de Yama, o deus da morte, montado em um leão[60]. Essa adequação dos julgamentos, no entanto, dependia da habilidade dos juristas para localizar normas universais nas leis locais, e conseguir que o rei observasse essas leis.

Essa maneira bem peculiar de estruturar os casos, simplificando-os, para tornar mais fácil o processo de decisão, pode ser observado com maior clareza em estórias jurídicas tradicionais sobre juízes legendários, as quais, na ausência de registros de julgamentos verdadeiros, são tudo o que temos sobre o estilo como/portanto da adjudicação clássica. Duas dessas estórias sobre o sul da Índia, referentes a um arquetípico jurista brâmane chamado Mariyātai-rāmaṉ, foram relatadas pelo missionário jesuíta Jean Bouchet, e são particularmente informativas[61].

A primeira estória que, segundo Bouchet, "tem algo em comum com o julgamento de Salomão", mas que, na verdade, foi elaborada de uma forma inversa, é sobre as duas mulheres de um homem rico e polígamo. A primeira delas, muito feia, tinha tido um filho com seu marido; a segunda não podia ter filhos, mas, graças a sua beleza extraordinária, era mais amada pelo esposo, enquanto que a primeira era por ele menosprezada. Louca de ciúmes, a primeira esposa planejou vingança. Passou a persuadir a todos que a cercavam, por palavras e ações, que ela adorava seu filho, que esse era tudo para ela, e a convencê-los de que a segunda esposa, apesar de toda sua beleza, tinha-lhe inveja. Algum tempo depois, estrangulou seu próprio filho e colocou o corpo ao lado da cama de sua rival enquanto esta dormia. Na manhã seguinte, fingindo procurar o menino, entrou subitamente no quarto da segunda esposa, e, "descobrindo" o corpo, saiu em disparada, gritando para a multidão: "Oh essa mulher desgraçada! Olhem o que ela fez em sua inveja, porque eu tinha um filho e ela não." A multidão, excitada, acusou a segunda esposa, pois "como seria possível uma mulher matar seu próprio filho, principalmente um filho que adorava tanto?"

Chamado para julgar o caso, Mariyātai-rāmaṉ ouviu, sem fazer perguntas, o que tinham a dizer as duas mulheres e a seguir decretou: "aquela que for inocente [...] passeará por essa sala nas condições que eu estabelecer", e a condição estabelecida era alta-

---

59. ENGEL, D. *Code and custom in a Thai provincial court.* Tucson: Univ. of Arizona Press, 1978, p. 5.

60. Ibid., p. 4. "Yama sempre foi associado [na cosmologia hindu-budista clássica] com a justiça. Na verdade *thamma* (*dharma*) é supostamente um outro nome para o deus da morte: ele personifica o próprio conceito de justiça."

61. BOUCHET. "Letter on the administration". As mesmas estórias aparecem também, em uma versão ligeiramente diferente, em RAMACHANDRA RAO, P. *Tales of Mariada Raman, 21 Amusing Stories*. Londres [?], 1902, p. 5-10, 43-47; citado (por Rocher), em ibid.

mente indecorosa. A esposa culpada concordou – "Eu o farei cem vezes se necessário"; a esposa inocente, no entanto, recusou-se – "Nunca farei tal coisa [...] prefiro morrer cem vezes do que concordar em agir de uma forma [...] tão indigna para uma mulher". Com isso, Mariyātai-rāma<u>n</u> declarou a segunda esposa inocente, e a primeira culpada, com a justificativa de que uma mulher tão consciente de seu *dharma* a ponto de preferir submeter-se à morte para não desobedecê-lo obviamente não poderia ter cometido um ato tão "*adármico*" como o de matar uma criança, enquanto que uma mulher tão indiferente ao seu *dharma* seria certamente capaz de matar até seu próprio filho.

A segunda estória, mais fantástica em seu conteúdo (pelo menos do nosso ponto de vista), torna ainda mais vívidos os aspectos ontológicos do *dharma*, e mostra como estes estão entranhados no próprio tecido da realidade. Um homem, conhecido por sua força extraordinária, em um momento de raiva, abandonou sua esposa. Um deus, então, tomou sua forma e passou a viver com a mulher. Uns meses depois, o verdadeiro esposo, já mais calmo, voltou, e o caso que foi apresentado a Mariyātai-rāma<u>n</u> (a quem o rei chamava quando seus próprios juristas se sentiam impotentes para julgar um caso) era saber qual dos dois era o verdadeiro marido. Sabendo da força física do marido verdadeiro, o sábio juiz ordenou a cada um dos homens que levantassem uma pedra gigantesca. O marido verdadeiro, depois de muito esforço, conseguiu levantar a pedra apenas uns poucos centímetros. O marido falso, porém, levantou-a sobre sua cabeça como se fosse uma pena, fazendo a multidão gritar: "Não há dúvida, este é o marido verdadeiro". O juiz, no entanto, decidiu a favor do primeiro, dizendo que esse tinha feito o que era possível aos humanos, mesmo humanos com uma força extraordinária, enquanto que, o que o segundo fizera, só um deus poderia fazer.

Uma vez mais, no entanto, não só deuses disfarçados e juízes sábios, mas também os reis absolutos – "todos os grilos dourados e as abelhas" – se foram, se não totalmente do imaginário do direito, pelo menos de suas instituições. Na Índia houve, a princípio, a estranha fusão de procedimentos ocidentais e costumes hindus, a que chamam de direito anglo-indiano, e, a seguir, o experimento em codificação, semirreformista, semirrestaurador, e um tanto ou quanto desesperado, do período da independência. Na Tailândia, um movimento de reforma liderado pela monarquia (o selo real foi modificado, e o deus-rei da morte, montado em um leão, foi substituído pela balança da justiça romana, envolta em roupagens reais) teve como consequência uma revolução parlamentar. Na Indonésia, ao sistema de tribunais estatais multirraciais imposto pelos holandeses, seguiu-se a unificação desses mesmos tribunais, imposta pela ideologia culturalista da República de Sukarno. Tudo isso trouxe mudanças fundamentais, sobre as quais voltarei a falar mais extensamente na parte final deste ensaio[62].

62. A literatura sobre o Direito moderno na Índia e no Sudeste Asiático é extensa, ainda que desigual. Para a Índia, cf. DERRETT, J.D.M. *Introduction to modern hindu law*. Bombay, 1963, bem assim como seu *Re-*

Entretanto, como observou Derrett com relação à Índia, mas que poderia ser dito também com relação ao Sudeste Asiático como um todo, o sistema jurídico esteve nas mãos de juristas nativos por dois milênios e está nas mãos de europeus, ou de indianos educados no Ocidente, só por dois séculos. Portanto, nem tudo mudou tão absolutamente, sobretudo as formas da sensibilidade jurídica[63]. O direito pode ter-se tornado secular, ou algo semelhante, e até mesmo causídico. Porém, não perdeu seu relacionamento com a vida local.

*

Os obstáculos à compreensão do significado do *adat*, para os que se consideram legal e moralmente ligados a ele, são um tanto ou quanto diferentes, ainda que não menos terríveis, que os que dificultam nossa compreensão do *ḥaqq* e do *dharma*; pois, no caso do *adat*, as dificuldades são criadas principalmente pelo próprio Ocidente: algo assim como areia de advogados, jogada nos olhos de outros advogados. Seja qual for a opinião que estudantes europeus e norte-americanos de direito comparativo tivessem no passado sobre os conceitos que regem a jurisprudência islâmica ou índica – que eram imorais, arcaicos, ou tinham uma profundidade mágica – sempre estiveram cientes de que esses conceitos, que surgiram de tradições já desenvolvidas do pensamento literário, são difíceis de entender em termos das concepções da adjudicação que existem no direito civil ou no direito comum. O *adat*, no entanto, que foi encontrado perambulando entre as rotinas cotidianas da vida nas aldeias, os tranquilizou por ser facilmente reconhecível e confortavelmente familiar. Um *pot-pourri* de normas vernáculas, à primeira vista sem grandes complicações e, na sua maior parte, orais. Eram os "costumes".

O dano causado pela palavra "costumes" na antropologia, onde seu uso fez com que os produtos do pensamento passassem a ser simplesmente considerados "hábitos", só pode talvez ser superado pelo dano que causou na história do direito, onde os produtos do pensamento eram vistos como "práticas". E quando os dois danos se combinaram, como aconteceu no estudo do *adat*, o resultado foi o aparecimento de uma visão do funcionamento da justiça popular que pode talvez ser melhor caracterizada como convencionalista, segundo a qual o costume explica tudo. Já que o *adat* era "costume", passou a ser, por definição, para os juristas-etnógrafos que lhe davam alguma atenção, na melhor das hipóteses, semijurídico, um conjunto de normas tradicionais, aplicadas de forma tradicional

---

ligion, law and the state; para a Tailândia, cf. ENGEL. *Code and custom and law and kingship*; para a Indonésia, LEV, D.S. "Judicial institutions and legal culture in Indonesia". In: HOLT. *Culture and politics*, p. 246-318. Material sobre a Birmânia e Cambodja é mais difícil de achar, mas cf. HOOKER. *Legal history*, p. 150-152 (Birmânia) e 166-168 (Cambodja). Para uma visão geral, cf. HOOKER, M.B. *Legal pluralism*: an introduction to colonial and neo-colonial laws. Oxford, 1975.

63. DERRETT. *Legal systems*, p. 83.

para a solução de problemas também tradicionais. A dúvida era se ele deveria ser abandonado, em benefício de direitos racionais, importados de outros países, ou se deveria ser transformado ele próprio em um direito racional, passível de sistematização e mais exato. A partir da metade do século XIX, e até quase a metade do século XX, o conflito entre juristas ocidentais defensores da ocidentalização e juristas ocidentais opostos à ocidentalização – os primeiros pressionando para que se impusesse, uniformemente, o código inglês, ou holandês ou norte-americano, em um lugar qualquer da Malásia, e os segundos exigindo o estabelecimento independente de esferas de leis nativas cuja origem seria um conjunto de alguns tipos de costumes nativos – dominou o debate acadêmico sobre o *adat*, não tanto com relação à sua natureza (que, de uma forma geral, todos consideravam clara), mas sim com respeito a seu futuro. Sejam quais forem as virtudes de cada uma dessas posições (pois há muita coisa a ser dita a favor de cada uma delas – e mais ainda a ser dito contra ambas) o resultado, principalmente nas Índias territoriais, onde o debate foi mais intenso e onde os defensores da antiocidentalização eram mais articulados, foi a transformação do *adat*, que, de um termo que representava alguma forma de sensibilidade jurídica, algum modo específico de pensar sobre os se/então e como/portanto, tornou-se um *adatrecht*, um "direito costumeiro", que representava algum tipo de *corpus juris* (ou um conjunto deles) doméstico que precisava ser imperialmente abandonado e juridicamente ignorado, ou então oficialmente pesquisado, registrado, categorizado, e com o apoio poderoso do estado colonial, administrado[64].

O movimento *adatrecht* e outros movimentos semelhantes nas demais partes mais subdivididas do continente (mais ou menos do sul da Tailândia até o sul das Filipinas) onde o termo *adat* – que, como foi mencionado, tem origem árabe – foi encontrado, produziram algumas das melhores etnografias jurídicas existentes, no sentido mais simples de coleta de fatos, estabelecimento de categorias e descrição de normas; estudos maravilhosamente detalhados sobre os princípios de herança por um lado, restrições matrimoniais por outro, e direitos à propriedade da terra ainda

64. As figuras principais no movimento *adatrecht*, na sua maioria baseadas na Universidade de Leiden, foram Cornelis van Vollenhoven, normalmente considerado seu fundador, embora a ideia geral tivesse surgido antes dele (cf. sobretudo seu *Het Adatrecht van Nederlandsche Indië*. 3 vols. [Leiden, 1918, 1931, 1933]) e B. ter Haar (cf. seu *Adat Law in Indonesia*, trad. E.A. Hoebel e A.A. Schiller [Nova York, 1948]). Para uma série de manuais sobre o direito do *adat*, organizados por áreas geográficas, como uma forma de direito civil, e produzido pela The Commission for *Adat* Law, sob a influência geral, para não dizer dominação da Escola de Leiden, cf. *Adatrecht Bundels*. Haya, 1910-1955. A oposição à ocidentalização era mais difusa (e menos acadêmica), mas. NEDERBURGH, I.A. *Wet en Adat*. Batávia, 1896-1898, pode ser considerado um exemplo representativo. Para uma revisão geral do assunto, cf. HOOKER, M.B. *Adat law in modern indonésia*. Kuala Lumpur, 1978. Para uma crítica antropológica da ideia do *adatrecht*, a partir da própria Universidade de Leiden, cf. JOSSELIN DE JONG, J.P.B. de "Customary law, a confusing fiction", Koninklijke Vereeniging Indisch Instituut Mededeling, 80, Afd. Volkenkunde, n. 20, Amsterdam, 1948.

por outro[65]. No entanto, com a premissa de que o direito, ou pelo menos o "direito popular", era simplesmente "costume", de que costumes eram uma questão de uso, e de que o uso, portanto, era rei – um círculo sem conexão do "deve ser" e do "é" – esse movimento representou – ou melhor dito, mal representou – um sentido nativo da justiça, e uma consonância social[66], utilizando elementos de uma visão alheia da ordem, isto é, de um *Rechtsstaat*. Depois da independência, o grupo que defendia o *adatrecht* passou a ter como adversários modernistas radicais que tinham muito mais iniciativa, mas, apesar disso, continuou a existir, embora com menor vigor e influência decrescente. Passaram também a dar menos importância às perspectivas estrangeiras. No entanto, nacionalismo sendo o que é, essa nova visão tinha um elemento idealista, as justificativas românticas utilizadas pelos culturalmente defensivos[67]. Mesmo tendo se tornado um pouco mais visível, a compreensão de que o

65. Entre os exemplos mais importantes, WILLINCK, G.D. *Het Rechtsleven der Minangkabau Maleirs*. Leiden: [s.e.], 1909. • VERGOUWEN, J.C. *The social organization and customary law of the Toba Batak of North Sumatra*. Haia: [s.e.], 1964 [Trad. Scott-Kemball]. • SOEPOMO, R. *Het Adatprivaatrecht van West-Java*. Batávia: [s.e.], 1933. • DJOJODIGOENO, M.M. & TIRTAWINATA, R. *Het Adatprivaatrecht van Middel-Java*. Batávia: [s.e.], 1940. • KORN, V.E. *Het Adatrecht van Bali*. 2. ed. Haia: [s.e.], 1932. Embora *Adat* fosse, originalmente, uma palavra árabe (*'ada*) e, na verdade, seja normalmente traduzida por "praxe", "costume", "uso" e "prática", a raiz de onde se origina, *'-w-d*, tem o sentido mais forte de "retornar", "voltar", "reaparecer", "reverter", "reiterar" (*'aud* significa "outra vez") que realmente aproxima-se mais do sentido indonésio da palavra. De qualquer forma, a palavra usada mais comumente para "costume" nos territórios islâmicos centrais não é *ᶜada*, e sim *'urf*, derivada da raiz *'-r-f*, que quer dizer "saber", "estar ciente de", "reconhecer", "ter conhecimento de".

66. B. ter Haar, *Adat Law*, desenvolveu, em seu conceito de *Beslissingsrecht* (cujo significado é algo assim como "um direito feito por juízes" ou "um direito de precedentes") uma versão ligeiramente "popular" da teoria do Direito *adat* (ele tinha até a esperança de obter registros legais e citações de casos) em oposição ao enfoque mais ortodoxo de manual de Van Vollenhoven, embora o abandono das noções de regras e sanções civis e "administracionalistas" nunca tenha sido uma boa ideia. Para o desenvolvimento da noção de *Rechtsstaat*, sob a rubrica "Negara Hukum", na Indonésia independente, cf. Lev, "Judicial institutions", p. 258.

67. Para a discussão melhor, mais ponderada e melhor sustentada do após-guerra, cujo único defeito é uma visão um tanto ou quanto utópica da vida rural, causada talvez pela nostalgia que o intelectual urbano sente por uma sociedade "orgânica" que, na realidade, nunca existiu, cf. MOH. KOESNOE. *Introduction into indonesian adat law*. Nijmegen, 1971. • Id. *Report concerning a research of adat law on the islands of Bali e Lombok*, 1971-1973, Nijmegen, 1977. • Id. *Opstellen over Hedendaagse Adat, Adatrecht, en Rechts Ontwikkeling van Indonesië*. Nijmegen, 1977. • Id. *Musjawarah, Een Wijze van Volksbesluitvorming Volgens Adatrecht*. Nijmegen, 1969. Para outras discussões igualmente valiosas, que também apresentam certa tendência à idealização do "tipo de vida oriental" e um pouco de etnocentrismo em reação, cf. DJOJODIGOENO, M.M. *Wat is Recht? Over de Aard van het Recht als Sociaal Proces van Normeringen*. Nijmegen, 1969, onde as bases sociológicas da elaboração de normas são claramente reconhecidas. • SOEPOMO, T. *Kedudukan Adat Dikumudian Hari*. Plakata, 1947, onde o futuro do Direito do *adat* em um estado moderno em potencial é considerado de forma bastante ponderada. A concentração dos estudos sobre o direito do *adat*, após a Segunda Grande Guerra, em Nijmegen (cf. tb. JASPAN, M.A. *The Redjang Village Tribunal* [Nijmegen, 1968]; •

adat não é um conjunto de costumes e sim uma visão do mundo, *volksgedachte* e não *volksgebruik*, ainda não se consolidou totalmente[68].

O adat, escreve um de seus comentaristas melhores e mais recentes, Mohamed Koesnoe, com uma prolixidade totalmente adequada ao assunto, " é a forma de vida do povo indonésio que tem como base seu sentido de decoro" e a palavra-chave é "decoro"[69]. Pois a maior dificuldade da adjudicação do *adat* (e, apesar de algumas reivindicações contrárias, é realmente uma adjudicação), é traduzir uma concepção que define a justiça como harmonia espiritual, como uma espécie de tranquilidade universal, em uma concepção decisionária, que a considera um procedimento consensual, um acordo social exibido publicamente. O julgamento, nesse caso, como vimos com Regreg, é menos relacionado com a sistematização de direitos e mais associado à normalização da conduta.

A perspectiva que vê uma ordem justa como uma situação na qual existe um murmúrio geral de aprovação e de concordância nos setores externos da vida e uma estabilidade e tranquilidade mental em seus setores internos justifica seus argumentos por uma série de expressões comportamentais, institucionais e imaginativas. Uma nuvem de quase sinônimos não muito exatos – *patut* ("apropriado"), *pantas* ("adequado"), *layak* ("parecido"), *cocok* ("condizente"), *biasa* ("normal"), *laras* ("harmonioso"), *tepat* ("apto"), *halus* ("uniforme"), *luwes* ("flexível"), *enak* ("agradável"), cada um deles produzindo, com suas próprias variações semânticas, algumas implicações discriminatórias (*laras* é um termo musical; *enak* é um termo que se relaciona com gustação) – envolve a linguagem cotidiana em uma suave névoa moral[70]. Um inventário gigantesco de instituições altamente específicas e frequente-

---

STEENHOVEN, G. van den. *The Land of Karenda* [Nijmegen, 1969]; • SONIUS, H.W.J. *Over Mr. Cornelis van Vollenhoven en het Adatrecht van Nederlands-Indië* [Nijmegen, 1976]) não tem nada a ver com o evangelismo cristão (embora possa ter algo a ver com a hegemonia islâmica), mas, sim, foi resultado de um desvio de interesse, de Leiden para Nijmegen, possivelmente sob a influência de Van den Steenhoven.

68. À exceção, uma vez mais, de Von Benda-Beckmann, *Property in social continuity*: "O *adat* é o universo simbólico segundo o qual os povos do arquipélago indonésio construíram seu mundo [...] *adat* não significa costumes [...]" p. 113, 114. Em seu glossário, a palavra é "definida" como "tradição, costumes, direito, moralidade, sistema político e sistema legal", o que, a não ser pela omissão de "etiqueta" e de "ritual", abrange quase tudo. Minha dependência em sua obra (e na de Koesnoe; cf. nota de rodapé 66) na formulação que se segue é bastante grande, embora, é claro, as formulações propriamente ditas sejam minhas. Para uma visão geral do "direito dos costumes" que é semelhante à minha, embora aplicada ao leste africano, cf. FALLERS. *Law without precedent*.

69. "[...] 'Adat" adalah tatanan hidup rakjat Indonesia jang bersumber pada rasa susilanja." Koesnoe, *Indonesian adat law*, p. A9. (Modifiquei a tradução inglesa – ibid., p. A8 – porque me pareceu um pouco solta e, além disso, introduz noções como "ética", que considero demasiado acadêmicas para reproduzir o sentido coloquial da palavra.)

70. Esses termos variam nas diversas regiões da "Malásia". Os citados acima são um pouco "javanistas". Para uma discussão interessante sobre alguns deles, cf. KOESNOE. "Over de Operationele Beginselen voor het Oplossen van Adatrechtsgeschillen" em seu *Opstellen*, p. 39-80.

mente bastante complicadas que têm como objetivo tornar mais eficiente a cooperação no trabalho, na política, e nos relacionamentos pessoais, vagamente reunidas sob imagens de valor que são culturalmente saturadas e bastante indefinidas – *rukun* ("ajuste mútuo"), *gotong royong* ("união para suportar fardos, ou dificuldades"), *tolong-menolong* ("ajuda recíproca") – regula a interação social com um poder que é ao mesmo tempo soberano e submisso[71]. E a vida ritual popular em toda a região é pontuada com símbolos prosaicos da profunda interfusão das coisas: casamentos com arroz, limpezas da aldeia, refeições em comunidade[72]. O "deve ser", nesse caso, aquela visão se/então da coerência coletiva, não é nem uma execução universal de alguma ordem absoluta nem o exercício meticuloso de um dever cósmico; é a perfeição silenciosa de um acordo coletivo.

Sem dúvida, como em outros contextos e com respeito a outras formas de vida, não se pode esperar que uma situação assim tão ideal e perfeita exista na prática: assim como, pela ordem natural das coisas, as faíscas sempre sobem, o ser humano também parece ter nascido para criar dificuldades, e para fazer mal uso das coisas. A importância do *adat* no sentido de julgamento, ou de uma maneira de categorizar assuntos, está, portanto, na tarefa prática de pelo menos buscar aproximar-se da harmonia social e do decoro individual, e não de abandoná-los em benefício da dissonância e da vertigem social. Ele tem como elemento principal os mecanismos utilizados nas tomadas de decisão, e os procedimentos no sentido mais comportamental, e não técnicas para identificar o que realmente aconteceu ou métodos para estabelecer limites aos desejos dos magistrados ou do rei. Como demonstra o caso de Regreg, que só é excepcional com relação à severidade do seu resultado final (e não muito, mesmo nesse caso), a adjudicação do *adat* relaciona-se com aquilo que nós, ocidentais, poderíamos chamar de etiqueta: um exame detalhado, paciente, preciso e tranquilo das formas elaboradas para obter o consenso em uma comunidade. O que importa afinal é que essa unanimidade mental se manifesta não tanto no próprio veredicto, que é apenas um desenlace, um aplauso final à concordância, e sim nos processos públicos nos quais é gerada. Para que o decoro seja preservado é preciso que sua preservação seja visível a todos.

Os processos a que me refiro são sobretudo processos de discussão, um decoro principalmente discursivo. Chega-se à unanimidade, ou pelo menos à aparência de

---

71. O erro que se comete normalmente, ao confundir essas ideias normativas com instituições específicas em vez de considerá-las apenas orientações morais que regem essas instituições, às vezes dá origem a esforços bastante eruditos para estabelecer uma distinção entre elas, em termos de alguma teoria dos "princípios do direito *adat*", estabilizando seu significado. Para discussões mais realistas, sociologicamente falando, cf. JAY, R.R. *Javanese villagers*: social relations in rural Modjokuto. Cambridge, Mass., 1969; e KOENTJARANINGRAT, R.M. "Some social-anthropological observations on Gotong Rojong practices in two villages of central Java". Ithaca, 1961.

72. A bibliografia sobre esses assuntos é, sem dúvida, bastante vasta. Para um exemplo específico, cf. meu *The religion of Java*. Glencoe, Ill., 1960, para 1, p. 11-118.

unanimidade, discutindo-se cada detalhe de tudo, e, nos casos mais difíceis, repetidamente e em uma variedade enorme de contextos, de uma forma organizada e preestabelecida. O direito nesse caso é verdadeiramente a ciência sentenciosa – uma corrente de provérbios admonitórios, de *slogans* morais, de discursos estereotipados, de recitações de algum tipo de literatura didática, de metáforas conhecidas sobre vício e virtude, todos pronunciados de uma maneira que tem como objetivo tranquilizar e, ao mesmo tempo, persuadir. Um trecho longo, de um poema da Sumatra Ocidental (isso é, de Minangkabau), que tem três mil e quinhentas linhas, no qual uma mãe aconselha seu filho sobre como se comportar, quando, depois de seu futuro casamento, for admitido para os vários conselhos locais nos quais as decisões do *adat* são tomadas, nos dá, apesar de seus elementos culturalmente peculiares, um exemplo bastante claro desses processos:

Oh, meu filho querido
se o conselho lhe chamar, você tem que responder;
se convidado, você deve ir.
Se acontecer de você ser chamado,
convidado para assistir um banquete do conselho,
coma bastante antes de ir
e beba alguma coisa também;
pois em uma festa ou em um banquete,
o comer e o beber têm regras estritas
sentar-se e levantar-se têm momentos adequados.
Lá você terá que utilizar todas suas boas maneiras,
nunca esquecendo quem você é.
Seja educado em tudo
e lembre-se de todas as regras,
mesmo quando estiver passando as folhas de betel ou cigarros.
Mais tarde, quando chegar a hora dos discursos,
sempre tenha muito cuidado com o que diz:
um discurso suave é um atributo da bondade.
Sempre diga a verdade
levando em consideração as boas maneiras,
e procurando entender os sentimentos alheios.
Quando você falar, fale humildemente,
sempre se menosprezando.
Faça o possível para comportar-se corretamente
e para controlar seus instintos.
Um membro do conselho deve viver de acordo com seus princípios,
sua linguagem deve ser a do *adat*
seguindo o caminho da correção
que é tranquilo como um mar sem ondas,

estável como uma planície sem vento,
seu saber firme em seu coração
e para sempre consciente dos conselhos dos mais velhos[73].

Os ambientes onde esse tipo de processo acontece são múltiplos, abrangendo, como se deu no caso de Regreg, desde reuniões domiciliares até conclaves de toda a aldeia, e uma reunião final, onde chegam à unanimidade publicamente demonstrada, uma assembleia correta, de mentes corretas, que tem tantos nomes quanto sejam os ambientes[74]. Existe também uma conexão bastante explícita (como ficou claro no caso de Regreg) com imagens dos desastres naturais e espirituais que acontecerão se as condições estabelecidas pela reunião final forem menosprezadas ou suas conclusões ignoradas. O argumento central, no entanto, é a concepção de que a busca da verdade – seja essa a verdade circunstancial ou a dos princípios – é uma tarefa retórica, uma aproximação de pontos de vista através do uso persuasivo de palavras sancionadas: as frases, os usos idiomáticos, os tropos que são, na verdade, parte do *adat*. Ou, como expressa sucintamente uma outra fórmula do Minagkabau, uma espécie de provérbio poético:

A água circula nos canudos do bambu
O consenso circula nas discussões que chegam a um acordo unânime
A água corre através do bambu
A verdade corre através do homem[75].

---

73. A.H. Johns, org. e trad., *Rantjak Dilabueh: A Minangkabau Kaba, a specimen of the traditional literature of central Sumatra,* Ithaca, 1958, p. 113-116. Fiz algumas modificações na tradução de Johns, para evitar ter de explicar detalhes etnográficos ou descrever o lugar do trecho na narrativa geral. Sobre o papel fundamental desempenhado pelos provérbios, máximas e outros tipos de "dizeres estabelecidos" ou "discursos formais" e outras coisas mais – ou seja, outros tipos de retórica – na adjudicação do *adat*, cf. (uma vez mais, especificamente sobre o *Minangkabau*, mas o fenômeno é generalizado) BENDA-BECKMANN, Von. *Property in social continuity*, p. 114-115, 132-133.

74. A mais importante dessas, na Indonésia independente, é o *musjawarah*, originário do árabe, que significa "discussão comunitária", "deliberação coletiva" (cf. KOESNOE. *Musjawarah*), mas é bastante abstrata e ideológica, e palavras como *mupakat* (também de origem árabe, mas com uma assimilação mais profunda) "acordo", "consenso": *setuju*, "de uma só direção"; *setahu*, "com uma única mente"; *bulat*, "unânimo" "perfeito"; *rukun*, "acomodação pacífica" e um grande número de termos locais vernaculares (cf., p. ex., ibid., p. 9-15, sobre *Sasak begundum*, "discussões detalhadas"; BENDA-BECKMANN, Von. *Propoerty in social continuity*, p. 193, sobre o Minangkabau, *seizin* ("consentimento") são, em qualquer um dos lugares considerados, mais comuns.

75. BENDA-BECKMANN, Von. *Property in social continuity*, p. 115; original citado de NASROEN, M. *Dasa Filsafah Adat Minangkabau*. Jakarta, 1957, p. 56. Uma vez mais, fiz modificações na tradução, neste caso para obter uma expressão idiomática que fosse mais natural em inglês. O poema depende de um trocadilho com a palavra *bulek*, "redondo", que significa "circular", no sentido de "andar em volta", "ser distribuída" quando se refere à água (*bulek aie*) e "acordo unânime", quando se refere a um discurso (*bulek kato; kato* – "pa-

Uma vez mais, é de fundamental importância saber o que acontecerá com uma forma como essa, que esquematiza os casos elaborando-os unicamente com o vocabulário formalizado do discurso coletivo e que os soluciona mergulhando-os em uma voz uníssona, em um mundo cujo sentido do estilo forense for diferente. Baseada tão profundamente nos mecanismos da atuação, a sensibilidade jurídica do *adat* talvez seja ainda mais vulnerável à influência externa que as do *ḥaqq* ou do *dharma*, pois, no caso dessas últimas, parece bem mais fácil conseguir um ajuste, ainda que parcial, entre a matéria-prima local e o maquinário estrangeiro. Por enquanto, porém, ancorada na organização social das aldeias, sob a vigilância dos seus guardiães locais, adaptada às circunstâncias locais, e expressa através de símbolos também locais, ela permanece tão viva quanto as outras duas. E, como todas essas outras coisas que supostamente estão desaparecendo – mulás, casta, e o imperador do Japão – agora que a Modernidade finalmente chegou a essas partes, o *adat* também é, à sua maneira, extraordinariamente tenaz.

Até aqui, as ideias vindas de regiões distantes. E não é que não existam outras coisas a serem ditas sobre elas; praticamente tudo ainda teria que ser dito. No entanto, como mencionei anteriormente, não foi nem é minha intenção condensar as noções islâmicas, índicas ou malaias sobre as interconexões entre normas e acontecimentos, em algum tipo de manual para que litigantes expatriados possam demonstrar que, sim, essas noções são *realmente* noções. Os dois enfoques principais no direito comparativo – o primeiro que considera que sua tarefa é comparar várias estruturas de poder, e o segundo que se dedica a comparar os vários processos de resolução de conflito nas diferentes sociedades – em minha opinião, parecem não ter entendido bem qual é a questão: o primeiro devido a uma visão demasiado autônoma do direito que o vê como um "sistema jurídico" isolado e autossuficiente, lutando para defender sua integridade analítica frente ao desleixo moral e conceptual da vida cotidiana; e o segundo, devido a uma visão demasiado política do direito, que o vê como um conjunto pragmaticamente organizado de artifícios sociais para promover certos interesses e gerenciar conflitos de poder[76]. Se os estilos de adjudicação que se congregam aos *Anschauungen* projetados pelo *ḥaqq*, pelo *dharma* e pelo *adat*

lavra(s)". A tradução de Von Benda-Beckmann é: "A água circula no tubo do bambu/ As palavras (decisão) circulam através do *mupakat* (da decisão unânime)/ A água é conduzida através do bambu/ a verdade é revelada (atravessada) pelo homem". O original é: *Bulek aie dek pambuluah/Bulek kato dek mupakat/Aie batitisan batuang/Bana batitisan urang*. Como *urang* não tem número ou gênero, como a maioria dos substantivos austronesianos, poderia ser traduzido tanto por "homem" como por "ser humano".

76. Para uma discussão crítica excelente sobre esses dois enfoques, ou, como lhes chamam, paradigmas, que, no entanto, ao final, adota uma versão um pouco modificada do segundo enfoque, cf. COMOROFF, J.L. & ROBERTS, S. *Rules and processes*: the cultural logic of dispute in an african context. Chicago, 1981, p. 5-21. Para um exemplo do primeiro paradigma (baseado nas leis), cf. POSPISIL, L. *Kapauku Pauans and their laws*. New Haven, 1958; para um exemplo do segundo (baseado no processo), cf. MALINOWSKI. *Crime and custom in a savage society*.

podem ou não ser corretamente chamados de "direito" (os defensores do enfoque "leis" os considerariam demasiado informais, e os entusiastas do enfoque "conflito" demasiado abstratos) não tem grande importância; embora, pessoalmente, eu prefira chamá-los assim. O que importa é não encobrir o seu poder imaginativo. Pois eles não só regulamentam o comportamento, eles o constroem.

É a esse poder imaginativo, construtivo ou interpretativo, um poder que tem suas raízes nos recursos coletivos da cultura e não na capacidade isolada de indivíduos (algo que acredito ser semelhante em qualquer parte do mundo, pois duvido muito que exista um gene jurídico) que os estudos comparativos do direito, da justiça, de processos forenses ou da adjudicação deveriam, a meu ver, dar mais atenção. É neles – nesses métodos e formas de conceber as situações de tomadas de decisão de modo a que as leis estabelecidas possam ser aplicadas para solucioná-las (e também, é claro, nos próprios métodos de formulação e elaboração das leis), isto é, naquilo que venho chamando de sensibilidade jurídica – que se encontram os contrastes mais informativos. E é também neles que a paixão do antropólogo pela colocação de perspectivas locais em seus devidos contextos locais, ou a dos juristas pela colocação de casos específicos em molduras determinadas, podem encontrar-se e reforçar-se mutuamente. Na conclusão deste ensaio, e em conexão com a questão mais ampla sobre o "amálgama" (a meu ver, a palavra perfeita para o que quero dizer) jurídico no mundo moderno, tentarei não exatamente demonstrar essa verdade, mas fazer suposições sobre o que aconteceria se partirmos do princípio de que estou correto em minhas afirmações.

III

O direito, como venho afirmando um pouco em oposição às pretensões encobertas pela retórica acadêmica – é saber local; local não só com respeito ao lugar, à época, à categoria e variedade de seus temas, mas também com relação a sua nota característica – caracterizações vernáculas do que acontece ligadas a suposições vernáculas sobre o que é possível. É a esse complexo de caracterizações e suposições, estórias sobre ocorrências reais, apresentadas através de imagens relacionadas a princípios abstratos, que venho dando o nome de sensibilidade jurídica. Sem dúvida, isso parecerá bastante vago, mas, como observou Wittgenstein, o santo padroeiro de tudo isso que vem sendo dito aqui, um retrato autêntico de um objeto obscuro não pode ser claro, certamente terá que ser obscuro. É melhor pintar o mar como Turner o fez, do que tentar transformá-lo em uma das vacas pintadas por Constable.

Ainda que elusiva, essa perspectiva tem um número de implicações que são muito menos abstratas. Uma delas é que o estudo comparativo do direito não pode ser uma questão de transformar diferenças concretas em semelhanças abstratas. Outra é que também não pode ser uma questão de localizar fenômenos idênticos disfarçados sob nomes diferentes. E uma terceira é que sejam quais forem as conclusões a que cheguem esses estudos, estas devem ter como referência o gerenciamento da diferença e não sua eliminação. Aconteça o que acontecer no futuro distante – o domínio universal da justiça gulag ou a vitória final da mentalidade de mercado – o futuro próximo não apresentará uma curva ascendente de uma uniformidade jurídica que se sobreponha às tradições (algo que, até o momento, fui forçado a ignorar neste ensaio) ou que as torne internamente iguais, e sim verá uma maior particularização dessas tradições. O universo jurídico não está sendo comprimido em uma bola, e sim, expandindo-se e multiplicando-se; e nós mesmos estamos sendo conduzidos mais para as convulsões de alfa que para as resoluções de ômega.

Essa ideia de que as coisas não estão se aglutinando e sim rapidamente se subdividindo (algo que a meu ver pode ser dito sobre a mudança social como um todo, e não só sobre o direito) é totalmente contrária a algumas das principais doutrinas das ciências sociais contemporâneas, segundo as quais o mundo está ficando cada vez mais monotonamente igual com a Modernidade – filiais da McDonald's nos Campos Elísios e *rock punk* na China; que há uma evolução intrínseca do *Gemeinschaft* para o *Gesellschaft*, do tradicionalismo para o racionalismo, da solidariedade mecânica para a solidariedade orgânica, do *status* para o contrato; que a infraestrutura pós-capitalista, sob a forma de corporações multinacionais e da tecnologia informatizada, em breve moldará as mentes dos tonganos e dos yemens, dando a todas elas um padrão comum. No entanto, ela também se opõe a uma perspectiva muito importante sobre o poder social do direito, ou pelo menos levanta dúvidas sobre suas afirmações; uma perspectiva segundo a qual esse poder depende de um consenso normativo. Grant Gilmore, em um pronunciamento feito do púlpito das conferências Storrs, há sete anos, com a economia e o vigor que lhe são característicos, analisou esse argumento. "A função do *Direito*, em uma sociedade como a nossa", disse ele,

> [...] é fornecer um mecanismo para a resolução de disputas sobre cuja confiabilidade, presumivelmente, exista um consenso geral entre nós. Se a premissa for incorreta, e se não houver consenso, seremos levados à guerra, a conflitos civis, a revoluções, e a administração sistemática da justiça tornar-se-á uma extravagância irrelevante e saudosista, até que o tecido social tenha sido costurado uma vez mais, e que tenha surgido um novo consenso. No entanto, enquanto existir o consenso, o mecanismo fornecido pelo direito tem como função garantir que nossas instituições possam adaptar-se a mudanças que são inevitáveis, em um processo contínuo que será sistemático, gradual, e, dentro do que é possível em situações que envolvem seres humanos, racional[77].

77. GILMORE. *The ages of american law*, p. 109-110.

Minha objeção a esse argumento não se relaciona com a esperança de ordem, razão, e estabilidade que ele contém, nem com um ceticismo pouco típico entre norte-americanos a respeito do muito que pode ser obtido com o bom funcionamento do direito. Como Gilmore, tampouco sinto a garganta fechar quando ouço falar do governo de direito, ou quando imagino que a adjudicação de conflitos internacionais em um Tribunal Mundial – "Arafat *versus* o Estado de Israel" – será a onda do futuro, ou quando penso que dedicar-se a construir uma teoria geral do direito é uma aventura tão inverossímil como a de dedicar-se à construção de uma máquina de movimento perpétuo. O problema é que um contraste assim tão drástico, separando o mundo em partes que, se ele fosse muçulmano, chamaria de Casa da Observância e Casa da Guerra, não só faz o direito mais poderoso onde é menos necessário, algo assim como um extintor de incêndio que se apaga automaticamente quando o fogo fica demasiado quente, mas também – e isso é ainda mais importante, dadas as condições em que anda a frente do consenso hoje em dia, torna-o totalmente marginal às inquietações mais sérias da vida moderna. Se o direito precisa, mesmo "em uma sociedade como a nossa" um tecido social bem costurado para poder funcionar, ele não é só uma "extravagância saudosista"; já foi totalmente superado.

Felizmente ou infelizmente, no entanto, a mente jurídica, em qualquer tipo de sociedade, parece alimentar-se mais de desordem que de ordem. Ela opera, cada vez mais, não só em águas relativamente paradas – ofensas criminais, conflitos matrimoniais, transferências de propriedade – mas em águas fortemente agitadas onde os querelantes são multidões impessoais, as alegações ressentimentos morais, e os veredictos programas sociais, ou onde à captura ou liberação de diplomatas opõe-se a captura ou liberação de contas bancárias. Não há muita dúvida de que, nesse tipo de águas, ele não funciona muito bem. Mas não há nenhuma dúvida de que é nessas águas que ele estará funcionando cada vez mais, à medida em que tanto as injustiças sociais em nível doméstico, e as injustiças políticas em nível internacional, sejam crescentemente expressas em termos de habilitação e equidade, de legitimidade e justiça, ou de direitos e obrigações. Como quase todas as outras instituições permanentes – a religião, a arte, a ciência, o Estado, a família – o direito está envolvido em um processo de aprender a sobreviver sem as certezas que o geraram.

A ideia de que os mecanismos do direito têm uma utilidade valiosa só quando o consenso prévio garante seu poder social deriva, a meu ver, de uma perspectiva do direito, que por sua vez, como reconhece o Professor Gilmore, deriva daquele estoico nervoso, o Magistrado Holmes, como uma reflexão passiva da comunidade na qual existe: "O direito reflete [essa parte é de Gilmore] mas, em nenhum sentido, determina o saber moral de uma sociedade. Os valores de uma sociedade razoavelmente justa se refletirão em um direito razoavelmente justo [...] Os valores de uma sociedade injusta se refletirão em um direito injusto"[78].

78. Ibid., p. 110-111. A citação de Holmes, "tudo sobre a jurisprudência [reduzido] a uma declaração única e terrível" que Gilmore diz estar parafraseando encontra-se à p. 49: "A primeira condição para a existência

Sem dúvida há mais que uma gota de verdade nessa visão um tanto ou quanto sideral dos assuntos jurídicos, e, certamente, ela pode ser um consolo para a consciência de magistrados. No entanto, ela ignora a verdade ainda mais crucial, de que o direito, em vez de ser um simples apêndice técnico acrescentado a uma sociedade moralmente (ou imoralmente) pronta, é, juntamente com um conjunto imenso de outras realidades culturais – desde os símbolos da fé, até os meios de produção – uma parte ativa dessa sociedade. *Ḥaqq, dharma* e *adat... ius, recht*, e direito... dão vida às comunidades onde existem (isto é, as sensibilidades que eles representam o fazem): e as transformam – também juntamente com um grande número de outras coisas, e em graus diferentes nos vários contextos – naquilo que essas comunidades são tanto juridicamente, se é que me permitem fazer essa afirmação, ou, se não tenho essa permissão, humanamente.

O direito, mesmo um tipo de direito tão tecnocrata como o nosso, é, em uma palavra, construtivo; em outra, constitutivo; em uma terceira, formacional. Uma perspectiva, seja qual for sua origem, segundo a qual a adjudicação passa a ser uma forma voluntária de disciplinar desejos, ou uma devida sistematização de deveres, ou uma harmônica harmonização de comportamentos – ou que ela consiste em uma articulação de valores coletivos tacitamente residentes em precedentes, estatutos e constituições – contribui para uma definição de um estilo de vida social (diríamos, uma cultura?) tanto quanto perspectivas que afirmassem que a virtude é a glória do homem, ou que o dinheiro faz o mundo girar, ou que acima de uma floresta de periquitos está uma marquise de periquitos, o fariam. Essas noções são parte daquilo que a ordem significa; são pontos de vista da comunidade, e não seus ecos.

Em conjunto, essas duas proposições, que o direito é saber local e não um princípio abstrato e que ele constrói a vida social em vez de refleti-la, ou, melhor dito, de meramente refleti-la, leva-nos a uma visão pouco ortodoxa sobre a metodologia de um estudo comparativo: a tradução cultural. Em vez de ser um exercício de taxionomia institucional, uma homenagem aos instrumentos tribais de controle social, ou uma busca do *quod semper aequum et bonum est* (todas elas atividades, em si mesmas, bastante meritórias, embora eu, pessoalmente, não tenha muita esperança com relação à última) um enfoque comparativo no estudo do direito passa a ser uma tentativa, como o foi neste ensaio, de formular características de um tipo de sensibilidade jurídica, em termos das pressuposições, preocupações, e

de um corpo de direito confiável é que ele corresponda aos sentimentos e necessidades reais da comunidade, sejam esses certos ou errados", e foi extraída de HOLMES Jr. *The common Law*. Cambridge, Mass., 1963, p. 36 [org. M. de W. Howe]. Até que ponto este *dictum* presume uma existência de "sentimentos e necessidades" prévia e independentemente à existência de um "corpo de direito" (e, além disso, que "o certo e o errado" são terceiras partes, também independentes) de modo que a "confiabilidade" pudesse vir a ser medida pelo grau de adequação do corpo de direito, um elemento construído, aos sentimentos e necessidades, um elemento natural, parece não ter sido notado nem por Gilmore, nem por seu ilustre predecessor.

estruturas de ação características de outra sensibilidade jurídica. Ou, de forma um pouco mais prática, ter algum sucesso nesse *grand jeté* hermenêutico com referência a algum problema específico, como a relação entre o estabelecimento de normas e a representação de fatos (ou a representação de normas e o estabelecimento de fatos). Essa tarefa é um pouco como tentar anglicizar Dante, ou simplificar a matemática da teoria do quantum para o consumo de massa, um empreendimento imperfeito, aproximado, e improvisado, como seguramente demonstrei. No entanto, se não quisermos nos resignar à monotonia de nossos próprios horizontes, ou conformarmo-nos com a admiração fútil de objetos fantásticos, é tudo o que temos, e tem lá suas utilidades.

Uma dessas utilidades é que, nesse enfoque, o direito une-se, uma vez mais, às outras grandes formações culturais da vida humana – a moral, a arte, a tecnologia, a ciência, a religião, a divisão de trabalho, a história (categorias que, por sua vez, não são nem mais unitárias, nem mais definidas, nem mais universais, do que o direito) sem ser tragado por elas, nem transformando-se em uma espécie de auxiliar de serviços gerais de sua força construtiva. Para o direito, como para essas outras categorias, as dispersões e descontinuidades da vida moderna são realidades que, de alguma maneira, terão que compreender, se quiserem manter suas próprias forças. Se ele será capaz de compreendê-las ou não, neste contexto ou em outros, com relação a esse ou aquele assunto, utilizando esses ou aqueles conceitos, ainda não sabemos, e há razão suficiente para um pessimismo como o de Holmes, embora não para ficar tão satisfeito como ele com suas conclusões. Entretanto, no caso do direito, a dificuldade não é maior nem menor do que aquela que terá que ser enfrentada por qualquer outra instituição cultural: o direito fará progressos se puder contornar a dissensão – "guerra, conflitos civis e revoluções". Se isso não for possível, não progredirá. Uma forma garantida de chegar a um fim trágico seria imaginar que a variedade não existe, ou esperar, simplesmente, que ela desaparecesse.

*

Como eu vinha dizendo, nos dias de hoje, não é tão difícil encontrar dissensão, seja essa jurídica ou de outro tipo qualquer. Convivemos com demasiadas diferenças, que surgiram muito rapidamente. No entanto, é no campo internacional que mais facilmente encontraremos essas diferenças, principalmente naquela parte que passou a ser chamada, a meu ver um pouco tendenciosamente, de Terceiro Mundo; e ainda mais especificamente nas interações entre o Terceiro Mundo e aquele mundo que, nessa taxionomia de cabeçalho de jornal, suponho seja ainda chamado de Primeiro: ou seja, o Ocidente. O advogado que tenha atração por casos difíceis ou por um direito corrupto, e o antropólogo cuja atração principal seja tradições deturpadas e incoerência cultural encontrarão aqui mais do que o suficiente para satisfazer suas estranhas inclinações.

Com referência ao direito, essa desordem atraente tem duas fontes principais: a persistência das sensibilidades jurídicas formadas em épocas não necessariamente mais simples, mas certamente mais autossuficientes, e o confronto dessas sensibilidades com outras não necessariamente mais admiráveis, nem formuladas com maior profundidade, mas que certamente têm maior sucesso internacional. Em todos os países do Terceiro Mundo – até Volta, ou Cingapura – a tensão entre as noções tradicionais sobre o que é a justiça... *ḥaqq*... *dharma*... *adat*... e sobre as maneiras como ela deve ser exercida e noções importadas que refletem de forma mais efetiva os modos de ser e as pressões da vida moderna, permeia todos os tipos de processos judiciais. E sequer podemos afirmar que essa confusão de linguagens jurídicas é apenas transitória, um desajuste temporário que em breve dará lugar à correção histórica. Não é uma fase, e sim uma condição solidificada.

À medida em que se foi solidificando, e fazendo surgir uma variedade de tipos esdrúxulos, começou também a ser discutida sob uma variedade de rubricas – "pluralismo jurídico", "transplantes jurídicos", "migrações jurídicas", "sincretismo jurídico", "direito externo" (em oposição ao direito interno), "direito de advogados" (por oposição ao direito costumeiro ou de leigos"; a própria multiplicidade de termos já demonstra o caráter improvisado das discussões[79]. Pessoalmente, adotarei o termo "pluralismo jurídico" sobretudo porque parece comprometer-nos menos, na realidade, só nos comprometendo com a mera afirmação de que a variedade existe; e principalmente porque não nos compromete com a noção de que o fenômeno, em sua totalidade, pode ser redutível a apenas um outro capítulo na história da opressão: quem engana a quem, quando, onde e como. Sejam quais forem os motivos que levaram à introdução de formas ocidentais do direito em contextos não ocidentais,

---

79. Cf. *inter alia*, HOOKER, M.B. *Legal pluralism*: an introduction to colonial and neo-colonial laws. Oxford, 1975. • BURMAN, S.B. & HARREL-BOND, B.E. (orgs.). *The imposition of law.* Nova York, 1979. • GALANTER. The modernization of law. In: WEINER, M. (org.). *Modernization*. Nova York, 1966, p. 153-165. • Id. "The displacement of traditional law in modern India". *Journal of Social Issues* 24 (1968), p. 65-91. • Id. "Hinduism, secularism and the indian judiciary". *Philosophy East and West* 21 (1971), p. 467-487. • COHN, B. "Some notes on law and change in North India". *Economic Development and Cultural Change* 8 (1959), p 79-93. • KHARE, R.S. "Indigenous culture and lawyer's law in India". *Comparative Studies in Society and History* 14 (1972), p. 71-96. • A HANNIGAN, St.J. "The Imposition of Western Law Forms on Primitive Societies". *Comparative Studies in Society and History* 4 (1961-1962), p. 1-9. • ROSE, V. "The migration of the common law: India". *Law Quarterly Review* 76 (1960), p. 59-63. • ANDERSON, J.N.D. "Conflict of laws in Northern Nigeria". *International and Comparative Law Quarterly* 8 (1959), p. 44-56. • RHEINSTEIN, M. Problems of law in the new nations of Africa. In: Geertz, C. (org.). *Old Societies and New States*. Nova York, 1963, p. 220-246. • WATSON, A. *Legal transplants*: an approach to comparative law. Edinburgh, 1974. • BECKSTROM, J.H. "Transplantation of legal systems: an early report on the reception of western laws in Ethiopia". *American Journal of Comparative Law* 21 (1973), p. 557-583. • JASPAN, M.A. "In quest of new law: the perplexity of legal syncretism in Indonesia". *Comparative Studies in Society and History* 7 (1964-1965), p. 252-266. HATANAKA, S. "Conflict of laws in a New Guinea highlands society". *Man* 8 (1973), p. 59-73. • SCHILLER, A.A. "Conflict of laws in Indonesia". *Far Eastern Quarterly* 2 (1942-1943), p. 31-47.

e eu não tenho qualquer oposição à visão de que esses motivos, de um modo geral, não foram lá muito filantrópicos, o que está sucedendo com as sensibilidades jurídicas no Terceiro Mundo, não está se tornando nem um pouco mais claro com a ajuda dessas categorias opinativas da polêmica pós-colonial.

Essas transformações tampouco tornam-se mais claras com a ajuda das categorias (um pouco mais equânimes, ou que pelo menos soam um pouco mais equânimes) do direito internacional. Independente do uso que alguns elementos desse direito – regulamentos diplomáticos, doutrinas da liberdade dos mares, códigos relativos a prisioneiros de guerra – possam ou não ter para a organização das relações entre países, esses elementos não são nem os mínimos denominadores comuns no catálogo mundial de perspectivas do direito, nem premissas universais subjacentes a todas essas perspectivas, e sim projeções de aspectos de nossas próprias perspectivas no palco do mundo. Isso não é assim tão ruim (sob minhas próprias luzes locais, as noções jeffersonianas de direitos humanos são melhores que as de Lenin) a não ser pelo fato de que nos induz a imaginar que existe mais comunidade de espírito no mundo do que existe realmente ou a confundir convergência de vocabulários com convergência de pontos de vista. Entretanto, a questão central que resulta desse florescimento do pluralismo jurídico no mundo moderno, a saber, como é possível entender a função do direito quando as suas várias expressões se tornaram tão irracionalmente misturadas – não consegue sequer ser examinada pelas fórmulas um tanto ou quanto simplórias desse direito.

De qualquer forma, "florescimento" não é uma palavra demasiado forte no contexto, embora seja um pouco irônica. É bem possível que nem todos os países do Terceiro Mundo estejam na situação da Etiópia, que nos anos de 1960 (antes que os militares simplificassem algumas coisas e complicassem outras) ostentava não só um conjunto de tradições jurídicas tribais – da Galla pastoril à Amhara agrícola – que se diferenciavam profundamente entre si, algumas funcionando em um contexto cristão, outras em contextos muçulmanos, outras ainda em áreas pagãs, mas também um código imperial cesaropapista datado do século XVII, versões *Mālikī* e *Shāfii* do *šarī'a* introduzido aproximadamente no século X, um código penal suíço, códigos processuais franceses de direito civil, marítimo, comercial e penal, e um código processual inglês de direito civil, bem como uma legislação parlamentarista administrada por um Tribunal Superior Civil (cujos membros eram, até 1957, magistrados ingleses) e um decreto real administrado por um Supremo Tribunal Imperial (cujos membros, se esta é a palavra adequada, eram, até 1974, membros do Leão de Judá)[80]. Apesar disso, em formas menos exageradas, o ecletismo jurídico – algo

80. HOOKER. *Legal pluralism*, p. 393-394. Não saberíamos dizer como está a situação desde a tomada do poder pelos militares em 1974, a não ser que existe agora um alto número de tribunais militares além dos outros que mencionamos. O código civil, esboçado por peritos do continente, que aparentemente divertiram-se bastante com esse trabalho, contém 3.367 artigos, o que o torna um dos maiores códigos civis do mundo contemporâneo (ibid., p. 399). Pessoalmente, é claro, não tenho a menor intenção de argumentar que o "ecletismo jurídico" existe somente no Terceiro Mundo ou que esse não tem uma existência histórica bastante longa (cf. WATSON. *Legal transplants*); afirmo apenas que, no momento, esse ecletismo ocorre principalmente nos

estrangeiro, algo nacional; algo secular, algo religioso, algo estatal, algo tradicional – é comum em todos os países em desenvolvimento.

A reação instintiva inicial de advogados com formação ocidental a esse tipo de situação, creio eu, é deplorá-la como uma afronta ao decoro jurídico, assim como a reação instintiva de antropólogos com a mesma formação é de tentar negar sua existência, considerando-a apenas uma postura cultural. Até que ponto uma adjudicação autêntica pode atuar em uma tal confusão nomística, e, se logra atuar, até que ponto suas operações têm algum peso social, são, obviamente, questões empíricas com respostas diferentes em ocasiões diferentes. No entanto, é pouco provável que uma ansiedade tão prevalecente, se é que é uma ansiedade, seja um mero artifício ou pura futilidade. Por mais difícil que seja incorporar esse ecletismo a categorias estabelecidas, e a padrões ideais, não podemos simplesmente desprezá-lo como um produto sem sentido de sociedades amimalhadas.

Aliás, é precisamente essa dificuldade que o torna interessante, pelo menos para mim, pois ela sugere que a incapacidade que a polarização da prática do direito e do fato pertinente que se faz no mundo ocidental – o confronto de duas coisas que nunca estão no mesmo lugar ao mesmo tempo, as imagens "daquilo que é correto" e as estórias "daquilo que realmente acontece" – para descrever efetivamente o funcionamento da adjudicação em outras culturas, só aumenta quando estas culturas se misturam umas com as outras e com o próprio Ocidente. Hoje, depender dessa polarização não significa unicamente distorcer o direito alheio. Significa ficar sem nada a dizer sobre esses direitos além de expressões de escárnio ou de compaixão. Para expressar essas verdades de modo a torná-las estimulantemente *avant-garde* para uns ou simplesmente no auge da moda para outros, um novo sistema linguístico, uma nova forma de falar, se quiserem, precisamos compreender o que está ocorrendo, em termos do direito, não só nas Etiópias deste mundo, mas também entre nós. Ou, como esse tipo de exercício é sempre reflexivo, redescrever o descritor à medida em que ele redescreve aquilo que foi descrito.

Richard Rorty, em seu recente *Philosophy and the mirror of nature* – uma investida fulminante contra o tipo de epistemologia de estrutura neutra, que, com o brado de guerra do saber local, venho criticando neste ensaio, com relação ao setor "direito", faz uma distinção bastante útil entre o que ele chama, aliás sem muito sucesso, de discurso normal e discurso anormal[81]. O discurso "normal" (ou, como eu preferiria, para evitar

países do Terceiro Mundo e que se acredita que continua aumentando. Tampouco é minha intenção sugerir que ele seja, por si só, patológico; na realidade, é parte de um processo normal de transformações jurídicas ("A história de um sistema jurídico é principalmente uma história de utilização de matérias jurídicas de outros sistemas legais [...]". POUND, R. apud WATSON. *Legal transplants*, p. 22).

81. RORTY, R. *Philosophy and the mirror of nature.* Princeton, 1979. As discussões sobre normal/anormal encontram-se, *inter alia*, às p. 11, 315-322, 332-333, 357-365. Como Rorty reconhece, essa diferenciação foi emprestada, e ligeiramente trocada, da distinção feita por Thomas Kuhn entre ciência normal e ciência revo-

comentários indesejáveis, "padrão") é o discurso que se desenvolve sob um conjunto de regras, premissas, convenções, critérios, crenças, que, pelo menos em teoria, nos dizem o que fazer para solucionar problemas e resolver conflitos "em cada ponto onde depoimentos ou declarações parecem não estar de acordo"[82]. É o tipo de linguagem que os cientistas normalmente imaginam ter (e, falando sobre um vasto número de pesquisas, têm realmente) e críticos literários almejam tanto que permanentemente acham que, finalmente, estão quase conseguindo (e em certos momentos, ou em circunstâncias específicas realmente conseguem). No entanto, é também o tipo de discurso que rege a resolução "racional" de conflitos com procedimentos "confiáveis" – leia-se consensuais – do Professor Gilmore – uma confiabilidade que indubitavelmente ocorre, a não ser, como ele bem observa, quando não ocorre. O discurso normal, escreve Rorty, "é qualquer discurso (científico, político, teológico, ou outros mais) que incorpora critérios já estabelecidos e aceitos para chegar a um acordo"[83]. Ele dá lugar a uma situação

> na qual todas as divergências residuais passam a [ser] consideradas "não cognitivas" ou meramente verbais, ou mesmo temporárias – e capazes de ser resolvidas por alguma ação posterior. O que importa é que deve haver acordo sobre o que deveria ser feito para que a solução pudesse ser encontrada. Neste ínterim, os interlocutores podem concordar em diferir – satisfazendo-se temporariamente, com a racionalidade uns dos outros[84].

O discurso "anormal" (ou não padrão) é, assim, o discurso em que "critérios já estabelecidos e aceitos para chegar a um acordo" não são o eixo ao redor do qual se move a comunicação; e o objetivo de sua elaboração não é a avaliação de pontos de vista divergentes em termos de algum tipo de modelo também aceito, segundo o qual esses pontos de vista podem ser apreciados e comparados uns com os outros. A esperança de chegar-se a um acordo não deixa de existir. Os indivíduos ocasionalmente mudam totalmente de opinião ou pelo menos reduzem sua objeção pela metade, como resultado de informações mais precisas sobre aquilo que os indivíduos ou grupo de indivíduos com opiniões opostas acreditam. No entanto, "a divergência estimulante e produtiva" – como posso saber o que penso até que entenda o que você diz – é reconhecida como um processo não menos racional[85].

---

lucionária; cf. KUHN, T. *The structure of scientific revolutions*. 2. ed. Chicago: University of Chicago Press, 1970. • Id. *The essential tension*. Chicago: University of Chicago Press, 1977.

82. Ibid., p. 316. Minha preferência por padrão/não padrão é resultado de uma aversão pelas implicações de patologia imbuídas em normal/anormal (já uma revisão dos termos de Kuhn, que soam demasiado políticos, normal/revolucionário) e também por uma aversão a tipos puros, dualismos dicotômicos, e contrastes absolutos.

83. Ibid., p. 11.

84. Ibid., p. 316.

85. Ibid., p. 318.

> O discurso normal [segundo Rorty] é aquele conduzido dentro dos limites de um conjunto de convenções aceitas e estabelecidas sobre o que será considerado como uma contribuição relevante, o que será considerado uma resposta apropriada para determinada pergunta, o que será considerado uma justificativa adequada para aquela resposta ou uma crítica produtiva a ela. O discurso anormal é aquele que acontece quando alguém que não está a par dessas convenções, ou que simplesmente as ignora, participa das discussões [...] O produto de um discurso normal é o tipo de afirmação que é aceita como verdadeira por todos aqueles participantes que os demais participantes consideram "racionais". O produto do discurso anormal pode ser qualquer coisa, desde uma tolice sem sentido até uma revolução intelectual [...][86].

Poderia também ser, de uma forma menos dramática, uma maneira prática de viver em um contexto onde a dissensão seja crônica, com tendência a tornar-se ainda pior, e não passível de ser eliminada facilmente ou a curto prazo. Não tenho a intenção de prosseguir com a discussão desses problemas filosóficos neste ensaio, problemas que ainda não se assentaram nem no mundo dos famosos e das coisas óbvias. Podemos deixar o assunto para que seja debatido mais longamente por aqueles que com ele se preocupam*. A minha própria preocupação é saber como será o direito, em um contexto onde aquele "consenso sobre as coisas fundamentais" (citando desta vez a peroração de um outro conferencista Storrs que não o Professor Gilmore, a saber o Magistrado Cardozo) que a maioria dos advogados, e também a maioria dos antropólogos, provavelmente consideraria uma condição *sine qua non* para sua existência, estiver ausente, de uma forma um tanto ou quanto espetacular[87].

Quanto a nós, advogados com interesse em antropologia, ou antropólogos interessados no direito, a questão com que nos deparamos, como disse anteriormente, é como descrever essas situações de uma forma útil e informativa: útil e informativa tanto para as próprias situações como também para a influência que essas situações terão sobre a maneira como devemos pensar os processos jurídicos enquanto um fenômeno existente em todas as partes do mundo, agora que as beatices da lei natural, as simplificações do positivismo jurídico, ou as evasões do realismo jurídico não parecem poder nos ajudar muito. Trata-se, então, de falar sobre coisas irregulares em termos regulares, sem destruir, nesse processo, a qualidade irregular que elas possuem e que nos atraiu desde o começo: ou seja, uma tarefa profundamente irregular, como também observei anteriormente.

É a essa tarefa irregular, "o estudo do discurso anormal sob o ponto de vista de algum discurso normal", como diz Rorty, "uma tentativa de fazer sentido daquilo que ocorre, em um momento no qual estamos ainda demasiado inseguros para [sa-

86. Ibid., p. 320.

* No original: "*We can leave the vexed to vex the vexing*". O autor usa aqui um trocadilho com o verbo "to vex" que tem o sentido de irritar, aborrecer, perturbar, mas também de discutir a fundo, debater profundamente, "martelar" (uma questão); e o adjetivo "vexed", vexado; irritado, aborrecido, contrariado; perturbado: mas também discutido, debatido (assunto) [N.T.].

87. CARDOZO, N.B. *The growth of law.* New Haven: Yale University Press, 1924, p. 145.

ber como, precisamente, ou adequadamente] descrevê-lo e com isso, iniciar uma exposição [sistemática] de seus atributos", que passou a ser chamada de hermenêutica – um termo que, apesar de sua aparência grega, de seu passado teológico, e da pretensão do Herr Professor não precisa assustar-nos, pois, sob o nome mais aconchegante e menos complicado de interpretação, é exatamente aquilo sobre o que, pelo menos um número significativo entre nós, vem falando há bastante tempo[88]. De fato, é nesse contexto que há uma necessidade urgente daquela conversa no nível do "monte de formigas" entre antropólogos, absortos nas peculiaridades de casos etnográficos, e advogados, envolvidos com as especificidades de casos legais, que propus na primeira parte deste ensaio como o meio mais prático de esses aficionados ao saber local – que são tão diferentes – se ajudarem mutuamente na resolução de problemas não exatamente comuns, mas pelo menos afins. O pluralismo jurídico, que atrai o advogado porque é jurídico e o antropólogo porque é plural, pareceria ser exatamente o tipo de fenômeno que nenhum dos dois poderia deixar, com segurança, aos cuidados do outro.

Uma hermenêutica do pluralismo jurídico – uma tentativa de representar, de uma forma razoavelmente inteligível, situações como a da Etiópia, sejam elas no Terceiro ou no Segundo Mundo, ou, agora que os desafios das ideias de que para cada estado, um direito estão chegando mais perto de casa, até no Primeiro Mundo – não significa, portanto, a construção de algum esperanto milagroso no qual qualquer coisa que seja diferente, original, sobressalente, ou estranha, possa ser dita de uma maneira absoluta e neutra: o tipo de coisa que Rebecca West liquidou quando afirmou, sobre uma publicação das Nações Unidas, que, em deferência à pomba da paz, tinha sido escrita em um inglês "de pombo"* (Paul Bohannan, um conhecido antropólogo do direito, desesperado, como qualquer um ficaria, com o longo debate a respeito do direito africano, se este deveria ser analisado em termos de conceitos africanos ou de conceitos ocidentais, sugeriu certa vez, com aparente seriedade, que

88. RORTY. *Philosophy and the mirror of nature*, p. 320. O uso que Rorty faz do termo hermenêutica para expressar um discurso normal sobre discursos anormais (e de "epistemologia" para um discurso normal sobre outro discurso normal) não é, ele próprio, muito normal, e não estou disposto a endossá-lo totalmente. Comentários bastante comuns sobre o direito, a antropologia, a literatura ou a teologia, também podem, a meu ver, ser chamados de hermenêutica. Quanto à epistemologia, embora eu compartilhe da aversão que Rorty tem pelo termo na sua forma tradicional, não me parece ser o oposto de hermenêutica, e sim, simplesmente, uma outra coisa – a saber, uma teoria do conhecimento. No entanto, esse – a meu ver – subterfúgio terminológico não tem nenhuma relevância específica para o assunto de que tratamos no momento. Para minha opinião sobre o que é exatamente interpretação na antropologia, cf. meu "Thick description: toward an interpretive theory of culture". In: *The interpretation of cultures*, p. 3-30.

* No original, o adjetivo é "pidgin", uma abreviação de "pidgeon", a palavra inglesa para pombo. "Pidgin English" é o inglês simplificado, para comunicação entre pessoas de várias nacionalidades, que surgiu principalmente com o Império Britânico [N.T.].

todos escrevêssemos sobre essas coisas em Fortran*). O que isso implica – algo suficientemente revolucionário para a maioria dos acadêmicos – é uma expansão das formas de discurso estabelecidas, no caso em questão, dos discursos de antropologia e de direito comparativo, para que possam comentar de uma maneira válida assuntos que lhes são normalmente estranhos, no caso em questão, a heterogeneidade cultural e a dissensão normativa. Os padrões para a avaliação dessa validade devem ser os nossos – afinal de quem mais poderiam ser? – mas não precisam ser tão constritivos que venham a excluir de seus parâmetros tudo aquilo que se passa no mundo, que não sejam os discursos sistematizados dos tribunais superiores federais ou etnografias tribais.

*

Esse esforço, semiquixotesco, semissisífico (o impossível demora um pouco mais) para expressar coisas anômalas em palavras não demasiado anômalas é particularmente esclarecedor no caso do pluralismo jurídico, porque não são somente os observadores das complexidades do Terceiro Mundo que se sentem inexoravelmente atraídos por ele; os próprios sujeitos dessas complexidades também sentem essa atração. Também eles oscilam irresolutamente entre tentar compreender seu mundo jurídico em termos – evangelizador-tradicional, revolucionário-radical, ou segundo os dos códigos do direito ocidental – que são demasiado absolutos para representá-lo realisticamente, e perder totalmente a esperança de compreendê-lo, a não ser oportunisticamente. As coisas não parecem ser assim tão mais claras para aqueles que são parte delas, do que o são para os que as observam de fora. E aquilo que para uns é um desafio hermenêutico – o que é possível dizer sobre um discurso tão poliglota, para outros é um desafio prático – o que é possível dizer como *parte integrante* de tal discurso.

Examinemos a questão da Indonésia, e mais precisamente a de Java, que conheço um pouco melhor que a Etiópia. Colonizada por austronésios, vindos em só Deus sabe quantas ondas, por só Deus sabe quantos caminhos, daquela parte do mundo que hoje é o sul da China e o norte do Vietnã, um ou dois milênios antes de Cristo; cenário da construção de um estado índico, Borobudur e tudo o mais, a partir do século V, aproximadamente, e até o século XV, também aproximadamente; gradualmente solapada por chineses obcecados com assentamentos comerciais, a partir do período Han; sujeitas a uma intensa catequização islâmica, algumas mais, outras menos, ortodoxas, a partir do século XII; colonizada, palmo a palmo, região por região, pelos holandeses, de 1598 até 1942 (com um interlúdio de colonização inglesa, mais ou menos na época das guerras napoleônicas, que trouxe consigo um controle visível e a direção à esquerda); ocupada, e de um modo geral administrada pelo exército japonês de 1942 a 1945; e, em

* Abreviação de *formula translation*, linguagem da informática usada especialmente para cálculos científicos [N.T.].

logo depois, invadida pelos interesses políticos e econômicos da América do Norte, da Ásia Oriental, da Austrália, da Europa, da União Soviética e do Oriente Médio – não existe praticamente nenhuma forma de sensibilidade jurídica a qual não tenha sido exposta, a não ser talvez a africana ou a dos esquimós.

Já me referi à natureza geral dos procedimentos jurídicos nas Índias Orientais Holandesas, quando falei sobre o *adat* em oposição ao *adtrecht*. Em essência, era um tipo de sistema onde prevalecia o princípio do "a cada um o seu" (como pregava a homilia, "o igual com o igual é uma virtude") e o governo holandês tinha o arbítrio final sobre quem era cada um, e o que exatamente constituía o seu[89]. A diferença fundamental era bastante clara: era entre os europeus e os não europeus. No entanto, havia demasiadas espécies de não europeus, e, entre os europeus, demasiadas divergências entre os modernistas decididos, os orientalistas decididos, ou os temporizadores decididos, e, além disso, demasiadas situações em que a vida de indivíduos em lados opostos das linhas divisórias se cruzava. Com tudo isso, a aparente simplicidade teórica era nada mais que uma moldura para a dissimulação geral.

A história dessa dissimulação é, sem dúvida, longa e instável, repleta de codificações bem-intencionadas e mudanças drásticas nas políticas. No entanto, no início do século XX, ela havia mais ou menos atingido a forma (ou a não forma) que tinha quando a República finalmente a herdou: três classes jurídicas principais – europeus, nativos e orientais estrangeiros; dois tribunais hierárquicos principais – o primeiro um *Rechtsstaat* administrativo, cujos membros eram burocratas jurídicos, e o segundo, colonial administrativo, cujos membros eram peritos em assuntos locais; e uma enormidade de casos especiais, acordos específicos e práticas inassimiláveis que encobriam as diferenças entre as classes e misturavam todas as hierarquias[90].

Quanto à classificação, os fatores que mais a dificultavam eram a qualidade porosa da categoria "estrangeiros orientais", da qual estavam sempre escapando vários tipos de indivíduos socialmente intermediários, que tinham um *status* de quase europeus; a posição ambígua de indonésios "cultos", que algumas vezes eram considerados nativos, outras vezes não; e um enorme conjunto de regras que eram elaboradas para "dar um jeito" nas leis quando estas últimas atrapa-

89. Para uma descrição mais geral do desenvolvimento jurídico nas Índias Orientais Holandesas, cf. FURNIVALL, J.S. *Netherlands India*: a study of plural economy. Cambridge, 1944. • SUPOMO. *Sistim Hukum di Indonesia Sebelum Perang Dunia II*. Jacarta, 1957. • HOOKER, M.B. *A concise legal history of Southeast Asia*. Oxford, 1978, cap. 7. • HOOKER. *Legal pluralism*, cap. 5. • HOOKER, M.B. *Adat law in modern Indonesia*. Kuala Lumpur, 1978, cap. 4. • LEV, D. Judicial institutions and legal culture in Indonesia. In: HOLT, C. *Culture and politics in Indonesia*. Ithaca: Cornell University Press, 1972, p. 246-318.

90. Para uma revisão sumária e sistematizada de tudo isso, cf. HOEBEL, E.A. & SCHILLER, A.A. "Introduction". In: TER HAAR. *Adat law*. Cf. LOGEMANN, J.H.A. *Het Staatsrecht van Indonesië, Het Formeel System*. Haia/Bandung, 1955, p. 17-30. O sistema de tribunais era na realidade bastante mais complexo que isso, dada a existência de vários procedimentos relativamente distintos, nas regiões da colônia que eram administradas "direta" ou "indiretamente". Cf. HOOKER. *Legal pluralism*, p. 275-277.

lhavam os objetivos e o funcionamento do imperialismo. Quanto à hierarquia, as dificuldades eram a existência de um sistema de tribunal *šarīʿa*, bastante desenvolvido, do qual a administração colonial só controlava a metade, e sobre o qual entendia ainda menos que a metade; e um número gigantesco de tribunais *adatrecht*, agrupados por juristas também *adatrecht*, em dezenove jurisdições *adatrecht*, segundo critérios difusos, e algumas vezes só imaginários, relacionados com áreas culturais. Deixando de lado os detalhes, por mais maliciosos que estes sejam (que os japoneses eram europeus honorários; que um nativo que tivesse um modo de vida suficientemente semelhante ao de um holandês poderia fazer uma petição ao governador geral para ser tratado legalmente como um holandês; que o casamento com indonésios ou chineses fazia com que mulheres holandesas passassem a ser consideradas indonésias ou chinesas, e vice-versa; que um nativo poderia tornar-se europeu para uma transação específica, tal como um empréstimo bancário, e continuar sendo considerado nativo em todos os outros aspectos); seja o que for que temos aqui, certamente é muito direito, mas muito pouco consenso.

De qualquer modo, primeiramente depois dos rigores da ocupação japonesa quando por cerca de três anos o direito saiu do cano de um fuzil, e mais tarde, depois das mudanças resultantes do malogrado retorno holandês, quando por aproximadamente cinco anos o direito foi fruto de um esforço desesperado para restaurar pelo menos algo parecido com a ordem social da anteguerra, os vários elementos dessa *collage* foram violentamente separados e, alguns deles tendo sido descartados, outros agregados, e outros retrabalhados, foram, quase tão violentamente, colados um ao outro novamente.

Como vem repetidamente sugerindo Daniel Lev, o estudioso mais proeminente desses assuntos, o que a independência da Indonésia (declarada em 1945, obtida em 1950) significou para as instituições jurídicas daquele país, foi sua absorção por uma vida política muito mais ativa, um fenômeno que foi erradamente considerado, tanto nacional como internacionalmente, como um sintoma da mais temida das doenças tropicais, o "Declínio do Direito"[91]. A tensão entre grupos religiosos, regionais, raciais, econômicos e culturais, que, no período colonial, foi impedida de irromper abertamente em expressões políticas, a não ser ocasionalmente, e ainda assim, na maioria das vezes, de forma ilegal, começou, durante o governo de Sukarno, que

91. LEV. "Judicial institutions" (sobre o "declínio do direito", p. 257s., 316s.). • Id. *Islamic courts in Indonesia*. Berkeley, 1972. • Id. "The politics of judicial development in Indonesia". *Comparative studies in society and history* 8 (1964-1965), p. 173-199. O próprio Lev às vezes escreve como se (por exemplo, "Judicial institutions", p. 316-317; "Politics of Judicial Development", p. 189) a intensidade do conflito político e o peso social das instituições jurídicas apresentassem uma correlação inversa, o progresso de uma significando *pari passu* o retrocesso da outra. No entanto, a meu ver, essa impressão nada mais é que um dos resultados de atribuir às teorias ocidentais de consenso – especialmente o direito anglo-americano, que ele descreve como "impessoal", "formal", e "unitário" – uma importância maior do que aquela que os fatos da vida jurídica desses direitos, atuais ou no passado, justificariam.

era sobretudo eclético, não só a expressar-se, mas a expressar-se aos gritos. Todos os grupos sociais, desde os militares e funcionários públicos até escolares e posseiros rurais, dividiram-se em facções adversárias, com ódios profundos; um destino a que não escaparam os juízes, advogados, estudiosos de direito, legisladores e policiais. Ao invés de desaparecer junto com os holandeses, o pluralismo jurídico explodiu a complicada estrutura institucional que, por maior que fosse sua parcialidade, o continha anteriormente.

A ironia, que passou quase desapercebida na época, mas que hoje, quando já sabemos qual foi seu custo humano, é bastante evidente, foi que esse florescimento de divergências sobre tudo e sobre qualquer coisa ocorreu sob a forma de um nacionalismo radicalmente unitário, que, em nome de uma integração social sem exceção e difundida por toda a sociedade, negava a legitimidade dessa dissensão, e algumas vezes até a sua própria existência. No caso do direito, esse nacionalismo atuou no sentido de tentar subordinar as sensibilidades jurídicas estabelecidas – a muçulmana, a do *adat*, a índica, a ocidental, e outras mais – a uma sensibilidade nova, visionária, chamada de "revolucionária", cuja hostilidade era bem mais clara que seu conteúdo. A reação inicial ao descrédito dos procedimentos jurídicos coloniais e à acentuação do problema que eles tentavam solucionar – um número incomensurável de conceitos de justiça – foi acreditar que esses procedimentos é que tinham causado os problemas, e que, eliminando-se uns, os outros seriam eliminados automaticamente.

As coisas não aconteceram exatamente assim. Ao invés de uma comunhão geral em nome de uma identidade nacional recuperada, o que houve em seu nome foi uma divergência geral. No que diz respeito ao direito, essa dissensão ocorreu parcialmente (como também mostrou Daniel Lev) sob a forma de uma luta de três cantos, entre os juízes, os promotores, e a polícia pelo controle do aparato jurídico ocidental sem os ocidentais, e portanto nacional, que surgiu com o colapso das categorias raciais prévias, e dos tribunais segregados. Os juízes, na esperança de herdar o alto *status* de seus predecessores holandeses, sem o odor colonial que era associado a esse *status*, procuraram nos modelos do direito costumeiro, especialmente no norte-americano, a sustentação para sua posição (até tentaram, sem qualquer sucesso, instituir a revisão judicial). Os promotores, procurando corrigir o baixo *status* de seus predecessores, os "oficiais de justiça nativos", que eram pouco mais que clérigos jurídicos glorificados, tentaram copiar os modelos do direito civil do continente, um tipo de *juge d'instruction*, para melhorar seu *status*. E a polícia, procurando independizar-se não somente dos juízes e dos promotores, mas também dos ministros de justiça e dos chefes do estado-maior do Exército, e graças a isso escapar da imagem de cachorro de corrida com que eram vistos pela população, procuraram no papel de vanguarda que haviam desempenhado na Revolução um modelo que renovasse o seu[92]. Em parte, a dissensão ocorreu sob a forma de um revigoramento

92. LEV. "Politics of judicial development"; "Judicial institutions."

do sistema de tribunais *šarīʿa* – pressão organizada por parte dos devotos (e resistência organizada por parte dos não devotos) para que esses tribunais fossem ampliados, centralizados e "oficializados"; para que tivessem uma jurisdição mais extensa, maior autoridade, e na visão extremista dos que defendiam um "Estado Islâmico", até mesmo um *status* constitucional[93]. E, em parte, ocorreu sob a forma de uma renovação, gerenciada em nível local, do movimento *adatrecht*, apresentado neste caso como um "direito do povo", genuinamente indonésio, um baluarte contra qualquer tipo de direito estrangeiro e portanto impuro: tanto o "positivista" do Ocidente, o "dogmatista" do Oriente Médio ou o "feudalista" índico[94].

Deixando de lado a questão de como todas essas lutas terminaram (na realidade elas não terminaram; simplesmente continuaram a existir, e, provavelmente, ainda continuarão a existir por tempo indefinido, de um modo ou de outro), as convulsões sociais e políticas que resultaram dessa sucessão de invasão, reação e revolução em uma única década – e de golpe, assassinatos em massa, e governo militar na década seguinte – não fizeram com que as concepções do direito ou a sua prática se tornasse periférica ao desenvolvimento social como um todo. Ao contrário, essas concepções e essas práticas passaram a ser ainda mais centrais para esse desenvolvimento[95]. O esforço para associar as concepções se/então da coexistência com as fórmulas como/

---

93. LEV. *Islamic courts*.

94. Sobre o *adatrecht* (chamado então de *hukum adat*) na República, cf. Jaspan "In quest of new law". Nesse caso, as questões se complicavam pelo fato de que ataques diretos ao "Islã" são mais ou menos inviáveis na Indonésia, que se autodefine como uma sociedade, um sistema político, e uma população mus. Os fortes sentimentos anti-šarīʿa dos teóricos do direito *adat* tinham que ser expressos de uma forma um tanto ou quanto indireta, pois até mesmo os defensores mais acirrados da ocidentalização ou da islamização simulavam certa devoção ao *adat* e ao "espírito indonésio" e também porque, explicitamente em Bali, e implicitamente em muitas regiões de Java, muito daquilo que é considerado como sendo *adat* é, na realidade, índico em seu caráter e em sua origem. Em situações como essas, as políticas do tipo "sou-mais-autêntico-que-você" podem tornar-se extremamente elaboradas e extraordinariamente sutis.

95. Mesmo durante os massacres de 1965, quando provavelmente um número entre 250 mil e 750 mil indonésios tenham sido assassinados por outros indonésios, um tipo perverso de justiça ainda persistia. Na região de Java onde eu tinha trabalhado treze anos antes, o exército reunia a população das várias aldeias na praça principal da capital do distrito, e lhes ordenava que apontassem quem eram os "comunistas" entre eles, e, quando esses eram acusados, obrigava os que tinham feito as acusações entre a população de uma aldeia a levarem, para sua própria aldeia, para serem executados, os acusados de outra aldeia. Quando, sob o regime de Suharto, os supostos subversivos que por acaso haviam escapado desse tipo de execução – provavelmente mais de cem mil pessoas – foram enviados para campos de concentração, surgiram atividades jurídicas associadas com a questão de direitos humanos, elaboradas sobretudo nos termos dos processos legais do Ocidente, e exercidas por um tipo também ocidental de advogados profissionais, orientados para clientes, que se formaram nessa época, pois isso era algo que quase não existia na Indonésia até então. E, finalmente, desde o ressurgimento geral de atividades políticas islâmicas, encorajadas pela revolução dos "legistas do poder" no Irã, o papel da adjudicação *šarīʿa* passou a ser um foco de disputa ainda mais intenso do que era antes.

portanto que possibilitam a tomada de decisão em casos jurídicos não diminui quando essas visões se proliferam e as fórmulas divergem entre si. Apenas passa a ter um tom mais determinado.

O que chamei de papel estrutural do direito é particularmente aparente nesse caso. Pois não se trata, afinal, de decidir se a propriedade vai ser transmitida de acordo com os princípios estabelecidos pelo *adat*, pelo *šarīa*, ou pelo direito romano dos holandeses; ou se o matrimônio secular vai ser reconhecido, e instituições financeiras podem ou não cobrar juros; nem mesmo se o Estado deve considerar o hinduísmo balinês ou o misticismo índico javanês como religiões oficiais – todas elas, polêmicas que perduram na Indonésia independente. O que está em jogo e o que esses conflitos específicos, de um modo ou de outro, evocam e simbolizam, é o tipo de sociedade que essas antigas Índias Orientais vão ser daqui por diante, o que vai valer e o que não vai valer. O direito, com seu poder de colocar acontecimentos específicos – um compromisso aqui, uma injúria acolá – em uma moldura geral de uma maneira tal, que as normas que regulam um gerenciamento adequado e probo desses acontecimentos pareçam surgir naturalmente dos elementos essenciais de seu caráter, é um pouco mais que um reflexo da sabedoria herdada, ou uma técnica para a resolução de conflitos. Com razão ele atrai para si o mesmo tipo de paixão que aqueles outros procriadores de significados e propositores de mundos – a religião, a ideologia, a ciência, a história, a moral e o senso comum – atraem.

Essas paixões são intensas, porque o que está em risco, ou pelo menos julga-se estar em risco, não é somente um consenso sobre como descobrir os fatos e como instituir o direito. Se o problema fosse exclusivamente esse, poderia ser facilmente negociável: bastariam uns poucos depoimentos fidedignos de um lado, umas poucas leis que regulassem *status* por outro; alguns veredictos destinados a aquietar a desarmonia nas aldeias, algumas ficções elaboradas para permitir a existência de bancos comerciais. Quase ninguém, nem mesmo um rescisor de casamentos ou um juiz de homologação, está disposto a morrer em defesa de meros procedimentos. O que está em risco, portanto, ou julga-se estar em risco, são as próprias concepções sobre o que é fato, e sobre o que é a lei, e a relação que existe entre elas – a sensação, sem a qual os seres humanos mal podem viver, quanto mais adjudicar seja lá o que for, de que a verdade, o vício, a mentira e a virtude são coisas reais, distinguíveis, e estão alinhadas em seus devidos lugares.

A disputa sobre a forma de conduzir a adjudicação – o tipo de polêmica que colocou em posições opostas o rei-deus e burocrata de Bali e os cidadãos de minha aldeia – é, em resumo, parte de uma luta muito mais ampla e muito mais profunda, que também ocorria na aldeia. Uma luta para desenvolver um forma plausível de viver, para juntar aquilo que, com relação ao direito anglo-indiano, ou ao quebra-cabeças ainda mais complexo que é o direito holandês-indonésio, foi chamado de um desentendimento funcional. Não há dúvida de que as partes em potencial desse desentendimento mudaram bastante nestes últimos anos, e de que seu poder relativo mudou ainda mais. E há também, sem dúvida, pelo menos a possibilidade de que uma dessas partes se torne tão vitoriosa, politicamente falando, que seja capaz de impor seus pontos de vista às outras partes, embora, pessoalmente, eu tenha dúvidas de que isso venha a acontecer. É até possível que surja um momento genuinamente hobbesiano, quando nada mais importe a não ser a economia da violência (algo que, até certo ponto, já aconteceu em outubro e novembro de 1965); porém, se isso acontecer, terá como continuação (como também ocorreu sob Suharto) ainda uma outra tentativa de juntar as peças da colagem em algum tipo de arranjo tolerável. No entanto, uma coisa é certa: uma visão instrumental do direito que o relacione unicamente com os meios e não com os fins, e que o considere uma simples agência para tornar realidade valores sociais estabelecidos em algum outro lugar – pela religião, talvez, ou pela filosofia, ou por aquele homem famoso sentado no banco de trás do ônibus para Clapham – simplesmente não é válido[96]. "Nunca confie em um homem que você veja voar, até certificar-se de que ele obedece o *šarīʻa*", escreveu o grande egípcio e inimigo do êxtase muçulmano, Rashid Rida, o qual, independente do que se possa pensar de seu legalismo, pelo menos compreendeu que o direito produz a sua própria sombra[97].

*

O que é válido, então? Obviamente, não existe uma resposta fácil. No entanto, certamente, abrangerá um afastamento das visões funcionalistas do direito – um artifício bastante inteligente para evitar que as pessoas se despedacem, membro por membro, ou para promover os interesses das classes dominantes, defender os direitos dos fracos das ações predatórias dos fortes, ou tornar a vida social um pouco mais previsível nas suas fronteiras mais nebulosas (e, sem dúvida, o direito é tudo isso, em graus diferentes, em épocas diferentes, e em locais diferentes); e uma mudança na direção de uma maneira hermenêutica de pensar o direito – como uma forma de dar um sentido específico, a coisas específicas em lugares específicos (coisas que acontecem ou deixam de acontecer, coisas que poderiam acontecer), de modo que esses instrumentos nobres, sinistros ou meramente práticos possam adotar formas

96. Essa visão é, obviamente, característica do positivismo jurídico como um todo, mas torna-se especialmente atraente para os alunos de direito comparativo, que ficam bastante nervosos quando são obrigados a enfrentar o caráter "definidor da vida" do direito: "A corrente principal da presente [discussão sobre o pluralismo jurídico na Indonésia] inclina-se a aceitar o ponto de vista de que o direito pode ser mais utilmente considerado não como um valor máximo em si mesmo, mas como um meio de realizar outros valores, inclusive uma variedade de metas sociais e políticas. O direito seria considerado como um intermediário, ou um instrumento com valor social e político, o qual nem sempre precisaria ter, ele próprio, valor intrínseco. Essa exposição torna bastante evidente que essa perspectiva distingue, por um lado, o valor instrumental do direito e, por outro, as metas intrinsecamente valiosas, às quais o direito serviria". HOOKER. *Adat law*, p. 7.

97. Apud HOURANI, A. *The emergence of the modern middle east*. Berkeley/Los Angeles: University of California Press, 1981, p. 97.

específicas e ter um impacto específico. Em resumo, estamos falando de significados, e não de máquinas.

Ou, pelo menos, esse é meu ponto de vista, e os temas principais dessa discussão, que, segundo o tema que estivesse sendo abordado de forma exaustiva em um momento específico, ora ficavam claramente visíveis, ora saíam de foco, todos foram desenvolvidos com o objetivo de promover esse ponto de vista. O saber local, o *Anschauung* e o caso imediato, a visão do direito; a desagregação do direito e da antropologia como disciplinas a fim de estabelecer a conexão entre elas através de interseções específicas e não de fusões híbridas; a relativização da oposição leis/fatos, em um jogo variado de imagens coerentes e fórmulas consequentes; a concepção do estudo comparativo do direito como um exercício de tradução intercultural; a noção de que o pensamento jurídico é construtivo de realidades sociais e não um mero reflexo dessas realidades; a ênfase na tenacidade histórica das sensibilidades jurídicas; a rejeição de uma visão segundo a qual o poder prático do direito resulta do consenso social, a favor de uma que busca significados; a convicção de que o pluralismo jurídico não é uma aberração temporária e sim um elemento central no cenário moderno; e o argumento que o autoentendimento e o entendimento do outro estão tão internamente conectados no direito, como o estão nos outros domínios da cultura – todos esses são produtos de uma certa forma de pensar, uma forma de pensar que se extasia com a diversidade das coisas. Juntos, esses argumentos não se combinam, necessariamente, para formar uma posição sistemática, um "hermeneuticismo" ou algum outro termo igualmente absurdo; melhor dito, eles impulsionam uns aos outros, se é que podemos dizer que temas são capazes de fazer tal coisa, e de fazê-la com a regularidade suficiente para sugerir que – embora não haja dúvida de que seria demasiada pretensão modificar os versos de Shelley e proclamar os advogados os esquecidos poetas do mundo – conceber o direito como uma espécie de imaginação social pode ter algum valor.

Uma das vantagens dessa perspectiva é que recursos analíticos de outras disciplinas que não a psicologia comportamentalista, a economia neoclássica, a sociologia utilitarista, ou a antropologia funcionalista – a linha dura das ciências sociais – podem contribuir para entendê-la. A mudança na teoria social que a fez considerar a ação social como uma forma de representar e transmitir significados, uma mudança que se iniciou realmente com Weber e Freud (ou, em algumas interpretações, com Durkheim, Saussure e G.H. Mead) e que agora tornou-se gigantesca, abre uma série de possibilidades para explicar por que fazemos as coisas que fazemos, da maneira que as fazemos, possibilidades essas que são muito mais amplas do que as oferecidas pelas imagens de atrações e repulsões das perspectivas mais ortodoxas.

Embora essa "reviravolta interpretativa", como a chamaram, essa visão do comportamento humano e dos produtos do comportamento humano como "um dizer algo sobre algo" – que às vezes necessita ser extraída e explicada – tenha chegado praticamente a todos os ramos do estudo da cultura, e atingido até mesmo as fortalezas inexpugnáveis do positivismo, como a psicologia social e a filosofia da ciência, ela ainda não causou muito impacto nos estudos de direito. O viés do "como fazer" do direito prático – como se manter fora dos tribunais se você puder, e como vencer nos tribunais, se não puder ficar fora deles, repetindo, uma vez mais, o resumo sardônico de Holmes – a manteve à distância. No entanto, é pouco provável que a história, a sociologia e um certo tipo de filosofia sejam prudentes o suficiente para adotar, como seu, o conhecimento que seus seguidores têm dessa perspectiva, e que adquiriram graças às necessidades imediatas que enfrentam no exercício de suas profissões. Necessitamos, no final, algo mais que saber local. Precisamos descobrir uma maneira de fazer com que as várias manifestações desse saber se transformem em comentários umas das outras, uma iluminando o que a outra obscurece.

Não existe nenhum método pronto para essa tarefa, e, pessoalmente, duvido bastante que tal método venha a existir algum dia. O que já existe, no entanto, é bastante sagacidade acumulada. Estamos aprendendo – creio eu, mais na antropologia que no direito, e, dentro da própria antropologia, mais em conexão com intercâmbio, ritual ou simbologia política do que com o direito – algo sobre a aplicação de um número sem fim de perspectivas às mesmas coisas, maneiras diferentes de registrar experiências e de descrever vidas, com tal proximidade conceptual que, embora a sensação que temos de suas diferenças não se reduza (normalmente se aprofunda), elas parecem de certo modo menos enigmáticas que pareciam quando as examinávamos separadamente. O conhecido *dictum* de Santayana, que só podemos comparar quando somos capazes de chegar ao coração do assunto, parece-me, pelo menos neste contexto, o exato reverso da verdade: é através da comparação, e de incomparáveis, que compreenderemos seja lá qual for o coração a que conseguirmos chegar.

Peço desculpas pela forma enigmática – um *koan** Zen ("Qual é o som de duas mãos não se encontrando?") – que utilizei para falar desse tema. No entanto, se considerarmos que a comparação de incomparáveis – Milton e Shakespeare, Rembrandt e Rubens, Platão e Kant, Newton e Einstein – é o que as disciplinas dedicadas a explicações descritivas de formas imaginativas passam uma grande parte do seu tempo fazendo, a sensação de estar frente a um paradoxo ultrajante evapora-se. E é por essa razão, também, que tais disciplinas, a crítica literária e a história da arte, a filosofia moral e a história da ciência, entre uma variedade de outras, podem ter mais a nos oferecer quando se trata de abrir caminho por entre perplexidades tais como a natureza mutante da distinção fato/leis em tradições culturais ou fases históricas diferentes, do que empreendimentos mais "científicos" onde tudo que surge tem que convergir. Se é que existe alguma mensagem naquilo que disse aqui, é que o mundo é um lugar

* *koan* – enigma utilizado na filosofia Zen para demonstrar a inadequabilidade do raciocínio lógico [N.T.].

variado, variado entre advogados e antropólogos, variado entre muçulmanos e hindus, variado entre grandes e pequenas culturas, variado entre os "então" coloniais e os "aqui e agora" nacionalistas; e muito pode ser ganho, cientificamente ou não, se confrontarmos essa grande verdade ao invés de desejar que ela simplesmente desapareça em um nevoeiro de generalizações fáceis e falsos confortos.

Assim expresso, é claro que tudo isso parece muito animador. Gostamos de acreditar que o princípio da realidade nos faz bem, exceto talvez quando, finalmente, ele nos mata. No entanto, qualquer tentativa realmente séria de nos definirmos, colocando-nos entre outros que sejam diferentes de nós – sem distanciá-los, considerando-os marcianos; nem desacreditá-los como primitivos; nem tirar-lhes o poder, considerando-os como padrões humanos universais, interessados, como nós, em sexo e na sobrevivência –, envolve perigos também bastante reais, entre os quais, dois dos mais importantes talvez sejam a entropia intelectual e a paralisia moral. A dupla percepção de que nossa voz é apenas uma entre muitas e de que, como ela é a única que possuímos, temos necessariamente de utilizá-la para falar, é bastante difícil de aceitar. Aquilo que um dia foi chamado de "a longa conversa da humanidade" pode estar se tornando tão cacofônica que impossibilita o desenvolvimento de qualquer pensamento sistemático, e menos ainda a transformação de formas locais de sensibilidade jurídica em comentários recíprocos, que possam realçar-se mutuamente. Porém, mesmo que isso seja verdadeiro, a meu ver, não há muita escolha. A questão principal, para qualquer instituição cultural em qualquer parte do mundo, nessa época em que ninguém deixa ninguém em paz, nem voltará a fazê-lo jamais, não é se tudo vai, uma vez mais, fundir-se naturalmente, sem deixar cicatrizes, ou se, ao contrário, vamos todos permanecer reféns de nossos preconceitos individuais. A questão principal é, sim, se os seres humanos, em Java ou em Connecticut, através do direito ou da antropologia, ou de qualquer outra coisa, vão ser capazes de continuar a imaginar formas de vida que eles próprios possam viver na prática.

AGRADECIMENTOS

"Mistura de gêneros: a reconfiguração do pensamento social" foi publicado originalmente em *The American Scholar*, vol. 29, n. 2, primavera de 1980. Copyright © 1980 by United Chapters of Phi Beta Kappa. Reimpresso com a permissão do *The American Scholar*.

"Descoberto na tradução: a história social da imaginação moral" foi publicado originalmente em *The Georgia Review*, vol. 31, n. 4, inverno de 1977. Copyright © 1977 by The University of Georgia. Reimpresso com a permissão da *The Georgia Review*.

"Do ponto de vista dos nativos: a natureza do entendimento antropológico" foi publicado originalmente no *Bulletin of the American Academy of Arts and Sciences*, vol. 28, n. 1, 1974. Copyright © 1974 by the *Bulletin of the American Academy of Arts and Sciences*. Reimpresso com a permissão da Academia Americana de Artes e Ciências.

"O senso comum como um sistema cultural" foi publicado originalmente em *The Antioch Review*, vol. 33, n. 1, primavera de 1975. Copyright © 1975 by The Antioch Review, Inc. Reimpresso com a permissão dos organizadores.

"A arte como um sistema cultural" foi publicado originalmente em *MLN*, vol. 91, 1976. Copyright © 1976 by The Johns Hopkins University Press. Reimpresso com a permissão de The Johns Hopkins University Press.

"Centros, reis e carisma: reflexões sobre o simbolismo do poder", reimpresso de *Culture and its creators*, org. Joseph Ben-David e T.N. Clark, Chicago, University of Chicago Press, 1977. Copyright © 1977 by University of Chicago. Todos os direitos reservados. Reimpresso com a permissão da University of Chicago Press.

"Como pensamos hoje: a caminho de uma etnografia do pensamento moderno" foi publicado originalmente no *Bulletin of the American Academy of Arts and Sciences*, vol. 35, n. 5, fevereiro de 1982. Copyright © 1982 by *The Bulletin of the American Academy of Arts and Sciences*. Reimpresso com a permissão da Academia Americana de Artes e Ciências.

Trecho citado de *Absalom, Absalom*! de William Faulkner, reimpresso com a permissão de Random House, Inc. Copyright © 1936 by William Faulkner; renovada © 1964 por Estelle Faulkner e Jill Faulkner Summers.

ÍNDICE REMISSIVO*

* Os números alceados referem-se às notas de rodapé.

Coleção Antropologia

– As estruturas elementares do parentesco
Claude Lévi-Strauss
– Os ritos de passagem
Arnold van Gennep
– A mente do ser humano primitivo
Franz Boas
– Atrás dos fatos – Dois países, quatro décadas, um antropólogo
Clifford Geertz
– O mito, o ritual e o oral
Jack Goody
– A domesticação da mente selvagem
Jack Goody
– O saber local – Novos ensaios em antropologia interpretativa
Clifford Geertz
– O processo ritual – Estrutura e antiestrutura
Victor W. Turner
– Sexo e repressão na sociedade selvagem
Bronislaw Malinowski
– Padrões de cultura
Ruth Benedict
– O Tempo e o Outro – Como a antropologia estabelece seu objeto
Johannes Fabian
– A antropologia do tempo – Construções culturais de mapas e imagens temporais
Alfred Gell
– Antropologia – Prática teórica na cultura e na sociedade
Michael Herzfeld
– Arte primitiva
Franz Boas
– Explorando a cidade – Em busca de uma antropologia urbana
Ulf Hannerz
– Crime e costume na sociedade selvagem
Bronislaw Malinowski
– A vida entre os antros e outros ensaios
Clifford Geertz
– Estar vivo – Ensaios sobre movimentos, conhecimento e descrição
Tim Ingold
– A produção social da indiferença – Explorando as raízes simbólicas da burocracia ocidental
Michael Herzfeld
– Parentesco americano – Uma exposição cultural
David M. Schneider
– Sociologia religiosa e folclore – Coletânea de textos publicados entre 1907 e 1917
Robert Hertz
– Cultura, pensamento e ação social – Uma perspectiva antropológica
Stanley Jeyaraja Tambiah